BLOOD AND EARTH

Modern Slavery, Ecocide,
and the Secret to Saving the World

Kevin Bales

血与大地

现代奴隶制、环境破坏和拯救世界的秘密

[美] 凯文·贝尔斯 ——— 著
张祝馨 ——— 译

 南京大学出版社

Blood and Earth: Modern Slavery, Ecocide, and the Secret to Saving the World
Copyright © 2016 by Kevin Bales
This translation published by arrangement with Spiegel & Grau, an imprint of Random House, a division of Penguin Random House LLC
Simplified Chinese edition copyright © 2020 Shanghai Sanhui Culture and Press Ltd.
Published by Nanjing University Press
All rights reserved.
版权登记号：图字10-2019-351号

图书在版编目（CIP）数据

血与大地：现代奴隶制、环境破坏和拯救世界的秘密 / (美) 凯文·贝尔斯 (Kevin Bales) 著；张祝馨译. — 南京：南京大学出版社，2020.10（2021.4重印）

书名原文: Blood and Earth : Modern Slavery, Ecocide, and the Secret to Saving the World

ISBN 978-7-305-23069-1

Ⅰ.①血… Ⅱ.①凯…②张… Ⅲ.①奴隶制度—研究—世界—现代 Ⅳ.①K15

中国版本图书馆CIP数据核字(2020)第053426号

出版发行　南京大学出版社
社　　址　南京市汉口路22号　邮　编　210093
出 版 人　金鑫荣

书　　名　血与大地：现代奴隶制、环境破坏和拯救世界的秘密
著　　者　[美]凯文·贝尔斯
译　　者　张祝馨
策 划 人　严搏非
责任编辑　官欣欣
特约编辑　谢小谢

印　　刷　山东临沂新华印刷物流集团有限责任公司
开　　本　880×1240 1/32　印张 8.75　字数 215千
版　　次　2020年10月第1版　2021年4月第2次印刷
ISBN 978-7-305-23069-1
定　　价　52.00元

网　　址　http://www.njupco.com
官方微博　http://weibo.com/njupco
官方微信　njupress
销售热线　（025）83594756

版权所有，侵权必究
凡购买南大版图书，如有印装质量问题，请与所购图书销售部门联系调换

目录

第一章 秘密　　　　　　　　　001
第二章 火山之下　　　　　　　010
第三章 废墟之城　　　　　　　042
第四章 开胃虾仁沙拉　　　　　064
第五章 失控的火车　　　　　　089
第六章 金戒指　　　　　　　　113
第七章 对记忆的屠杀　　　　　135
第八章 树，人　　　　　　　　156
第九章 我们已寻得部分答案　　189
第十章 你不能假装无知　　　　216

附录 在刚果（金）东部工作的机构　227
致谢　　　　　　　　　　　　229
注释　　　　　　　　　　　　230
索引　　　　　　　　　　　　247

第一章
秘 密

购买墓碑绝不会是愉快的经历。面对亲友的死亡,"失去"的感觉淹没了一切,因此大多数人都是在悲恸的阴霾之下选购墓碑的。死亡是生者必然要面对的一道槛,我们的生活会因它而改变,有时是一场巨变,有时则是在无形之中发生的转向。死亡是人一生中会经历的最戏剧化,也最平凡的事件——我们都将面对死亡,无一例外,无一幸免。

死亡的必然性已昭然若揭,但德国还是出现了墓碑短缺的情况——似乎有些奇怪。这并非德国人不知道人会死,而是政府对死亡和葬礼的控制导致的结果。比如,每个死者在下葬前都必须经过防腐处理;如果选择火化,骨灰也只能埋在政府许可的墓园中,不能撒在花园或海里。政府颁布了有关葬礼和墓碑的大量规定——甚至细到棺木和墓穴的尺寸、材质及样式。这一切都让人想起了一句充满了黑色幽默的俗语:"如果你身体不舒服,就去休个假吧——在德国你死不起。"

过去,制造德国墓碑所用的花岗岩都来自美丽的哈茨山脉(Harz Mountain),但如今政府不允许任何人在这片山脉采矿,因为这座受保护的国家公园、这个最受欢迎的旅游景区可能会受到破坏。所以,和法国以及其他富裕的国家(包括美国)一样,德国开始从发展中国家进口墓碑。

一些最价廉物美的墓碑来自印度。2013 年,印度出产了 353.42 亿吨花岗岩,成为世界上最大的花岗岩供应商。[1] 除了墓碑,欧美国家对用来制造厨房台面的花岗岩的需求也节节攀升,使整个产业蒸蒸日上。当然,还有更珍贵的矿石可以开采,但花岗岩生意最易牟利。在美国,安装那些厨房台面的花费为 2000 美元到 8000 美元，但印度出口商打磨红色花岗岩的要价仅为 5 美元到 15 美元——也就是说，你只要花 100 美元就可以买到一间厨房所需的全部花岗岩原料。墓碑成本价与销售价之间的差额也是这么高。在美国，更多的是在欧洲，红色花岗岩墓碑的售价在 500 美元到 1000 美元之间，而欧美商家是以 50 美元一大块的超低价从印度进货的，美国的进口税也只要 3.7%。

  前文提及的死亡成本之高按下不表，我们先谈谈为什么花岗岩会如此廉价？花岗岩的全部价值——坚硬且耐用——也是其难以开采和处理的原因。花岗岩必须以大片薄石板的形式被小心翼翼地运出采石场，所以不能使用炸山和推土机挖掘的开采方式。谨慎处理意味着艰苦的工作，这要求工人们使用电钻和凿子、锤子和撬棒将花岗岩掘出地表。在印度，要完成这样的工作，成本最低、收益最大的方法就是奴役。

  "看到那个正在玩锤子的小姑娘了吗？"一位当地的调查员问我，"随着孩子慢慢长大，那锤子也会变大，这就是她人生中唯一的变化了。"花岗岩采石场中的奴役制度是依靠债务阴谋实施的。如果一个贫穷的家庭来采石场找工作，老板就会殷切地为他们预支一笔工资，帮助这个家庭安顿下来。而这家人吃的每一粒米、每一颗豆子，他们在采石场一侧搭建小屋使用的废石料，他们工作所需的锤子和撬棒，所有这些都由老板提供，其费用也都被计入这个家庭的债务中。一家人刚刚觉得找到了一些安全感，殊不知他们已经被困在"世袭"的奴隶制中了。这种债务性奴役是违法的，但目不识丁的工人们并不知晓，且那些采石场的老板都十分善于利用工人的责任感，小心翼翼地不让他们留意到自己所处的吸血骗局。

  奴役是控制采矿成本的绝好方法，但花岗岩之所以廉价，还有一个原因——这些采石场本身就是不合法的，它们没有任何采矿许可，也不缴任何税。国家森林保护公园就坐落在花岗岩岩床上方，但只要上下打点、贿赂妥当，当地警方和护林员就会对采矿行为睁一只眼闭一只眼。

在印度的班加罗尔（Bangalore）城外，沿着一条煤渣跑道往深处去，在一片丛林保护区中，数量可观的花岗岩石块正在等待出口国外。"人们发现进入森林、进行开采容易得很，"当地环境支援小组（Environmental Support Group）的成员列奥·萨尔达尼亚（Leo Saldanha）解释道，"显而易见，这意味着政府在管理上已经失败了……政府高官互相勾结，对此视而不见。"[2]

苏普利亚·阿瓦斯蒂（Supriya Awasthi）在印度做反奴役工作者已近20年了。她的工作带她走遍了政府部门的各个会堂，也带她深入人类苦难的中心。这是一位无所畏惧的女忹，她尤其擅长说服那些奴隶主允许她进入他们"藏身"的地方。不久前她拍下了这张令人惊叹的照片。她"哄骗"一个奴隶主带她参观他的采石场，向镜头展示他的奴隶。

图1 这个奴隶主在炫耀他的那些世袭奴隶家庭。

6　我们都曾在脑海中想象过奴隶主的样子。照片上是一个 21 世纪版本的奴隶主：衣着干净，大腹便便，对自己的生意洋洋得意。这座采石场从受保护的国家森林中榨取矿产，它出产的不是花岗岩，而是欧洲城市用于铺设广场和购物中心地面的沙石单层板。在照片的右下方，你可以看见堆叠在一起的石板。石板旁是一群群孩童正在切割和修刨石头。他们的父亲在左侧费力地凿击、挖掘岩石，他们的母亲则将开采出的石块运往孩子那里加工。森林和土壤早已不复存在，当这个采石场的矿石被开采殆尽，这块地方就会被弃置，成为一片废墟，无法再用于造林或开垦。

研究德国墓碑短缺问题的德国电影工作者是第一批循着供应链，从欧洲的墓园来到印度采石场的人——他们被眼前的景象震惊了。[3] 他们以为供应链的这一端会是工业化的生产活动，谁料他们发现的竟是中世纪的工作环境和被奴役的家庭。顷刻之间，本应用来纪念至亲至爱的碑石成了丑陋的象征。回到德国后，这些电影工作者对墓碑销售商展开了调查和询问，那些商人看到拍摄自印度采石场的录像后都大为惊骇。教堂周围那些墓地的平静和秩序立刻被打磨、切割碑石的奴隶儿童的形象打破了。

7　我们对墓碑的印象通常局限于我们的亲友下葬时，或是我们去为他们扫墓时所看见的样子。如果真的有人想象过墓碑制造者的样貌，他们脑中的场景也许是一位年迈的匠人正在一块打磨过的石碑上凿刻某人的姓名。美国的"石碑产业"加深了这种印象。有一家公司解释说，影响墓碑价格的关键因素有两个。其一，他们指出，"石材原料，近可以来自加利福尼亚州和南达科他州，远可以来自中国和印度"，又补充说，"异域的石块有额外的运输费和税金，使总成本上升"。其二，这家公司指出，花岗岩的形成需要几千年时间，它"质量大，密度大，易碎，往往很锋利，需要大量的处理工作，且至少需要两个人来操作"，因此，"为了让你购买的纪念碑美丽而不朽，需要技术、工艺和一定的时间"。这些说辞让我们心甘情愿地掏钱为我们的亲友购买墓碑，但事实并非如此。我们知道，即便这些花岗岩来自遥远的印度，但由于是奴隶制的产物，它们仍十分便宜。我们也知道，虽然打磨和雕刻名字、日期需要一些工艺，但那些沉重、结实、锋利的墓碑首先是由孩童来处理的，即便他们会"小心翼翼"——那是当然了，因为奴隶主就在旁边监视他们。

在我们所知的最古老的遗迹中，有一些就是墓碑，它们可以追溯到人类历史上最古老的时代。我们的文明，哪怕时至今日，都是由我们从大地中开采出的东西建造而成的——我们用石头与黏土制成砖块，盐、沙和其他矿物质亦满足了我们的许多需求。我们用来标记亲友长眠之地的石头是一种亲密的象征，但还有一种矿石也象征着亲密，它不太被人注意，却不可或缺，是它让我们能与至亲至爱之人通电话或发送电子邮件。

手机已经成为连接我们与子女、伴侣以及父母的"电子脐带"，它有着过去时代的人们无法想象的即时性和稳定性。我们的生命里到处都是与他人相关联的痕迹——我们提供和享用的食物、我们交换的戒指和礼物——我们对这些东西的理解，大多取决于它们出现在我们生命的哪一刻、哪个地点。我们以为穿着黑色高领毛衣的史蒂夫·乔布斯（Steve Jobs）就是我们使用的 iPhone 的生产者；我们想象当地的殡仪馆馆长会在墓碑上刻下我们已逝亲友的名字。不论我们是在为朋友烤虾，还是为孩子选购 T 恤，我们通常都认为这些东西就来自我们最初看见它们的地方：商店、百货大楼、杂货铺。但就如我们每个人都有内心世界，就如我们每个人都有属于自己的故事，这些联系着我们的工具、玩具、食物、戒指、电话也是一样。本书就是这些故事的集合，它们发生在不同的大洲，围绕不同的产品展开，但都拥有一个共同的主题：我们购买的许多东西都是由奴隶生产的，在生产过程中，这些奴隶被迫摧毁我们共有的环境，加速全球变暖，使珍稀物种灭绝。

说奴役活动与环境破坏息息相关是有据可依的。在一些情况下，两者因相同的原因出现。驱动我们的消费经济运行的最基本前提就是资源开采，即从大地上获取有用之物，这个开采过程我们从未真正见过。我们从大地上获取食物，那是肯定的，但我们也从大地上获取我们的电话、我们的衣服、我们的电脑、我们的平板电视、我们的汽车——这些东西归根究底都来自大地。为了让我们的消费经济繁荣发展并迅速满足我们的需求，生产的成本被尽可能地降到最低，尤其是在供应链的底端。这就可能导致工人们身处恶劣的工作环境，使自然世界面临伤害。在最极端的情况下，这还意味着奴役活动和灾难性的环境破坏。这些事往往发生在我们看不见的地方，那是一个隐藏着秘密的黑暗世界。

但驱动着这条残酷供应链运转的力量从来就不是秘密。就是我们——富裕的北半球的消费文化在驱动着它。虾、鱼、黄金、钻石、钢材、牛肉、蔗糖，以及奴役活动和环境破坏的其他"成果"都流入了北美、欧洲、日本以及近来的中国市场。因为我们购物而产生的利润又流回这条供应链，加剧了人们对大自然的侵害，也让更多人成为奴隶，去生产更多商品以满足全球供应链的需求。这是一个恶性循环——我们的消费为一台犯罪永动机提供了动能，这台机器像癌细胞一般吞噬着人和自然。

这两桩罪行之间的关联有多紧密？是这样的，我们知道环境变化是奴役活动的一部分。不论环境变化的过程像海平面上升和土地沙漠化那般缓慢，还是如飓风或海啸那样迅速而致命，其最终后果都是穷人首先来承担的。我见过男人、女人、儿童、家庭甚至整个社会因为环境变化和自然灾害而支离破碎、一贫如洗。家园和牲口不见了，这些人和社会变得脆弱不堪，很容易就陷入绝境。尤其是在那些遍地腐败的国家，环境灾害过后，奴役活动完全逃脱了法律制裁，奴隶主引诱或强迫难民、穷人及流离失所的人为其工作。在马里（Mali）这样的国家就上演着这样的景象：沙丘倾倒，湮没了村庄，村民们在绝望中被迫逃离家园，他们想寻找新的生计，却最终落入了奴役的陷阱。在亚洲，每当海啸席卷某个沿海地区，居民们被迫向内陆迁移，就会发生类似的事。在巴西，如果森林被破坏，下一次的热带风暴就会造成严重的水土流失，使小农户丧失土地，孤立无援。

脆弱无助的移民成为被引诱或被强迫工作的奴隶，之后又被迫去侵害大地、夷平森林，开始了恶性循环。在我们目力所不能及之处，有几十万奴隶正干着千年来奴隶一直在干的活儿：挖掘、切割、负重。切割和挖掘的动作就像一柄大镰刀一样挥向我们自然世界中最需要受到保护的部分——自然保护区、保护森林、联合国教科文组织世界文化遗产，将最后的珍稀物种赶尽杀绝，在这个过程中，奴工通常也慢慢耗尽了生命。当奴工以破坏为代价开采出金、钽、铁甚或捕捞到鱼虾，这些商品就开始了它们的环球之旅，进入我们的家庭和生活。

奴役活动是大部分自然世界遭到破坏的罪魁祸首，这是意料之外的。全世界约3580万奴隶的破坏性真的到达这种程度吗？[4] 毕竟，尽管3580万人是个庞大的群体，那也只是全球人口的冰山一角，而且奴隶们的工作基本是依靠原始工具完成的，如锯子、铲子、铁镐甚或徒手。那就让我来告诉你他们是怎么做到的：奴隶主都是罪犯，其所作所为完全是非法的。为了开采金矿，他们不惜让有毒的汞浸透几十万平方米的土地。为了砍伐木材，他们采用皆伐法①，并燃烧废料，只将一小部分价值高的树木运走，徒留一大片贫瘠的生态系统。法律和条约可能可以约束遵纪守法的个人、公司和政府，但无法控制这些与罪犯无异的奴隶主——他们蔑视法律、嘲笑法律。

说到温室效应，这些奴隶主做出的"贡献"，无出其右。他们的奴隶进行的森林砍伐以及其他排放二氧化碳的非法活动，都是明证。如果把奴役活动的规模比作美国的一个州，那么其人口应与加利福尼亚州等同，

---

① 皆伐（clear-cut），指在一个采伐季节内，将伐区里的林木全部伐除的森林采伐方式。皆伐的缺点是伐后气温振幅大，增加了幼树受日灼和霜冻危害的可能性；土壤变得干燥或沼泽化，杂草、灌丛繁茂，影响幼树生长，降低森林涵养水源的作用，不利水土保持。同时，皆伐成林后林相单调，影响景观，也不利于鸟兽栖居。——译者注（后文如无特别说明，本书页下注均为译者注）

其经济输出应与哥伦比亚特区相当,但同时其二氧化碳排放量将位列世界第三,仅次于中国和美国。难怪我们费尽心力,却还是无法阻止气候变化,无法减少大气层的碳含量。奴役活动,全世界最大的温室气体生产源之一,就隐藏在我们身边。环境学家呼吁我们制定可以约束各国的法律和条约是没错,但仅仅那样还远远不够。我们还必须明白,那些视法律为无物的奴隶主是自然世界遭到破坏的主因之一。若要阻止他们,我们不需要法律。我们需要终结奴役活动。

好消息是,奴役活动是可以被阻止的。我们知道如何突击逮捕奴隶主并解放奴隶,我们知道这样做需要花多少钱,从哪里开始更合适,我们也知道被解放的奴隶应当愿意参与到重建自然世界的工作中来。终结奴役活动是修复我们地球的一大步。一直以来,我们都以道德的理由反对奴隶制,现在,我们又有了环境方面的理由。

如今,这些在世界最偏远角落的情况危急的村庄、森林与我们在美国、欧洲的家之间,有一个致命的三角贸易。这个贸易循环将自然世界和人类挤压、碾碎,为的是能以更高的效率、更低的成本生产粗制滥造的产品,比如制造我们的笔记本电脑和手机需要用到的锡石及其他矿物。我们必须理解这个过程,才能阻止其发生。我最初对这种致命的组合的理解不是固定的。我以为我知道自己在世界各地看到的是什么,但光凭感觉还不够。我需要去收集真正的、详尽的证据,因为如果能证实环境破坏与奴役活动之间的必然联系——我们的消费活动可能就是这项罪行得以持续的原因,那么,打破这些关联可能就能解决世界上最严重、最深痛的两个问题。我认为,如果我们厘清这个连接了人类苦难和环境毁灭的恶性循环是如何运作的,我们就可以找到终结它的方法。

我深入令人窒息的矿山与酷热的雨林,花了七年时间,终于对这个恶性循环有了清楚的了解。我从刚果（金）①东部地区启程，在那里，所有的碎片都显现在我眼前——奴役、贪婪、一场同时对抗自然与人类的战争，一切都是为了获取最终流回我们的消费经济，流回我们的工作、家庭和口袋的资源。我知道如果我能到达那里——不去畏惧那些军阀和他们的武装部队——我就能揭示真相。

---

① 如无特别说明，本书后文出现的所有"刚果"，均指刚果（金），即刚果民主共和国。

第二章
火山之下

直升机像电梯一样突然下降,为了躲避周围树林中叛军发射的火箭弹,我们在一个小型足球场上联合国士兵围成的一个小圈子里降落。直升机螺旋桨制造的大风让士兵们脚边高高的草丛翻滚飞舞,士兵们背对着我们,举着自动化武器,对准树林的边缘。我们落地的同时,许多吉普车和汽车呼啸而来,车上是撤离的受伤士兵、需要运出的货物和工具,以及新来的人和设备。但孩子们站在离士兵一两米开外的地方,抱怨他们打断了足球比赛。

过了片刻,在我们的文件得到检查和确认后,联合国的飞行员,一个有着磁性中音声线的俄罗斯人,召集了那群孩子一起唱法国民歌。从孩子围在他身边欢呼的样子来看,这应该是每次飞机降落后的"仪式"。他们的歌声如微波荡漾,又夹杂着银铃般的轻声笑语,仿佛水笛的音色。在我侧耳聆听之际,我留意到四周群山环绕,景色美不胜收。一时之间,我以为自己身处天堂。但这里也有不便之处:没有电,没有自来水,敌人近在咫尺。

数月来,我一直在寻找可以进入刚果东部地区被叛军所控制的矿场的途径。我发现,唯一的办法就是乘坐联合国军队的直升机,因为地面道路已经全被叛军掌控了。如今我已抵达瓦利卡莱省(Walikale)的丛林居民点,这里距离矿场约48公里。瓦利卡莱就像阿帕奇要塞(Fort

第二章 火山之下

Apache），是一个与世隔绝的前哨站，周围是敌对势力和密林，一些当地人在村庄被叛军占领之后穿过树林，逃来此处躲避追捕。

降落后，在我们爬上足球场上的小山丘时，我从口袋里掏出了手机，这个动作完全是习惯使然。我猜想手机在此地将毫无用处，却发现屏幕上的信号栏变成了满格。这里没有电和自来水，没有铺设过道路，如果生病了也只能自求多福，但我的手机竟然有信号，简直不可思议。"这就是我来这儿的原因，"我想，"我没了电话就不能活，而这里的人正因此身处死亡险境。"

让我们先来说说我们的电话吧。你的手机现在可能就在手边。手机无处不在，以至于我们都快忘了，手机是差不多20年前才普及起来的。诚然，在此之前"无绳电话"已经出现了几十年了，但那种像砖头一样的步话机只运用于某些领域。直到科学家研究出如何构建起以信号塔为中心的"蜂窝"系统，通过电话系统交换、共享所有的通话，手机才爆炸式地普及开来。1995年，全世界售出的手机数量大约在5000万台，及至2013年年末，年度销量已经飞跃至20亿台，全球已售的手机数量比人还多。到了2014年，91%的地球人都拥有自己的手机。这是一个现象级的成功案例，并因通讯支持而不断得到改善，又有新兴的企业和高明的设计小组推波助澜，如此构建起一个经济链，让硅谷成了财源滚滚的金矿。

科学家让我们的话音在信号塔之间交换，工程师让我们的手机越来越小，设计师则让我们的手机完美融入生活，他们联手让一切都发生了翻天覆地的变化。人们打给一幢楼里的座机，期待能找到住在楼里的某个人，这样的日子已经一去不复返了，这样的情形对我们的孩子来说，可能是稀奇古怪之事。现代科技的力量将一个由铜线连接起来的世界，转变为一个电波与信号的世界，无数通话在空中飘荡。这样的世界熠熠生辉，缔造它却要付出代价。这些想法最初可能来自硅谷，但是要制造手机，我们还需要其他的矿物，比如锡石和钶钽铁矿（Coltan）。虽然硅的资源丰富，随处可得，但锡石和钶钽铁矿只集中产自某些地区。我们每天都能在生活和广告中见识这些"创意阶级"（creative class）无可挑剔的天才想法，它们引导我们去支持我们永远不会亲眼看见的环境破坏和人类奴役。我们想要智能手机，市场就需要资源去制造它们，为了获取这些资源，冲突就会出现并不断升级。事实证明，我们独特的新经济的基础就在于对矿物的大力开采，这些矿物都来自那些犯罪不受法律制裁、罪犯掌控一切的地方，比如瓦利卡莱这样的地方。

瓦利卡莱面临的威胁，其社会无律法状态的原因，是一起更大的冲突。刚果民主共和国东部的两个省份就像你家水槽下面的那根弯管，脏东西都黏在里面、在其中溃烂。1994年其邻国卢旺达发生大屠杀后，首先是大批图西族（Tutsi）难民，接着是许多入侵者——胡图族（Hutu）民兵和军队——以及数量更大的胡图族平民，他们纷纷越过管控松懈的国界线，来到刚果（金）东部地区定居。那些民兵占领了村庄，举枪夺取村民的土地、货品、食物甚至人。19年后，他们仍然在那里，像寄生植物一样住在那儿，他们的根在这片地区越扎越深。混乱当道，政府管制彻底崩溃无效，10个不同的武装组织互相开战，为了争夺这片土地上的矿产、黄金和钻石，以及开采这些东西的奴隶。最大的一股势力是一个胡图族组织，叫作"卢旺达解放民主力量"（Democratic Forces for the Liberation of Rwanda，简称FDLR），不过这个组织与民主毫不沾边，也从未想过要解放任何人或任何地方。所有这些武装组织都有一个共同点：他们奴役当地平民。

这两个东部省份是北基伍省（North Kivu）和南基伍省（South Kivu），这片土地是世界上最美丽、幽深，也最危险的地界之一。群山、河谷、大湖和火山的结合无比壮观瑰丽，尽管地方性的寄生虫和疾病——包括伤寒和鼠疫——常年困扰、威胁此地。这里的自然生态保存完好。基伍的国家公园是世界上所剩不多能够找到大量濒危动物的地方，比如大猩猩。有两种大象栖息在森林里，河马在河岸边行走。这里也是全世界唯一能找到最接近人类的物种——倭黑猩猩的地方，它们将窝建在大树的顶端。倭黑猩猩有时被称为"嬉皮猩猩"，因为它们最著名的特点就是会通过交配而非暴力来和平化解冲突——这是人类尚不能完全掌握的技能。但在叛军进入这片保护森林和栖息地之后，乱砍滥伐和非法猎杀也随之而来，倭黑猩猩的数量减少了 95%。然而这已经不是刚果第一次遭到摧残了。

20 世纪初，在欧美出现了对一项迷人的新技术的狂热需求——充气橡胶轮胎。铁路的时代将告终结。亨利·福特（Henry Ford）正在以百万为单位生产汽车，自行车源源不断地从工厂产出，汽油驱动的卡车载着货物四处穿梭，这些交通工具都要用橡胶轮胎。刚果的天然橡胶树比其他地方都多。为了满足欧美市场的这种需求，比利时国王利奥波德二世（King Leopold II）哄骗当地部落在假的条约上签字出让他们的土地和生命，而事实上，部落里没有人能看懂这些条约。这成了人类历史上最大的骗局之一。利奥波德二世将这些所谓的"特许"卖给了投机商人，而后者以酷刑和死亡相逼，使当地所有部落进入丛林中收割、采伐橡胶。从奴役和特许中获得的利益是惊人的。在付出了巨大的人力代价后，丛林中的野生橡胶以及用于制作琴键和饰物的象牙，很快被滥采光了。专家相信，有 1000 万人因此死亡。这是 20 世纪一场被遗忘的大屠杀。一位名为乔治·华盛顿·威廉姆斯（George Washington Williams）的非裔美国人就是证人。他首创了"反人类罪行"（crime against humanity）这一短语来描述他亲眼所见的一切。

大屠杀、刽子手和腐败的国王被一个"告密者"揭露了——一位名为埃德蒙·莫雷尔（Edmund Morel）的英国码头理货员。莫雷尔被委派记录流入和流出刚果的货物，他注意到价值连城的橡胶和象牙被源源不断地运往欧洲，但回程的船只上除了武器、镣铐和老板们要的奢侈品以外,别无他物。没有任何东西运入,来购买运出的货物。莫雷尔开始深究此事,终于触碰到了真相。他受到威胁,后被解雇,但他没有因此停手。1901年,他与同伴一起投入反对刚果奴隶制的运动中,这个运动得到了很多名人的支持,其中包括马克·吐温(Mark Twain)。

在仅仅100年之后,反奴役工作者又回到了刚果,有一种强烈的似曾相识之感。武装暴徒依然猖獗。更多的财富被敛获,更多的人被虐待,奴隶生产的商品仍然在为新技术提供原料。不过这次不是橡胶了——奴隶们挥动铲子,将森林砍伐殆尽,撕裂山顶的土地,为了寻找灰不溜秋的钶钽铁矿。一旦这种矿石被走私运出刚果,它们就变成了"合法的"卢旺达钶钽铁矿,可以通过正规途径出口。这是地质学魔术,卢旺达几乎不产钶钽铁矿,却成了这种矿产在世界上最大的出口国。要想揭露处于这桩交易中心的对人类的奴役,一个警惕的码头理货员肯定不够——如今这些犯罪的暴徒更善于隐藏了。但真相就在那里,在热带雨林和保护栖息地里,这些地方正在遭受被恶徒民兵控制的奴隶的猛烈破坏。这就是为什么我和同事佐巴·莱斯利(Zorba Leslie)要来瓦利卡莱。我们在一条土路上吃力地拉拽着自己的行李,这条路布满车辙,能让摩托车陷入其中无法通行。

瓦利卡莱曾经是一个冷清的小乡村,但如今挤满了难民。战争在过去15年间多次席卷此地,现在处处都是废墟。生锈的半履带式坦克和吉普车被击翻或撞毁,沿路都是残骸。在土路的边上,有三个男孩挥舞着自制的鼓槌,在一辆被弃置的损毁俄国军用卡车上表演打击乐。我们将夜宿于瓦利卡莱的学校,有几个月,这里曾是叛军的基地。这所铁皮屋顶的学校的墙壁上布满了弹孔,窗户尽碎,地板上有被大火烧过的痕迹。我们刚放下行李,当地的刚果军队指挥官就收到一条命令,因此我们又步行折返,穿过镇子,爬上河边的峭壁来到反抗营地(fortified camp)。在旧殖民地办公室,气氛友好又疏远。

"你不能进入矿区。"

"等等，我们有许可证。"我说。我们花了好多天才来到这儿，绝不可能在此止步。

"我安插了一个间谍在叛军的营地里，他们的长官对坐直升机来的外国人都很警惕。"

"所以呢？他们又不知道我们为什么来这儿。我们会悄悄潜入，拍些录像，然后就出来。"

"不行，"指挥官说，"他们知道有两个美国人坐直升机来了。对他们来说，美国人是大猎物，值很多赎金。你只要一离开镇上，立刻就会有一支分队伏击你。"

我只得接受他的说法，妥协了。他对这片被战争摧毁的丛林了如指掌，而我们却一无所知。我们必须耐心等待，灵活应变。

身处刚果东部的任何乡镇都像走在虚幻的泡沫中。孩子们玩耍，成年人努力维生，但到处都是破坏的痕迹。而同时，矛盾的是，这里又有一种天堂的感觉。因为地处高原，所以此地虽然几乎坐落于赤道上，但空气凉爽清新，阳光清澈温暖。白天的温度出乎意料地宜人，全年都是如此。深色的火山土壤疏松、肥沃。夜晚大多很短，在充沛降雨的灌溉下，草木青葱，花朵盛放。较低矮的山峰被森林覆盖着。非洲大湖之一的基伍湖（Lake Kivu）中鱼类品种丰富，湖床下约300米处储藏着约550亿立方米的天然气，足以为一个全新的经济体系提供燃料。山脉、花朵、阳光、水、鲜鱼、蔬菜、水果和肥沃的黑土地——这里应有尽有。

地利而人不和。战争让心灵和肉体俱损，也打破了一切秩序的幻象。生活变成两拨人——有枪的和没枪的——争夺生存机会的战场。这种混乱是滋生奴隶制的完美温床。当多种珍贵的矿物同时出现时，爆发奴役活动的概率就会更高。

催生了1901年奴役活动和大屠杀的产业链今天仍然在继续运转，不仅仅在刚果，而是遍及世界各地。这个过程有四个步骤，形式简单，但执行起来很复杂。第一步发生在世界上的各个富裕国家：人们大张旗鼓地宣告，一项可以改变我们生活的全新产品正在被开发，然后突然间我们就离不开这个东西了。消费者的需求推动生产，生产又相应地需要更多原材料。这些原材料可能是食物、木材、钢材或花岗岩，也有可能是一百种矿石中的一种，从闪闪发亮的黄金和钻石到灰不溜秋的锡石和钶钽铁矿。第二步就是不可避免的"诅咒"的出现——"资源诅咒"（resource curse）作用于世界上最贫穷的地区，他们的矿石、未开发的丛林或其他自然资源突然之间变得价值连城。由于这些地区的贫穷和腐败，对资源控制权的争夺一触即发，且十分致命。盗窃统治（Kleptocratic）的政府由新贵掌控，他们常常购买武器来维持自己的权力。但每出现一个大腹便便的独裁者，就会伴有十个瘦骨嶙峋又饥肠辘辘的"观望者"（outsider），后者也知道如何用枪，他们渴望产业链中流动的财富。很快，内战成了这些国家的"慢性病症"，小型企业、学校、医院等基础建设逐一崩溃，手无寸铁的平民被胁迫、被奴役，而那些贪婪、嗜血的"秃鹫"则盘旋在上空，等待享用他们的猎物。

  第三步发生在社会等级确定下来之后，帮派、组织开始减少相互之间的争夺，把更多的精力放在增加自己的利益上。对犯罪性的商业活动而言，小混乱有益，大混乱却有害，哪怕对军阀级别的组织也是如此。黑市也需要稳定的环境。当领地瓜分完毕，帮派和组织都将枪口指向被奴役的工人而非彼此。此时，那些瘦骨嶙峋的饥饿之人也渐渐把自己养肥了。第四步发生在这种新的稳定局势的基础上，而且仅对这些犯罪分子有利。暴徒稳固自己的权力后，提高了生产量，同时又开始寻找新的原材料资源和可供他们剥削的新劳力。到了这一步，整个诅咒才算是"圆满"完成了。在那样无法可依、贫苦闭塞的偏远地区，奴役活动和环境破坏都在不断恶化。

  在我们飞往瓦力卡莱之前的几日，我们先到达了边境城市戈马

（Goma），一个能让你理解刚果东部局势的好地方。戈马是北基伍和南基伍二省的入口、仓库、交通枢纽，以及联合国设置在东部的维和部队总部所在地。这座城市也是成百上千个国际非政府组织的驻扎地，它们在刚果政府倒台之后介入这个国家的事务。这些组织致力于保护人权和妇女权益、终结性暴力、满足儿童和孤儿的需要，他们提倡和推广解除武装、环境正义（environmental justice）、法治、医疗、食品安全、教育、宗教宽容、民主及其他理念。如今，戈马的写字楼里都是这些组织的办公室，路上也停着他们专属的 SUV 汽车。他们让这座城市变得与众不同。街道上到处都是大幅广告牌和海报，上面的内容不是消费品广告，而是如何预防传染病和家庭暴力。一个如此大的城市，其主要产业是外来援助，这着实给人一种奇怪的感觉。就好像救世军（Salvation Army）在发动一场革命之后接管了一座佛罗里达州塔拉哈西（Tallahassee）大小的城市，此后当地人唯一的工作机会就是去服务一群所谓的行善者。

环绕着这座城市的是一座火山，尼拉贡戈火山（Nyiragongo）。在过去的 130 年里，它喷发了大约 24 次。1977 年、1982 年和 1994 年都发生过大规模的喷发，而发生在 2002 年的爆发最为严重。那一年，山脉一侧出现了一条约 13 公里宽的裂缝，沸腾的岩浆从其中流出，流向戈马市。尼拉贡戈火山那流动的岩浆以约每小时 96 公里的速度向街道逼近，吞没了大楼，覆盖了机场的部分区域，摧毁了 12% 的城市，让 12 万人无家可归。幸运的是，及时的疏散使死亡人数仅为 150 人。如今，到处都是冷却硬化的岩浆，一些道路会突然截断，尽头往往是有涟漪纹理的黑色岩石所形成的矮墙，如同一股冻结的湍流。生活就在这些凝固的岩浆上继续着，而尼拉贡戈火山仍然在沸腾、冒烟。这是不祥之兆。但在戈马，火山并不是人们主要担忧的问题，因为这座城市还处在政治和种族的断层线上，这二者一旦爆发，会比尼拉贡戈火山更致命，波及范围更广。

今日刚果东部发生的一切，恰恰呼应着 1994 年卢旺达政治和种族问题的爆发，后者的余波震动了整个东非。1994 年 4 月，当大屠杀席卷卢旺达时，整个世界都在恐惧中屏息凝视。近100万人被杀害，200万人逃离祖国。大批难民，主要是大屠杀的目标群体图西族人，越过国界，逃难至刚果。难民以每小时1.2万人的速度不断涌入戈马市郊的无人地带。大多数难民最后定居于破烂不堪的大型难民营，那些难民营都建造在城市各个角落里的"岩浆地"上。两个月后，市内暴发霍乱，短短几周内5万人患病死亡。凝固的岩浆太硬，人们无法在上面挖掘墓穴，因此那些尸体就被堆放在河岸边。

仅仅100天之后，也就是1994年7月，卢旺达的大屠杀平息了，暴动势力倒台。凶残的胡图族民兵（又称"胡图族联攻派民兵"，Interahamwe）如今流窜到了刚果，一起来的还有卢旺达的胡图军队的一些支队。胡图族民兵一越过国界线，就开始攻击住在戈马的图西族难民，同样，图西族民兵也向胡图族难民发起了残酷的进攻。由于长久以来图西族一直反对刚果独裁者约瑟夫·蒙博托（Joseph Mobutu），后者拒绝为图西族提供保护，一场任何人都可以参加的混战就此爆发。随着暴力的升级，刚果的邻国和各个族群纷纷卷入争斗，一些支持图西族，一些支持胡图族，一些试图支持蒙博托，一些则试图袭击他，一些只想趁机捞一点儿这片区域出产的钻石、黄金和钶钽铁矿。之后冲突范围不断扩大，现在人们称之为"第一次刚果大战"。一年之后，硝烟渐渐平息，约50万人丧生，蒙博托垮台，一个由卢旺达和乌干达政府支持的新总统取而代之。但和平稍纵即逝。1998年，冲突再次爆发，"第二次刚果大战"的导火索还是同一群胡图族民兵，他们现在控制了戈马的难民营。

第二次刚果大战是现代世界里被人们遗忘得最彻底的战争。这场战争从1998年持续至2003年，使8个国家和25个武装组织卷入其中，但2001年9月11日的事件以及随后的"反恐战争"夺走了全世界的注意力，使非洲所发生的一切都被忽略了。及至战争结束，共计540万人丧生——仅次于两次世界大战的死亡人数。这是一场充斥着常人无法想象的残暴行径的战争。强奸是关键武器，几十万妇女和大量的男人、儿童都沦为受害者。刚果丛林里的原住民，巴特瓦矮人（Batwa Pygmy）像动物一样被猎杀、食用。2003年，英国报纸《独立报》（*The Independent*）派出的一位记者采访了一个受保护难民营里的难民，报道了他们对大屠杀和恐怖事件的一手描述：

> 卡通古·姆温吉（Katungu Mwenge），25岁，亲眼看着她7岁的女儿被一个叛军集团的人轮奸，看着她丈夫被这些人活活砍死。她带着四个孩子逃往伊林盖提（Eringeti），在那里，他们躲在一个漏雨的塑料屋檐下，睡在香蕉树叶上度日。
>
> 特塔波-特巴博·弗洛里贝尔（Tetyabo-Tebabo Floribert），18岁，受到了严重的精神创伤。叛军将他的母亲、三个兄弟和两个姐妹斩首。安雅西·森加（Anyasi Senga），60岁，和40个幸存者一起逃离了他们的村子，在树丛里生活了两个月，靠野果和树根果腹。安巴雅·埃斯特利亚（Ambaya Estella）的丈夫和三个孩子都被叛军杀害，这些叛军用斧子和砍刀几乎杀光了他们村里的居民。[1]

没有人在第二次刚果大战中"获胜"；在资源和精力都耗尽之后，这场战争就这么偃旗息鼓了。尽管多方达成了组建中央政府的共识，但战后的南基伍省和北基伍省仍然布满武装营地，一片片区域被一个个凶恶的民兵团完全控制了。道路、学校、医院、供水系统、电力公司、家庭、农场尽数被毁，两省内的大部分地区都成了废墟。所有的公共事业，包括法治在内，都不复存在。这是毁灭环境的奴役飞地形成之前的一个关键性阶段。

战争结束时，民兵团都转向获得控制权的新方法，并开始剥削当地百姓。在"和平"的庇护下，他们开始从流动的作战分队转变为驻守的卫戍部队，控制某些固定区域。在新领地驻扎下来之后，他们将更多的精力投入能带给他们巨大利益的矿产交易。采矿的利润不断增加，换来了更多奢侈品、粮食、武器，如此一来，不用战斗，他们也能尽情享受掌权的感觉。

每一个民兵团都占有一块他们可以控制和防御的领地。在强占土地的过程中，边界自然而然地形成了，然而，仍然不是固定的；觉得有机可乘的武装组织会侵入邻近民兵团的地界。要想理解这种无休止的混乱并不容易，但你可以试着想象这种情形：一个城市的警察和政府都跑路了，留下五六个黑手党帮派运营、管理着一切，并将不同的街道瓜分为自己的地盘。同理，这些暴徒民兵也持有对这个地区的绝对控制权，他们可以为所欲为，因此，只是从镇上的一条街进入另一条街，你可能就要交买路钱，或者有被伏击甚至被奴役的危险。这就是一种封建主义，但这些封建领主对他们势力范围内的人民没有任何责任感，在封建领主之上也没有国王来维持总体的秩序。对这群暴徒而言，乡镇的居民更像是偷来的牛，除了捕获他们所用的力气和让他们活下去的一点点理智以外，几乎不需要任何投资。现在让我们想象一下，政府派出国民警卫队（National Guard）与黑手党抗衡之后，警卫队仅仅圈出自己的领地，驻扎，然后成为另一群黑手党。[2] 这就是在刚果东部上演的剧情。

当民兵团寻找可占领的地盘时，他们首先考虑的是哪里有矿产。在世界的这个角落，黄金、钻石、钶钽铁矿、锡石（可以从中提炼出锡的矿石）、用于制造电子产品的铌矿，还有用于制造优质钢的钼矿和钼铅矿，这些矿物都接近地表，易于采集。多年以来，当地居民一直用在溪水中、悬崖边和地缝中采集矿物所赚的钱来供应他们的庄稼耕种。但武装帮派的胃口大得多，他们想要所有的矿产，不论矿藏在地下多深的地方，他们都要挖出来，而且现在就要，马上就要。

一旦一个民兵团确定了要进攻的区域，他们就会在夜里包围那个村庄，然后用武力将其强行攻下。这些暴徒想要在村民的家里抓住他们，以防他们逃进丛林。如果村庄周围的矿藏充足，民兵就会直接搬进村民家中。一个、两个或三个民兵会强行闯入一家人家,并宣布,"我们要和你们住在一起,接下来我们说什么你们都得照做"。凡有违抗者,格杀勿论。接着男丁就都被派去采挖和拖运矿石。女眷也要做挖掘和分类石块的工作、做家务、烧饭,不时还要遭受民兵的性侵犯。民兵喝醉或嗑药之后,所犯下的暴力和强奸率会进一步升高。

虽然暴行还在继续,但一些武装团体开始意识到用奴隶进行采矿比强奸和屠杀所带来的经济回报更大,引起的关注更少。为了让更多、更大的矿场运作,这些暴徒想出了"合法"的办法来奴役平民。

有很多方法可以用来占有奴隶。最容易的办法就是对一个人直接进行攻击和抓捕,接着用暴力迫使他服从。但纵观历史,人们也一直因为诱惑和欺骗而成为奴隶,有时候是因为相信接受奴役是一种机会,而非束缚。在今日的刚果,就和不久以前的美国一样,还有另一种方法——一台"奴隶抓捕"机器,它由一个腐败的、往往完全是伪造的合法系统构成,不断将工人送入矿场。

在占有奴隶方面,这个假的合法系统几乎是万无一失的,而且不论它剥削的对象有什么人种、族群或部落差异,它都是最高效的。它的运作原理是这样的:一个传统的酋长、一个警察、一个当地官员或一个民兵团成员会去逮捕某个人;逮捕理由可能是那个人携带武器到处游荡或那个人是"恐怖分子"。不论是什么样的指控,此次逮捕都是毫无法律根据的,或以某些极不重要的条例为基础。这是一个控制一个人的很简单的方法。在装模作样的逮捕之后,会产生三种后果。受害人可能会在武装人员的看押下,作为一名囚犯直接被派去矿场工作。或者他们会进行一场虚假的审判,并"判决"受害人去劳作,接着后者还是会作为囚犯被押往矿场。最后一种可能性是,假审判导致被捕的人被"定罪",然后被罚一笔数额巨大的钱款。由于付不出这笔罚金,被捕者要么被送往矿场,"以劳抵债",要么这笔债务就会被转卖给一个想要买矿工的人。这三种情况殊途同归:

一个无辜之人被奴役在矿场之中。整个荒谬的逮捕过程显示了无法律的真空地带中可能出现一个腐败的系统,这个系统维持着合法的假象。

自 1870 年至第二次世界大战,在美国南部诸州有一个完全相同的"奴隶占有机器",叫作"劳力偿债制"(peonage)。非洲的这种假合法系统与美国当年的劳力偿债制恰恰有一种怪异的一致性。20 世纪初亚拉巴马州矿工被奴役的情况和刚果如今的状况实在太过相似,简直有些诡异。[3] 这不是某种"犯罪交流"的结果——我在刚果找不到任何一个人听说过美国的"劳力偿债制"奴役,或知道美国南部诸州实行这种制度超过 50 年,而且其结果与刚果如今所发生的完全相同。但两个地方的奴隶制都是因为同一种目的产生的,因此也可能以相同的方式消失。

劳力偿债制具有一种"邪恶的优雅"的特质,一种"便易性",即奴隶很容易到手,也很容易控制。自 19 世纪 80 年代起,亚拉巴马的铁矿和煤矿产业迅速扩张,因此开始大规模地发展这种奴役系统。在实行《吉姆·克劳法》①的情况下,任何非洲裔美国人都可能在任何时候被逮捕。有时候官方不会提出控告,但为了装装样子,类似于流浪乞讨、赌博、搭货运列车或者在公共场合说脏话这些轻罪都有可能被当作拘捕的理由。如果你是一个年轻力壮的非洲裔美国男子,你就是他们的目标。犯人会被带到一位当地的太平绅士(justice of the peace)或治安官面前,以各种名义被治罪,并被要求缴纳一笔远超出其个人承受能力的罚金。每当此时,那位治安官,或是另一位官员,或是一个当地商人就会站上前来,说他们会代付这笔罚金,作为交换,"罪犯"必须在他们的控制之下以工抵债。这时候,法官就会同意,犯人则会被他们的新"主人"带走。被拘捕和定罪的人数很大程度上取决于采矿公司或其他白人拥有的企业所需要的新工人的数量。犯人们一旦被奴役,就可能随时随地被要求工作,

---

① 《吉姆·克劳法》(Jim Crow Laws),泛指 1876 年至 1965 年美国南部各州以及边境各州对有色人种(主要针对非洲裔美国人,但同时也包含其他族群)实行种族隔离制度的法律。

被铁链拴着，以各种方式被惩罚——包括监禁、鞭笞、水刑——而且他们的"主人"想用他们多久就用他们多久。一些遭到拘捕但从未被正式起诉的人在矿山里工作了几十年。不过长时间在矿山工作是比较罕见的，不是因为奴隶们能得到自由，而是因为矿工的年均死亡率达到45%，这是疾病（肺炎和结核病在矿区很常见）、外伤、营养不良和谋杀导致的。

及至20世纪，亚拉巴马州至少有20个县的地方政府在参与买卖奴隶，他们和美国钢铁公司以及其他公司签署合约，每年为这些企业送去一定数量的"犯人"。铁矿石矿工的需求量非常大，以至于美国钢铁公司对外放风说，地方治安官拘捕多少犯人他们就买多少，就算超出合约规定的数量也无妨。地方官员通过这些"租赁合同"大发横财。没人知道究竟有多少非洲裔美国人因此被奴役，但既然这种现象在美国南部各州（尤其是佐治亚州和亚拉巴马州）如此常见，想必有几十万美国黑人因劳力偿债制而被非法奴役。

理解美国的劳力偿债制奴役是很重要的，因为这能帮助我们理解刚果的奴役活动，将之视为漫长的奴役史的一部分。冲突、偏见和奴役之间的紧密联系将这两个故事绑在了一起。1865年，美国南部处于支离破碎、贫困不堪的状态。至少有6.2万名士兵和不明数量的平民在美国南北战争中丧生。战后的混乱为那些仍掌握着一些权力的人提供了投机的温床，让他们可以为所欲为却免于法律制裁，也为极端种族主义组织三K党这类武装组织的出现提供了舞台。如果要说有什么区别的话，第二次刚果大战之后出现的混乱可能比美国南北战争后的情况更严重，但所导致的一些结果几乎是相同的。对贫穷的美国南部而言，"资源诅咒"之源是棉花和铁矿石，而且腐朽的、种族主义的地方政府发展迅速，从而巩固并合法化他们的控制。不论是分成佃农制奴役（sharecropping）还是劳力偿债制奴役，最终结果都是白人精英获利，以及土地的不断剥蚀和南部大片森林的焚毁。

几天之后，在瓦利卡莱外等着伏击我们的叛军回到了他们的营地，这让我们有机会偷偷溜到离民兵控制的钶钽铁矿和锡石矿山更近的地方。几位当地的人权运动家带我来到一所废弃的学校。在那里，我与一些成功逃出矿区的年轻男子聊了聊。他们告诉我，奴役活动的威胁来自两方面，武装组织和当地酋长。一个青年解释道："他们对工人的需求永无止境。"因为部落酋长控制着大部分土地，他继续说道，"他们需要劳动力的时候，就会编造一些罪名抓人。你可能是路过一个村子，或是穿过他们的土地；你可能带着一些东西去贩售，但突然之间你就会被抓住，被指控盗窃、欠债或是参加叛军组织。没人知道法律是什么，那么我们要如何保护自己？这些事情天天都在发生！"

这些逃脱的奴隶说，人们被逮捕后不仅仅是被送去矿山。另一名青年解释道："一位部落酋长如果想要挖一个大鱼塘，就会和某个当地民兵头领达成交易。民兵头领会抓捕一些人，给他们扣上某些罪名，再把他们卖给酋长去'以工抵债'。"商人也会通过同样的方式买工人。一名青年说："商人会贿赂警察去进行拘捕，再让警察判那些被捕之人去做三五个月的苦工，一旦他们进入矿山，他们就归商人所有了，不可能从那里逃脱了。"他继续说道："任何事都可以被当作拘捕一个人的借口。北边不远处的树林里发现了一具死尸。尸体被发现的时候，所有在场的人都被拘捕，整整一个家族的人都被捕了。当地管理者命令这家每个人付50美元的罚款，结果他们都被迫去给当地老板挖鱼塘了。之后警方接管了这个案子，他们再一次逮捕了这一整个家族，一共有17人，要罚他们更多的钱。警方让他们做了10天苦力，再把他们交还给当地管理者。每一次拘捕都是和当地酋长串通好的，后者要么捞到了钱，要么得到了劳力。"

另一个逃脱的奴隶插话进来，愤怒地大吼："酋长捞了钱！领导捞了钱！民兵团捞了钱！我们却什么都没有！就算你付了罚金，还是会被押送进矿山，被迫工作！"

我问这些青年，实施拘捕是否需要证据。"不用，"其中一个说道，"不用任何证据他们就能抓人，连一张文件、一句证词都不需要。[附近的]比西（Bisie）矿山有很多人都是这样被困住的，我觉得一半以上的工人都是这样。有些人甚至是从很远之外的村镇被押送过来的。"

这些青年在矿山里待过，他们完全理解劳力偿债制是如何运作的——"罚金或债务通常是 100 美元或更多，但在矿区，债务会被重新换算成你必须采挖的铁矿的吨数。你在矿区里的时候，你吃的任何东西，用的任何工具，所有的一切，都会被加进你的债务里，加进你要挖的铁矿数量里。这个吨数由老板决定，也取决于采矿的难易程度。"

这些年轻男子理解那些罚金和债务只是用于奴役更多工人的一种手段、一种诡计，目的是让有朝一日可能还清债务并离开的工人信服。其中一个人这样说："一旦你进入矿场了，在那种情况下，你就是老板的奴隶。很多人就是那样被带进来的，之后在矿区里因疾病或矿洞坍塌丧生，而且他们的家人永远不会知道他们死了，他们就这样消失了。矿工会因为这种虚假的债务开始工作，然后做 10 到 15 年老板的奴隶。"[4] 在 20 世纪的亚拉巴马州，被奴役的矿工也常常这样消失。正如一位研究美国劳力偿债制的作者道格拉斯·布莱克蒙（Douglas Blackmon）所解释的："当犯人在矿井中死亡，公司官员有时甚至不会花时间去埋葬他们，而是把他们的尸身丢进旁边烧得正旺的炼焦炉里。"[5]

劳力偿债制奴役系统也是清算旧账和威吓他人的好方法。一个刚果青年解释说："比如说，有人欠我钱，但他不想还。我就可以去找酋长，让酋长拘捕他，送他去矿山挖矿。我可以得到他所挖的矿的一份分成，酋长也会得到一份，矿场主也会得到一份。那个欠我钱的人什么都得不到，而且还要在那里工作很多年。"

在美国南部，人们也以同样的方法用劳力偿债制奴役和威吓黑人。布莱克蒙呈现了亚拉巴马州某个县列出的可以将"重罪犯"卖给矿场的罪名："挖煤矿的黑人男性中有 24 人是因为使用'污秽语言'……13 人因为贩卖威士忌，5 人因为对一位白人雇主'违约'，7 人因为流浪乞讨罪，2 人因为'在日落后贩卖棉花'——这条规定是为了防止黑人农民向与他们分成的白人地主以外的人售卖庄稼，64 人因为携带隐秘武器，3 人因为是私生子，19 人因为赌博，24 人因为欺诈［在农忙季节结束之前就脱离白人地主的雇用］。"仅仅是咒骂甚或只是靠近一个白人都可能使一个黑人被送往矿场。男人和一些女人会因为任何被视为威胁权威的行为而被拘捕。在亚拉巴马州的那个县里，在种族主义当权者那令人毛骨悚然的说明中，还有 8 人的罪名是"未提及"。

一方面，看着历史重蹈覆辙很令人沮丧，但另一方面，美国南部的劳力偿债制奴役和今日刚果之间的相似性能帮助我们理解这些现象。今日的美国南部再也没有大规模的"合法"秘密奴役活动了。运气好的话，我们可以从美国人对这种残忍体制的终结中学到一些教训，以帮助刚果人终结他们今天面临的劳力偿债制。

通往成功的捷径是，要比 19 世纪末、20 世纪初的美国政府下更大的决心去攻克这个问题。美国南部的国会议员对侵犯"国家权利"的反对、美国大企业对劳力偿债制奴役的隐瞒、认为非裔美国人总是有罪的偏见，这些都意味着，那些尝试曝光这些奴役活动的人会遭到各方阻挠，他们的故事无处诉说。几十年来，美国司法部的政策都刻意忽略了劳力偿债制奴役的问题，让地方法官自行处理浮出水面的案子，而后者往往就是这些犯罪行为的同谋者。最终，这种情况得以终止，但并非出于对被奴役者的关心，而是由于富兰克林·罗斯福总统的忧虑。"二战"爆发前夕，罗斯福担心"非裔美国人的二等公民身份和遭到的暴力对待会被美国的敌人利用"。但等到日本攻击珍珠港五天以后，美国司法部部长弗朗西斯·比德尔（Francis Biddle）才发布指令，命司法部调查员和公诉人"搜集有关非自愿劳役和奴役活动的证据"。[7] 正如 19 世纪 70 年代的美国，刚果也在等待正义的到来，而只有法治能带来正义。

幸运的是，不像 19 世纪的美国，刚果民主共和国——尽管混乱失序——是拥有共同法律公约和协定的国际社会中的一员。虽然腐败的政客主导着这个国家,但今日他们都已清楚地明白了错误所在。刚果以及其他的国家已就这个问题达成一致:针对奴役制度的国际法律至关重要,应该优先于任何国家法律,所有国家的政府都应该贯彻执行。迄今为止,还没有任何国家决定用这种国际法来帮助刚果终结奴役活动,但这个工具就在那里,随时可以使用。

认识到美国和刚果的劳力偿债制之间的相似性是很重要的,但这不是奴隶进入矿区的唯一途径。当我与更多曾身陷奴役的人交谈之后,我惊讶地发现,刚果东部地区至少有六种不同类型的奴役:武装组织施行的强制劳动(forced labor);债务奴役(debt bondage);劳力偿债制奴役;性奴役;强制婚姻;童子军制度。所有这些类型的奴役都以不同的方式摧残着这里丰饶、独特的自然环境。最为人熟知的奴役形式就是枪口下的强制劳动,我已经多次听闻或目睹了。

军事组织掌控的强制劳动始终存在。在最极端的情况下,村民会被一个武装组织召集在一起,遭受后者的殴打和攻击,然后在暴力的威胁下被迫工作。他们得不到任何报酬,也没有活动或选择的自由,日常生活也充满了各种暴力,诸如强奸、酷刑和谋杀。他们的工作包括挖矿、拖运矿砂、分类或清洗矿石。

虽然有些工人是被抓来、被强迫进入矿山工作的,但有些人实际上是抱着获得一份生计的愿望自己来到矿区的。这样做听上去相当冒险,实际也确实如此,但战争让很多平民失去了土地、工具或赖以为生的工作,他们只能孤注一掷。他们住在偏远的乡村,接触不到书报媒体,因此当听闻有人在矿山里发家致富之后,一些人就决定去碰碰运气。

在矿区,工头们都和颜悦色地欢迎他们,承诺给他们提供工作,但工头们心里其实很清楚,自己很快就会用债务把这些工人套住,让其身陷债务奴役的陷阱。钱、食物和工具都预先提供给工人,让他们开始工作,却没有告诉他们利息是多少。在一个沿袭了分成佃农制奴役的体系中，其他的开销（不论真假）、高昂的利息和虚假的报账都被累加进最初的债务中。在瓦利卡莱省周围的矿区，交易的媒介并不是钱，而是成袋的锡矿，人们用它来换取食物和其他商品。来到矿区的免费劳工很快发现他们挖矿得到的钱根本不足以购买他们生存所需的食物。如果他们去"借"食物的话，债务又会继续增加。他们很快发现自己陷入了一个处境：他们必须满足债主的任何需要——而且没有任何自由可言。一个曾经当过矿工的男人告诉我，工人因为债务奴役被困10到15年是很常见的（如果他们没有在此之前死掉的话），而且债主往往会把这些奴隶卖给其他人。

不同的奴役形式为供应链提供不同的产品。举例来说，一个当地的人权工作者向我解释了矿产商与武装组织是如何在矿区勾结一气奴役工人的。矿产商首先会和一个军队指挥官接洽，告诉对方他在某个矿山储藏了十数吨矿石，需要穿过危险地带将这些矿石运往边界，以便将其走私出境。这个商人一把运送矿石的钱付给这个军队指挥官，后者就会派出军队逮捕平民。接着，这些被抓获的"犯人"就会在没有任何报酬和选择的情况下被迫去搬运成袋的矿石，他们必须背着这些矿石穿越丛林到达边境——由强制劳力和债务奴隶开采的矿产如今又由劳力偿债制奴隶背负。一个当地人告诉我，在他们村子附近，"一些我认识的人被逮捕了，但他们拒绝背运矿石。他们提出拒绝之后，其中一个人立刻在其他人面前被一枪毙命，还有一个人的手臂被砍刀直接割开，导致终身残疾"。其余的"犯人"惊恐万分，只得驮上袋子，开始搬运。

另一种形式的奴役的侧重点则不在牟利，而在于巩固和加强民兵组织的恐怖统治和剥削。这种奴役便是将儿童置于麾下，培养成士兵。武装组织袭击村庄时，会绑架年幼的男孩，有时还有女孩，将他们训练成杀人机器。这些儿童常常被迫去强奸其他儿童或年轻人，或是去谋杀他们的家人或其他村民，这都是洗脑过程的一部分。他们丧失了人类情感，深受创伤，往往身染毒瘾，很快就对武装组织马首是瞻。联合国部队和救援人员经常报告：遭受过这种绑架和训练的儿童会被派去运送袭击武器，以及在矿区巡逻。这些儿童是民兵组织的炮灰，一次性的士兵，可以像手榴弹一样直接扔向敌人，而且很容易就能找到新人替代他们。不论男孩还是女孩，都会被强奸。不论是在刚果法律还是在国际法律中，招募童子军都是被禁止的；因此，驻扎在刚果东部的联合国部队以援救这些儿童为当务之急。尽管如此，这种情况仍然十分普遍。

在这个系统中，女性扮演了很特殊的角色。在刚果，女孩和妇女背负了奴役中最沉重的部分：她们的身体被用作工具和战场。虽然一些男性奴隶也会被性虐待，但性侵害对女性奴隶而言完全是常态。无论她们是从什么渠道或以何种形式被奴役的，不论她们被迫为奴隶主做的工作是什么，奴役状态下的妇女无可避免地都会遭到性侵害。这是规则，而非特例。无论对象是老是幼，无论是在田野、工厂还是在家里，这种恶行都会发生。性侵者不仅是奴隶主，还可能是他的儿子、朋友、亲戚、工人和顾客。要给一种人类活动下一个绝对的定义是很困难的，但我可以毫不犹豫地说：对妇女而言，奴役就意味着强奸。

男性奴隶首先会被视为潜在的劳动力；而女性奴隶则被视为劳动力和可以被用来发泄的身体——因为她们可以生育——除此之外，她们还像钻石珠宝或豪车一样，被视为夺人眼球的消费品。这就导致了一个矛盾：虽然奴役是一个人对另一个人的完全控制，但对妇女的奴役变成了对整个群体的控制，成了一种恐怖行动，其恶劣程度远超男性奴隶所遭受的奴役。

刚果东部的男男女女都向我描述过，民兵团和刚果军队在袭击村庄时专挑妇女和女孩为抓捕目标，将她们带进树林，当作性奴隶。有些妇女和女孩是以这种方式被迫进入矿区工作的，还有一些人——尤其是孤儿——是被年长的妇女哄骗进入矿区工作的，后者承诺会抚养她们，但实际上是把她们卖作性奴，以此换取少量的矿石。这些年长的妇女通过向奴隶主提供大量的少女和少年来牟取不义之财。一位人权工作者向我解释:"男人都觉得年轻的女孩得性病的概率要小一些,比如艾滋病。而且因为小女孩不懂得为自己'议价',她们即便不是免费的,也要便宜一些。"

因为文化,问题愈发复杂。一个当地人向我解释,在他们的传统里,女孩和妇女一直被视为物件和生育工具。在矿区,她们远离了自己的传统角色,价值因而更低了——"她们就只是商品,"他说,"用来换取一些从地下挖出来的脏石头[矿石]。"另一个当地的活跃人士的话也印证了这一点,他强调了女性缺乏机会这一事实:"对女孩而言,她们的性别就是她们的商品。"一些妇女,一般是在战争期间丧偶的女人,会到矿区找工作。她们最终会去干一些技巧性较弱的活儿,比如加工矿石,或是为工人们烧饭。不久,她们就会被迫承担各种债务,迫于育儿或生存的压力,她们只得去卖淫。从这一刻开始,她们很快就沦为奴隶。不论如何,所有的妇女和女孩都没有权利拒绝那些控制了矿区的武装匪徒提出的性要求。这其实就是一个更大、更普遍的模式的一部分:将强奸用作一种战争武器;四处蔓延的性暴力将摧毁整个社会结构。

关于女性奴隶的遭遇,亲历者还提到了一种特殊的情况。除了反叛势力和政府力量会强迫妇女身陷性奴役,刚果民族军(Congolese National Army)的士兵也会强抢民女,让她们做自己的"妻子"。这种情形通常是"一对一"的,即一个妇女被一个人控制,久而久之,这种关系就演化成了一种传统的"婚姻"(尽管女方显然是被强迫的)。一名妇女描述了自己的经历:

> 那是 2007 年的一天夜里,我和家人正在家里睡觉。突然屋外传来敲门声,那些歹人命令我丈夫开门。六个穿着军装的男人进来了,其中四个手里有枪,另外两个没有。他们开始洗劫家里值钱的东西。他们把我们带到屋外,强迫我们和他们一起进入树林。我们一进树林,他们就放了我丈夫,但强迫我和他们一起继

续往林子更深处走。一个指挥官选择我当他的妻子,他把我困在树林里七个月,什么时候想要泄欲就来强奸我。因为他觉得我没法逃脱,所以他允许我一个人散步,我就是那个时候逃走的。

尽管这名妇女逃走了,但对其他人而言,这种强制的婚姻往往是永久的。如果一个女人的家人都去世了,她又发现给一个军队指挥官当"妻子"能获得一方安身之地,那么她可能就会接受这种命运。从某种角度而言,这类似于我们所知的斯德哥尔摩综合征,一种矛盾的情况——人质会认同劫持者并与之产生共鸣。心理学家称,这样的人质认为入侵者没有取他们的性命,相当于赋予了他们生命。[8]在刚果东部地区这个暴力的空间中,妇女的生命毫无保障,因此在她们中间出现斯德哥尔摩综合征的情况也并非罕见。

强制婚姻、强制劳动、劳力偿债制、性奴役、债务奴役、童子军——如此多的奴役形式的存在,就已经证明了基伍地区的无法治和混乱状态。冲突和失序为奴役活动提供了肥沃的土壤,各种不同形式的奴役似乎是一夜之间突然出现的。在战乱中,在对所有人都开放的矿物混战中,刚果的"资源诅咒"现形,法治社会因此崩毁。在填补真空的欣欣向荣的黑市中,奴役活动日益猖獗,环境破坏不断恶化。

2010年,哈佛大学的一个研究小组针对这种失序对人们造成的影响展开了调查,这是该领域最出色的调查研究之一。[9]这个小组所做的工作相当不同寻常——他们没有简单地搜集个人故事或进行案例研究,而是采集了覆盖基伍地区全部人口的数据。由于进行随机抽样的研究者可能会遭遇危险,在刚果,这类代表性调查(representative survey)几乎闻所未闻;但若要研究充斥着奴役活动、战乱和性暴力的地区,又迫切需要这类调查。

哈佛的研究者发现,在这个区域的610万人口中,已知有近1/5的成人曾被迫卷入冲突——被诱拐成为士兵、性奴，或以其他的形式受到影响。这些暴力和强奸的受害者有一部分有时也是施害者。被迫成为童子军的孩子被他们的劫持者强奸、凌虐，也被迫去强奸和凌虐他人。甚至有更多人——约 250 万女人和 140 万男人，加起来占总人口的一半——遭受着性暴力的侵害，通常是强奸。

如果要做个比较，那么刚果东部地区的人口差不多相当于大芝加哥地区总人口。想象一下芝加哥的所有房屋、树木繁茂的郊区和市中心的大楼。现在再想象一下，1/3 的家庭曾经被武装暴徒袭击，家庭成员或被杀或被强奸，或被奸杀，他们的财产被掠夺，他们的孩子被抢走，他们的房子被放火烧毁。这是比最恐怖的恐怖电影还要可怕的景象，但这就是基伍地区的现实。

因此，哈佛研究小组发现这种程度的混乱和暴力使人们发狂，也就不足为奇了。活下来的人口中有一半显示出创伤后遗症（PTSD）的症状，近半数的人重度抑郁，1/4 的人始终有自杀的念头，1/6 的人曾尝试自杀。最后一项数据值得强调：在 600 万人中，有 100 万人自杀未遂。而没人知道有多少人自杀成功了。

在瓦利卡莱四处走走，你很难看到基伍地区那种沉重的悲剧；相反，你甚至还会感受到和谐的气氛。孩子们仍在嬉笑玩耍，母亲背着婴儿站在一旁，教堂里的唱诗班正在做午后练习，他们清澈的声音回荡在道路的上空。

当我们沿着一条尘土飞扬的道路行走时，越来越多的孩子开始走在我们身边。我们和孩子一起欢笑嬉闹，发现几乎每个孩子都背着一把新开锋的大弯刀。他们的笑声与闪闪发亮的武器形成了鲜明的对比。我的同事大声地开玩笑道："这是什么？上学还要带弯刀？"接着他用法语向一个当地人询问发生了什么。"噢！"那个人也用法语回答道，"今天是'把你的弯刀带来学校日'——所有孩子今天都要在学校周围割草。"孩子们既干了活儿，又玩得很开心，大人们也在寻找遗忘悲伤的方法。

第二章 火山之下

镇上没有电,但在夜里,当地的神父会启动一台燃油发电机,让它运转两小时。一小部分被选中的人可以用这台发电机供应的电力做两件被视为比照明或烧饭更重要的事——为手机充电,以及在一台破旧不堪的电视上观看肥皂剧。在赤道附近,昼夜的交替十分迅速,幽深的黑暗会让我们不得不停止工作。有时,在黄昏之际,我们会在一家简陋的露天咖啡馆,喝一杯饮料。在棕榈叶的遮盖下,围着一张由废弃物做成的摇摇晃晃的桌子坐下,我们喝着温热的苏打汽水,被成群的蚊虫环绕。有时刚果军队的军官也会停下喝啤酒,他们手下的六个或八个年轻士兵就在大门附近闲逛。我打量着这些青年,他们如此随意地拷在肩上的武器着实让我震惊。一个少年抱着一台火箭推进式榴弹发射器,他的同伴穿着一件插满了火箭弹的马甲,旁边的一个年轻人举着一台重型机枪。剩下的人都背着卡拉什尼科夫突击步枪,有一些还带着手枪。他们的腰间都别着手榴弹。这支分队全副武装——如果只是来咖啡馆喝东西的话,他们携带的弹药实在太多了。我努力不去注意这些武器的精细、齐全与该区域基础便利设施(如自来水和电)的缺失之间的强烈对比。

在联合部队的保护伞下,瓦利卡莱慢慢恢复了一些秩序。哪怕是在一片废矿的贫瘠土地上,坚强的野草和野花也会顶破矿渣,向上生长。尽管学校的大楼遭受了炮火的侵袭,能用的设施也少得可怜,但它仍在运转,班级里挤满了学生。一无所有的男男女女做着小本生意,努力重建家园。最坚韧的野草是那些土生土长的政治活动家、人权和环境工作者,他们勇敢地直面政府和叛军。他们的收入微乎其微,有些甚至被悬赏通缉,但他们仍继续他们的努力,扎根于此,散播正义。与他们同行是一种荣幸,就好比与弗雷德里克·道格拉斯及哈莉特·塔布曼共事一样。①

在我们到达瓦利卡莱之前不久,一位政府部长曾从首都来到此地"视

---

① 弗雷德里克·道格拉斯(Frederick Douglas,1818—1895),杰出的演说家、作家、人道主义者和政治活动家,19世纪美国废奴运动领袖。哈莉特·塔布曼(Harriet Tubman,1822—1931),19世纪美国杰出的黑人废奴运动家,曾帮助许多黑奴逃亡,被称为"黑摩西"或"摩西祖母"。

察情况"。那位部长在这里的时候,一位当地的人权运动家在公共场合大声谈论屠杀和奴役。天还没黑,他就被逮捕了。他被押往戈马市,以"通敌"的罪名被起诉。在被摆布了数日之后,他被带到了一个官员面前,后者给了他一个警告:"不要再谈论大人物是如何在大餐桌上就餐的了。"我说我想见见这个勇敢的人,并询问他的姓名,但我得到的答案是:"也许在你的国家,你可以告诉别人这样一位活动家的名字,但在这里,告诉别人他的名字相当于将其置于致命的危险中。"我的线人继续向我解释道,要想得到关于人权侵犯和环境破坏的可靠消息,必须把证人隐藏起来,"如果军方发现了一份报告或者一个证人,所有人都会被抓起来,然后就这样消失"。

  这些活动家仅仅是与我们会面就要冒很大的风险。我们到达这里的消息已被口口相传,散播于整个地区。一位本地的活动家告诉我们,当地的刚果军队指挥官已经迅速赶来瓦利卡莱,警告他的军队我们已经来了,要他们牢记"小心盯好这些白人,不论他们听到了什么,不论他们说了什么"。军方称这些协助我们工作的活动家为"大嘴巴"(bouche trou),因为他们很愿意谈论犯罪和环境破坏。而一旦刚果军方或反叛组织感到面临威胁,他们就会让这些大嘴巴永远闭上。

  我希望我能告诉你们更多关于这些英雄的事,但他们每天都在死亡的威胁下工作,他们的身份必须保密。民兵组织想要杀他们,很多政府官员也想要他们闭嘴,但他们仍在继续工作。其中一些人的目标是保障刚果东部地区人民的安全,并与奴役活动做斗争,还有一些人想要保护环境;几乎所有人都理解这两者之间的关系,并同时为奴隶和环境努力着。这些男男女女随时准备奉献自己的一切,有时也的确这样做了。和大多数废奴主义者一样,这些在前线拼搏的工作者将他们承担的风险视为他们工作的一部分。他们的活动经费也很少,因为除了一些反奴役组织,外部世界并不知道他们的存在。[10]

  这些活动家悄悄地在矿区周围活动,暗中帮助奴隶逃脱,并记录露天采矿对森林和流经的溪流所造成的巨大破坏。但不是所有的武装组织都驻扎在允许采矿的地区。有些组织向刚果与乌干达的边境推进，涌入国际自然保护区的脆弱边界，逼迫他们的奴隶走在前面。你很难想象破坏的程度究竟有多严重：珍稀的野生大猩猩被赶尽杀绝，而它们栖息的"保护"森林被焚烧殆尽以制造可以出售的木炭。河马也遭到屠杀，因为它们的肉和牙齿可以售卖。物种一个接一个地灭绝，随之而来的是周遭生态系统的崩毁。

在我写这章内容的期间，其中一个自然保护区传来了悲伤的消息。一颗火箭推进榴弹夺去了三名园林管理员和五名士兵的生命，他们当时正在维龙加国家公园（Virunga National Park）帮助难民转移到安全的地方。[11] 自 1996 年起，已有超过 130 名园林管理员或在保护这片自然保护区时丧命，或在不同武装组织的争斗中被抓捕。维龙加国家公园占地 3000 平方英里①，建于 1926 年，是非洲最古老的国家公园，生活在其中的山地大猩猩占全球山地大猩猩数量的 1/3，大象、河马、水牛和羚羊的数量也很多。这片生态系统实在太珍贵了，因此联合国教科文组织将此地列为世界遗产保护区。但近 90 年之后，维龙加公园陷入了险境，那些扫荡了南北基伍省的自然资源的武装暴徒如今开始打起这片保护区的主意，他们在这里看到了丰富的可采集资源，并且愿意动用大量的奴隶来进行开采。

大自然没有机会反抗他们的炮火。2006 年，一个德国的环境保护组织在维龙加公园对河马进行了一次调查统计。其结果不但让他们自己大为震惊，也让全球的环保团体为之震动。前一次的统计显示在这片区域有超过 3 万头河马，那是地球上最庞大、最健康的河马聚居群，而这一次，他们只找到了 629 头河马。研究员乘坐着小型飞机，沿着爱德华湖（Lake

---

① 约合 7770 平方千米。

Edward）及其支流记录河马数量，但他们没有找到期待中的河马群，只看到马伊马伊（Mai Mai）叛军屠杀动物的场景，还有湖畔成堆的支离破碎的动物尸体。这种屠杀是大规模的，叛军用的武器是机枪和榴弹发射器。他们将河马的牙齿拔出，以待日后卖出，而成群的奴隶搬运工则排着队将河马腿背走，这些肉可以在公园外的村镇市场上售卖。来到岸边饮水的大象和美国野牛也都被屠杀、肢解了。湖水因染血而泛红，湖岸也被这种颜色侵袭。

这种规模的屠杀不仅对河马聚居群造成了毁灭性的影响，也影响了湖泊的生态系统和为了躲避战乱而逃亡至此的难民。几个世纪以来，爱德华湖都是渔民赖以为生的水域，他们主要捕捉罗非鱼，一种重要的蛋白质来源。但这种鱼的数量与河马的数量息息相关，因此屠杀过后，罗非鱼数量也大幅度减少了。理查德·鲁杰罗（Richard Ruggiero），一位在美国渔业与野生动物管理局工作的非洲专家，这样解释道："任何进食大量生物质（bio-mass）的动物，比如吃草的河马，都对……生态系统有重要的作用。河马不仅消耗很多草，它们还会消化这些草并将其排入水域生态系统，使水域更加肥沃。"[12]这很好地诠释了每只河马每天在湖中排泄60磅粪便的作用。浮游生物靠这些粪便为生，之后被虫子幼体吃掉，后者又成了罗非鱼和其他鱼类的食物。因此，没有河马就意味着没有鱼——湖边的村落，虽然随着逃亡的难民的到来而不断扩大，却因鱼类数量的急剧减少而陷入饥荒。但武装组织并不关心鱼类和湖边的村民，他们继续屠杀河马，因为一旦河马肉在周围的城镇售出，他们就能快速赚到钱。

与河马不同，维龙加公园的山地大猩猩群从来没有达到过上千的数量，环保主义者特别担心会出现屠杀大猩猩的新趋势。过去，人们盗猎大猩猩的原因可能有两个。在地方层面上，武装暴徒或饥饿的村民和难民可能会捕食大猩猩。在国际层面上，专业猎人在非法野生动物市场上会以几千美元的价格出售一只大猩猩幼崽。但对于最近的猎杀活动，埃曼努埃尔·德·梅罗德（Emmanuel de Merode）——帮助维龙加公园护林人的动物保护组织"野生动物信息"(WildlifeDirect)的前负责人——解释道:"这群大猩猩无一幸免,幼崽和母亲死在一起。在大猩猩保护的历史上,从未出现过这类事件,即猎杀者不是为了肉或幼崽而袭击一个大猩猩群。我们认为这是木炭制造业的人因为想看大猩猩死掉而蓄意为之。"

这些巨大的、通常很温顺的猿类以小群体的形式生活。它们主要的食物是植物,一天中的大多数时间都在山中氤氲的云雾林(cloud forest)里进食,也常常停下来互相梳毛、玩耍,尤其喜欢与幼崽一起玩。雌猩猩外出觅食时会背着它们的孩子,幼崽直到三岁才断奶。母亲和后代之间的纽带是非常坚实的,雌猩猩也倾向于一生只与一头雄性银背大猩猩交配。这种节奏缓慢的田园生活,以及大猩猩与它们相当窄的生态位(ecological niche)之间的紧密联系意味着它们的生育率很低。雌猩猩每六到八年才生产一个幼崽,一头40岁的雌猩猩一生中只生过两胎的情况并非罕见。

尽管山地大猩猩身强体壮,但它们是很胆小的:它们害怕蜥蜴和鳄鱼,看见变色龙和毛虫会绕道而行,在越过小溪时总是尽可能不弄湿双脚——有时会使用棍子试探水深。研究人员发现它们会用简单的工具,比如用石块砸开棕榈仁或是用树枝做成临时的棍子。除了黑猩猩和倭黑猩猩,大猩猩是与我们最接近的物种了,它们的DNA有97%与人类重合。

大猩猩是判断奴役活动与环境破坏之间联系的清晰的量尺。它们是煤矿场里的"金丝雀",是身体强壮但敏感的"原始人类",它们的灭绝标志着大片云雾林将开始消失。大猩猩是一个珍稀且重要的物种,但对一个亟须外资的国家而言也十分宝贵。刚果东部地区有600万人口,但只有约700头大猩猩,其中大部分栖居在维龙加国家公园内。虽然大猩猩的数量很少,但它们对刚果的经济发展几乎比任何人都有用。刚果的人均收入是每年280美元,与此同时——即便战争冲突频发——大猩猩旅游业(即观赏大猩猩活动)每年会带来300万美元的直接收益,以及住宿、餐饮、交通等其他方面2000万美元的间接收益。简言之,每头大猩猩每年可以为刚果东部地区带来2.5万美元的收入;如果没有遭到破坏,这应当是一个可以持续带来利润（并慢慢扩大）的资源。维龙加公园在卢旺达边境的那一部分已经体现了这个产业的可行性。那里新建了步道，方便游客抵达山顶处的恩加济火山湖（Lake Ngazi），以及《迷雾中的大猩猩》（*Gorillas in the Mist*）一书的作者戴安·福西（Dian Fossey）的墓地。三群金丝猴——一个只有在维龙加公园才能看到的美丽物种——已经习惯了人类的"来访"，它们每天都会出现，这是游客来观赏大猩猩时的"额外福利"。这是一个非常好的产业，它源源不断地为当地经济提供收入，也确保了森林的安全。

与此同时，大猩猩是维护栖息地的重要部分。你可以把它们当作云雾林里的河马。与河马一样，这些大型草食动物每天都要"处理"许多植物。与河马不同，他们不只生产肥料。大猩猩非常爱吃水果，而水果有种子。大猩猩将种子吞入消化系统，然后通过排泄将其植入一堆新鲜的粪肥之中。或者用灵长类动物学家们更精巧的说法："大猩猩移动了大量的种子……这些种子储藏在小径上的粪便中，或是被喷洒在母体植物的覆盖范围外。"[13] 这听上去好像在说大猩猩小心翼翼地用手移动了种子，然后又像做外科手术一样将其置入粪堆，直到你看到"喷洒"这个词——一种我不愿意去想象的排泄方式——才恍然大悟，但这也意味着大猩猩不仅在消耗森林，它们也帮助森林播种、成长。

不像其他许多吸引游客的物种，大猩猩非常温和。虽然它们很容易感染人类疾病（如肺炎），但还是有可能在它们的栖息地中为游客创造一块观赏的空间并确保双方的安全。但对于入侵维龙加公园的武装组织而言，大猩猩的珍稀和优美都无关紧要——大猩猩同河马一样，只是食物而已。它们很容易被追踪和射杀，武装组织捕食它们，并将多余的肉卖给附近的村镇。大多数被猎杀的大猩猩就这样在丛林中消失了；但在三年前，两头著名的雄性银背大猩猩被杀害之后，公园管理员在一个叛军军营的茅坑里发现了它们的头颅和双足。"那股恶臭可怕至极，混合着腐肉和人类粪便的味道。"在场的一位环境保护者这样报告道。其中一头大猩猩已经习惯与人类相处，因此成了一个尤其容易被猎杀的目标。发现大猩猩尸块的公园管理员们面对全面武装的叛军也无可奈何。

杀死这些大猩猩的人不是屠杀河马的马伊马伊叛军，而是另一个武装组织，叫作"刚果民主同盟"（Rally for Congolese Democracy，简称RCD）——一支由约2000人组成的军队，领导者为一个叫洛朗·恩昆达（Laurent Nkunda）的男人。恩昆达在维龙加公园附近建立了他自己的"山国"，利用他的士兵强奸、恐吓、奴役当地居民，盗采金矿、木材、钶钽铁矿和其他自然资源，也猎杀并售卖珍稀动物。[14] 他最著名的事迹是逼迫几千名儿童成为童子军。2009年，一支卢旺达—刚果联合军抓住了恩昆达，但他的"山国"已经转手给其他人。他似乎已被挤垮了，因为比他们更强大的组织不仅想要掠夺维龙加公园的动物，还想要掠夺大森林本身的资源。

在世界范围内，热带雨林正在以惊人的速度被破坏，每棵倒下的树释放的二氧化碳都在加重全球温室效应。刚果拥有全世界第二大的雨林，但卫星图像显示南北基伍省内的森林面积在不断缩减。虽然维龙加公园的树木可被用作木材，但对叛军而言，这些树若烧成木炭可以创造更大的价值，而制炭的过程会加快温室效应恶化的速度。由于没有道路，将巨大的木段运出森林相当困难，但五十磅一袋的木炭可以由一个屈服于枪口的少年奴隶背负或装在自行车上运出森林。森林在不断缩小，与此同时，这些奴隶——大部分是年轻的男孩——顺着山坡向下前进，踏上了进入戈马市的道路。在这座城市，大多数居民用木炭烧饭和取暖，为他们供应木炭的武装组织每年会有大约3000万美元的利润。然而，戈马市居民烧饭所用的木炭只是来自保护森林的木炭中的一小部分；大部分都跨越边界流入了卢旺达的市场。2004年，卢旺达为了保护自己国家的森林颁布了一条法律，严禁国内任何地区制造木炭。这意味着约900万卢旺达人得到别的地方去寻找木炭供应，而卢旺达附近唯一的可用资源就是维龙加国家公园。

保兰·尼奥波波（Paulin Ngobobo）是这场破坏的一名目击者，他是维龙加公园的管理员之一。他解释道，反叛组织和被派来保护公园及当地平民的刚果军队都是犯罪者。士兵们维护路障和进行日常巡逻，但他们也想通过其他办法挣钱。一些士兵已经多年未领到过薪水，因此转而以制炭为收入来源。[15] 尼奥波波解释说："军方被派来在公园内驻扎是因为那些武装分子在这里活动，但士兵没有钱拿，所以他们就开始制炭。"

将军队派往野地却不支付他们薪水，刚果有很长一段时间这样的历史。[16] 刚果前任总统蒙博托，一个在这个国家掌权了22年的独裁者，"曾问他的士兵，既然他们手里有枪，为什么还需要薪水"。根据尼奥波波的说法，刚果军方以军事活动为掩饰进行木炭交易。"我们会收到一份报告，"尼奥波波强调，"来自一位军队指挥官，说我们在某个特定时间不可以在公园巡逻，因为他们要进行军事演习，但他们真正要干的事是砍伐树木并烧制木炭。"

"大猩猩妨碍了木炭交易，"埃曼努埃尔·德·梅罗德解释道，"刚果过去15年的历史就是非法开采自然资源的历史，木炭交易绝对符合这段历史的基调。卢旺达境内的自然资源已难以为继，因此他们开始在境外探索资源。而卢旺达人恰恰只有一个真正的木炭来源，那就是维龙加国家公园。"与此同时，公园周围的居民——大部分是武装冲突的难民——也极度渴望赚钱，甚至为此不惜一切代价。尼奥波波努力想要让当地民众认识到森林的价值，但他们并不买账。"这些人非常贫困，让他们明白公园的价值简直不可能。他们将公园视为另一个绊脚石。"他说。武装组织非常不满尼奥波波对木炭交易的干涉。2007年，在和村民商议保护森林事宜时，他被民兵团逮捕了。他们脱光了他的衣服，在与他会面的村民面前鞭挞他。一年后，他又被刚果军队逮捕，被指控提供关于木炭交易的不实信息、妨碍对大猩猩猎杀的调查。[17]

在很多层面上，这都是一个悲剧，不知该从何说起。环境破坏、死亡和奴役活动环环相扣，一旦开始，就无法停止，除非某一环彻底灭绝。

武装组织使用残暴的手段和性侵害迫使人们离开家园,几千人因此被奴役;他们购买武器和弹药的钱都来自他们从森林掠夺的财富,有时是卖给当地市场的兽肉和木炭,有时是制成我们都会购买的产品的矿石。法治消失,万事皆可。由于民兵组织没有保护或维持社区和自然的理由,武装组织毫无忌惮地破坏和消耗着一切。当地的农业被耽搁或废弃,饥荒蔓延。腐败在混乱中滋生,趁火打劫之人出现了。面对这块土地上的丰饶资源,所有人都想要分一杯羹。

要想从这个困境中找到出路并不容易,但存在理性获得胜利并迎来真正的积极改变的可能性——那取决于你我在这场灾难中扮演的角色。让我们回到我们口袋里的电话。我们不会去买来自维龙加森林的木炭,也不会吃大猩猩肉,但真正催化了刚果东部地区犯罪的钱并非来自大猩猩或木炭,而是电子产品大量使用的矿石。电子产品的全球性供应链粉饰并"绿化"(green-wash)了矿石,掩盖了其可怕的供应源头,因此每一次我们使用手机或打开笔记本电脑时,都提高了对这些矿石的需求,也增加了这个产业链创造的利益。如果可以查清这些矿石从奴隶手中到我们的手机和电脑的路径,那么我们就能发现从哪里以及如何阻止这场灾难的发生。森林已燃烧殆尽,曾经栖息于此的丰富、珍贵的物种都已消失,站在这样的土地上,我明白了自己下一步该做什么——我必须深入调查,追寻矿石的源头。

回到瓦利卡莱,我走上一个山脊,眺望狂怒地流经村庄的河水。我从口袋里拿出一个老式的诺基亚手机,按下一串号码,打给我在伦敦的爱人……

第三章
废墟之城

这里曾经是一座大山，如今却只剩碎石角砾。一座巨大的、中空的废石堆，到处都是人类的排泄物、有毒的化学物质和血迹。这就是距离瓦利卡莱约 30 英里的比西矿山。这是一座锡矿和钶钽铁矿矿山，在蚂蚁一样的奴隶蜂拥而至挖掘矿道并开采之后，山中的矿产迅速消失了。2 万人住在山上的一座废墟之城中。

远远看去，那里并不像一座城市，而是几千个废弃塑料袋在风中飘动、破碎，随风挂在电线或弯曲的杆子上，和污泥混杂在一起，四处散落、堆积着。土地上遍布着露天的矿坑，被雨水和污物充盈，孑孓和寄生虫在其中蠕动。疲惫不堪、眼神空洞的儿童，徒有一身肌肉的男人，目光呆滞的妇女，在迷雾中像幽灵一般游荡着，在士兵大摇大摆地走过时畏畏缩缩地躲让。他们的恐惧是真实的。一名妇女告诉我："在这里，女孩像羔羊一样被宰杀。如果有任何人被怀疑私吞了珍贵矿石，他们就会将那人开膛破肚。"

曾几何时，这片森林的腹部，这座山峰的心脏，都还未被剖开掠夺。但在我们对此进行回顾之前，先看看你的周围。你身边可能有一块电路板——信息时代的关键组成部分之一。但若没有奴隶矿工在比西矿山采掘的锡石，电路板就无法运作。锡被用于制作焊料，而焊料就是将电子线路焊接在一起的材料。电子线路中的焊料（这个词在拉丁语里的意思是"使坚固"）是 63% 的锡和 27% 的铅的混合物。这种比例的锡铅混合物可以被精准地应用于两个电路的连接、电脑主板芯片的维修，或是完成在我们的手机、笔记本电脑和其他含有电子线路的东西（汽车、玩具、婴儿监护器，甚至是大型喷气式客机和超级游轮）的生产过程中无数必要的工作。[1]

现在就让我们回到刚果和比西矿山。20世纪30年代，住在这片森林中的村民发现，比西河（Bisie River）这条浅浅的小河的河床上满是锡石砾，于是他们将这些石头收集起来，卖给过路的商贩。随着手机和笔记本电脑使用量的爆炸式增长，锡的价格激增，因此商贩的需求也增加了。村民们沿着河岸捡石头，并不断向上游行进，试图找到这种矿石的来源。在森林深处，小河流入山腰，锡矿石到处都是。当村民在山腰处深挖，他们发现地下满是黑色的锡石。人们又在比西河另一侧的小山里发现了大量的赤锡矿。这两座山，黑山和赤山，与这条河及其河漫滩，如今成了一个矿区。最初发现矿石的村民已经不见了，没人知道发生了什么。刚果战争期间，武装组织受到这个矿区丰富矿产资源的吸引，杀害、奴役或驱逐了那里原本的居民。

山上星星点点地遍布着矿坑和壕沟，仿佛遭到过地毯式轰炸一般。在山顶和山脊上，就坐落着那座废墟之城。树木被伐空，四处都是巨石和碎砖、淤泥和沙砾，没有植被生长。矿道通入山的每个坡面。山的核心几乎是纯锡矿石，多条矿道在那里汇入一个中心室。男人和男孩戴着头灯，在昏暗的光线下，他们在矿道中向石壁挥舞着锤子和凿子。随着时间一点点过去，他们已经将几百万磅废石块背出矿坑，弃于山坡上。锡石一旦被开采出，就会被运往河岸。它们被放入顶端开口、罐身和底部戳了洞的旧油罐里，浸入河水中，以洗去附着在矿石上的灰尘和沙砾。

矿工中有各式各样的人，都身形虚弱。有一些是曾经的孤儿童子军，在联合国部队介入后被释放。政府承诺援助他们，却从未兑现，因此他们来到矿区，希望能挣口饭吃。许多矿工都因为劳力偿债制或假债务的诡计而被奴役，还有一些则是因为受到了武力威胁。妇女和女孩一般会被派去清洗矿石、烧饭或提供性服务。有一些是被抓获、强奸，然后被带来此处。还有一些女性,因为家庭和村庄遭到破坏,所以来此寻找可以维生的工作。这里的 2 万名居民都患病、受伤,只有矿场老板、士兵和一些商人能吃饱喝足。

  由于没有安全措施,这里的工作很快就造成了伤害。最严重也最普遍的是硅肺——肺部吸入过多细小、尖锐的岩石粉尘,就会造成这种疾病。粉尘使肺部出血,然后形成疤痕组织。随着疤痕组织不断扩大,肺部就无法为身体提供氧气了。一段时间后,哪怕是一个其他各方面都健康无虞的人也会逐渐衰弱,慢慢窒息而亡,且整个过程是不可逆的。凿击岩石时产生的飞屑会伤害眼睛,岩石坠落或其他事故还会导致骨折。那么多人挤在一起,在矿道中的"安全区"睡觉,导致大多数矿工都染上了疥疮,浑身长满了红肿的疹子。[2] 糟糕的健康状况和过度拥挤的工作环境意味着传染病会迅速蔓延,在通常情况下可以预防的疾病到了这里却往往会造成死亡。性病也遍布这个矿区。在这里的为数不多的妇女——她们对自己的身体几乎没有任何掌控权,也得不到保护——被许多男人强奸或招嫖,导致性病蔓延。受困于这样的地狱之中,许多矿工会用他们采掘的矿石换取毒品,一般是大麻和一种当地压制的哈希什烟草,他们嗑药之后上工,又增加了自己发生事故的概率。

  有一天夜里,我坐在一个露天的棚屋下,和两名在比西矿山工作的青年交谈。忽然雷电交加,风雨大作。一瞬间,好像廉价 B 级片的桥段在我的生活中上演了:振聋发聩的雷声和刺眼夺目的闪电与他们诉说的欺骗和暴力之事交相呼应,周遭的树木在那诡异、惨白的雷电之下,僵直地杵着,那么不真实。黑压压的云层笼罩了整片天空,轰鸣和爆裂声充斥于他们故事的每一个转折。雷声常常淹没他们的声音,尽管我们挤作一团,但我还是要大声吼叫才能让他们听见我在说什么。这些青年缓慢地、温和地讲述着关于疾病和危险的往事。"上个月,"其中一个说道,"爆发了霍乱,我们有两个朋友死了。""之后发生了地震,"另一个补充道,"矿坑坍塌了,岩壁倒塌,岩石坠落,许多人受伤了,有些人被活埋了。"

这两个男人都是去矿区找工作的。而如今两人都背上了根本还不清的债务。其中一个青年被派去给两袋矿石上锁，但在他等钥匙的当口，有一袋矿石被偷了。他被告知必须对失窃的 50 公斤矿石负责，因此他现在只能在矿区当背夫，将一袋袋的矿石背出矿坑，以此还债。粉尘造成了伤害，他一直在咳嗽，而且胸口疼，疝气也使他常常感到疼痛。当他生病时，他必须再次借钱来治疗。他被困在了一个不断下降的螺旋之中——超高强度的工作，精疲力竭，疾病，更多债务。他不知道自己还要像这样工作多久，也不知道债什么时候能还清。

比西的采矿业原本可以在没有强奸、奴役和谋杀的情况下运作。根据刚果的习惯法，山的所有权应该归住在附近的两个部落所有。随着第二次刚果战争的结束，一家叫作"刚果采矿处理公司"（Mining and Processing Congo，简称 MPC）的矿业公司开始开发比西的矿区。这家公司得到了政府授予的开采权，还与当地部落达成协议，商定建造多所学校、一个健康中心、一座水力发电厂、一座木薯淀粉厂，还商定要训练和雇佣当地工人。刚果采矿处理公司在山上建造了许多隔板房、一间工人餐厅和一个直升机起落坪。但正当这家公司准备扩大生产之时，当地的军事强人开始行动了。

战时，萨米·玛图莫（Samy Matumo）上校就在这片区域领导一支叛变的马伊马伊部队。战后，他接受了政府的"招安"，带着自己的人马归入刚果民族军，他的部队更名为"第八十五旅"。政府的计划是吸收这些反叛士兵，再将他们分散安置在军中，但玛图莫拒绝服从这种安排，相反，他在矿区建立起一个营地，很快就干起了勒索保护费的勾当。不久，刚果采矿处理公司的工人就开始遭到暴力对待：有一个人小腿中弹，必须由直升机接走；更多的暴力接踵而至，并伴以随机的逮捕、骚扰和死亡威胁。接着，玛图莫又把目标转向了矿业公司——只要每个月上交 1 万美元，所有这些问题都能轻松解决。面对勒索和恐吓，刚果采矿处理公司撤走了员工，停止了工作，因此玛图莫转而瞄准那些他在非法武器交易中认识的无良商人，让他们接手矿山的开采。很快，一张紧密的腐败关系网以及对地区官员的贿赂将玛图莫和戈马市的一家影子矿业公司联系在了一起，后者已经准备好不择手段地购买矿产了。玛图莫开始以他自己的方式在矿区开采，他没有为当地居民建造任何基础设施，只是单纯地奴役工人，并派他的士兵监督他们。刚果采矿处理公司仍然拥有比西的合法开采权，但他们能做的，只有在戈马的办公室里看着老式俄国飞机时不时地飞过他们头顶，将属于他们的矿石私运出这个国家。

事情原本可以是另一种样子的。刚果政府原本可以严格执行法律，这样刚果采矿处理公司如今就能够在比西合法地、负责地进行锡石开采了。萨米·玛图莫的士兵原本可以被散置到其他地方，那么现在他们就应该已经在学着做回普通公民了。奴隶本不会被抓，妇女和女孩本不会被强奸，走私锡矿所获的利益本不会流入罪犯的口袋，也不会成为可怕罪行的经济来源。一切本来可以是另一种样子，但这并未发生。已然腐败的政府无法控制武装组织和收受前者贿赂的当地官员。法律都无法保护人民，更不必说矿业合约了，因此这里的问题无法解决。而在这一切的背后是一个事实：你我需要这东西。我们的需求量太大了，以至于（政府内外的）罪犯们根本无法停止从中获利、奴役人民、破坏环境。

从比西矿山到你口袋里的手机，这条供应链包含了大约11个环节，最后两个环节是向我们贩售产品的零售商，以及我们自己——手机、笔记本电脑和其他东西的终极消费者。由于大多数企业不希望他们的产品里有奴役的影子，隐瞒奴役活动的谎言层层包裹了供应链的始端。对原始材料来源的罪恶感和责任感随着供应链环节的推进慢慢减少——直到在许多消费者的观念中彻底消失。

让我们进一步检视这条供应链，不是去追寻矿产的线索，而是去分析这个链条上的人，去探索他们经手矿石的动机。如此，我们才有可能发现谁是犯罪分子，谁该受谴责，谁可能并无罪过但仍须为刚果所发生之事承担一部分责任。供应链的第一个环节是矿工，他们挖凿矿石，他们承受的苦难最为深重。他们不知道这些矿石的用处，只知道它们会被运走，而且他们的主人会靠这一袋袋脏兮兮的石块大发横财。这些因劳力偿债制、骗局或拘捕而被奴役的矿工，以及被性侵和虐待的妇女和女孩，他们既无罪过，也无责任。他们是受害者。他们身处这条供应链中是被逼无奈的，他们采矿是因为别无选择。

第二个环节，是奴役这些男人和女人、男孩和女孩的暴徒和罪犯。他们毫无疑问是有罪的。不论他们是反叛组织还是刚果军方的成员，只要他们逼迫奴隶劳动，他们就是罪犯。同样有罪的还有依附于这些罪行来自肥的寄生虫——政府官员、部落酋长、腐败的警方、放债者、妓院经营者和矿产交易商——他们课重税，以莫须有的罪名逮捕平民，靠债务逼人为奴，把儿童的性命当作交易的筹码，明明深知矿石买卖背后是人命的代价这丑陋的真相，却仍然进行这种勾当。他们参与进来的动机，是在世界上最贫穷的地方赚钱。在这个环节中较高的层面上，钱被用于资助民兵组织、贿赂官员，以及获取相应的财富和权力。在较低的层面上——普通士兵的层面上——其动机其实和奴隶本身的动机并无太大差异：他们被困于一个残酷的体系之中，想要在其中生存下去。但这也不能成为他们向这条供应链上的底层群体施加暴力的借口。

正是在这个环节上，我们可以发现"生态破坏"——对自然环境的大规模摧毁。[3] 这就是将奴役活动和环境犯罪联系在一起的一环：生态破坏将当地居民暴露于更脆弱的境地，因为他们失去了正常的谋生之道，这使他们更容易掉入奴役的陷阱——奴役活动反过来又进一步加剧了地方和全世界环境的破坏。这些暴徒和罪犯，不论他们是官员、叛军还是所谓的"商人"，只要他们在供应链的这个环节上推动了奴役活动的进行，他们就犯有生态破坏的罪行。他们的动机是什么？在绝望的、被战争侵蚀的、毫无法治的国家，民兵组织的头领们并不会花太多的时间思考能让他们维持权力的奴隶劳动会对环境造成什么影响。在他们通过暴力取得钱财和权力的过程中，当地的生物栖息地和物种的毁灭、生态系统的破坏，以及温室气体的释放都不是他们关心的首要问题。他们只知道自己随时都有可能被他人取代，因为还有很多其他武装组织在周围伺机而动。对他们而言，白日的秩序就是争斗和掠夺，还有一条逃亡路线和一堆准备好的黄金和纸币。

这条人力供应链的第三个环节是矿产交易的中间商和他们的飞机及卡车司机、会计员和其他雇员。大多数武装组织或地方官员自己不会去出口矿产，他们只是将矿石卖给这些中间商（在刚果，人们以法语单词"négociants"称呼这种人，意为"批发商"）。在矿区购买矿石、安排运输的正是这些"批发商"，他们有时安排卡车将货物运至戈马，有时安排飞机将之走私到邻国。这是一群不带武器也没有战斗疲劳（combat fatigue）的罪犯。他们受过足够的教育，能打理账目和办理国际汇款，他们聚集在刚果东部的村落、小镇和城市里，在经手矿石交易时能分得最大的一杯羹。这些白领"批发商"是奴役和环境破坏罪行的自愿同谋，他们完全清楚自己在买卖和运输什么东西。在恐怖的罪行发生时，他们就站在一旁，是最前沿的目击者，接着他们步入局中，捞走他们的利益。

"批发商"们将那些带血的矿石交送给第四个环节，即交易商行和出口公司，在刚果被称作"comptoirs"，意为"柜台"。这些机构可能在戈马市，或者在卢旺达、布隆迪、乌干达、肯尼亚或其他国家。"柜台"实则是一群商人，他们协助并推动了奴役和环境破坏的罪行。他们和他们的公司从这些罪行中获益，并表现出一种希望此类罪行成功的姿态——在大多数国家，这种做法在法律上都足以定罪。[4] 即便他们没有直接因奴役的暴行和对环境的破坏而脏了自己的双手，这些人仍在买卖偷来的货物，为那些暴徒及其同谋者提供销赃的黑市，并帮助掩盖他们的罪行。从某些角度看，这是最困难的一个环节：要将赃物、钱或矿石安置在一个看似合法的企业中，如此，那些带有污点的矿产才能被非法地转化为"法律承认的"货物,并流入市场中。尽管交易商行和出口公司对此极力否认,但都没有可信度;有太多调查者已经循着冲突矿物（conflict minerals）的来源一路找到了这些"柜台"。奴役和环境破坏的罪行都依赖于这些交易商行和出口公司的支持。"柜台"的罪过与他们的谎言密不可分。他们的动机也很好理解:"炙手可热"的货物总是比合法的货物成本低廉,"柜台"于是就低价买进、高价卖出,从中获得巨额利润。

这些经营交易商行和出口仓库的"柜台"要么将非法采掘的矿石与其他那些没有沾染奴役活动和环境破坏罪恶的矿石混在一起,要么将这些矿石重新贴上"卢旺达锡石"的标签售往第五个环节,即欧洲、北美、中国、俄罗斯和澳大拉西亚的公司。正是在这个环节,矿石被运离非洲,这些货物蒙上面纱,其来源被掩盖或粉饰。购买了这些经过"伪装"的矿石的公司拥有冶炼厂,会进一步处理矿物,炼制纯锡或焊锡,或者将钶钽铁矿生料加工成细粉末,后者将用于电容器的制造。有几家公司是这一产业的巨头,加工处理了80%的矿石:美国的卡博特公司（Cabot Corporation）、德国的世泰科公司（H. C. Starck）等。[5] 卡博特公司和世泰科公司的管理层严格规定不得从刚果购买钶钽铁矿或其他冲突矿物,并有一套独立的检查系统。

在大供应商的下层,是一系列小的加工商。[6] 其中一些在做正确的事,他们参与了一个叫作"ITRI 锡供应链行动"（ITRI Tin Supply Chain Initiative,简称 iTSCi）的项目。[7] "ITRI 锡供应链"项目是坚实的一步——这些较小的加工公司了解非洲,也了解矿物。[8] 这个项目提供检查服务,用条形码标记,地方官员在其中也能尽一份力,做些有益之事。通过这个项目,国际锡矿研究中心很确信他们能从源头分辨"干净的"矿物,甚至能对刚果东部的矿产进行区分。在他们想要检查的矿区名单上,比西矿山排在首位。

你可能会认为所有人都会齐心协力支持这个项目,但据钽铌研究中心（Tantalum-Niobium Research Center）的主任所言,在 2011 年 1 月,因为资金短缺，该项目"陷入了濒临失败的重大危机中"。[9]这尤其令人沮丧，因为项目成立之后，只能依靠矿物加工商提供的薄弱征收款维持。这种项目应该得到供应链更高层的支持——从电子零件制造商到主要零售商，而且它的倡议非常有力。我在刚果东部与小规模的家庭采矿作坊及人权工作者交谈时，听说了ITRI项目以及他们希望如何参与进去。"ITRI锡供应链"项目并不是他们的绊脚石，相反，它能帮助他们从腐败的官员那里为他们已经开采的矿区取得合法的许可证——没有许可证，他们就无法证明自己是矿业从业者。到2014年，这个项目还在运作中，但其进展仍然缓慢。它可以推动一个良性循环的形成——这就需要更多的、处在产业链不同阶段的公司参与进来，推动这个循环的转动。遗憾的是，一些公司对这个项目敬而远之，因为他们不确定可以通过什么方式去处理和检视他们的供应链；另一些公司则退缩不前，期望问题会自己消失，或被别人解决，这样就节省了他们自己的精力和金钱。

矿物离开这些或大或小的冶炼厂和加工公司后，就来到了链条上的第六个环节，这个环节分成两个不同的分支。两个分支上都是生产基础构件的公司，比如用钶钽铁矿生产电容器，或者用锡矿生产焊料。分支的出现是因为一些公司选择购买不涉及奴役活动（slave-free）和不对环境造成破坏（ecocide-free）的原材料，而一些公司没有这么做。但也正是在供应链上的这个节点，出现了另一层阴霾，因为有一些制造商是亚洲的小型工厂，它们会根据市场的需求选择进行或停止生产，而另一些制造商则是名声斐然的大企业。在那些规模较大的制造商之中，几乎没有一家采取任何有效措施去避免购入奴隶采掘的矿物，这着实出人意料。大多数制造商会设立某种表达"企业的社会责任"的规定，但这种规定充其量就是胡乱拼凑在一起的、定义模糊的泛化规则。2011年3月，荷兰特里多斯银行（Triodos Bank）的一份检查报告显示，夏普公司和松下公司很明显拒绝使用冲突矿物，但索尼、佳明、卡西欧和三洋这几家公司却没有明确、有效的措施来避免使用奴隶采掘的矿物。[10]

在第六环节中，辨清犯罪（guilty）、罪责（culpability）和责任（responsibility）是非常重要的。经营这些公司的人力，没有一个曾直接犯下奴役他人或破坏环境的罪行。尽管他们可能没有命令（有时甚至没有要求）他们的供应商保证原料来源是"干净的"，但从法律上来说，他们确实也没有必要这样做，这是不争的事实。与此同时，既然奴役活动和环境破坏已经被切实证明了，也有证据显示来源可疑的矿物的供应链就通向你家门口，那么如果你不担负起责任处理这个问题，你在道德上就是有罪责的，即便在法律层面上你可能无罪。夏普和松下对他们使用的矿物负责，因此可以说他们担负起了责任，远离了罪责。令人惊讶的是，这两家公司的高层并没有参与"ITRI锡供应链"项目——参与这个项目只需要简单地加入检查流程，并为他们使用的矿物缴纳一小笔费用即可。这些都是供应链中紧密相连的环节，彼此之间可能已经有所了解。那么为什么这个可以保证干净的矿物来源的计划会因缺乏资金而衰落呢？其中一个原因是这些公司的法务很快指出，公开企业的责任声明是没有什么负担的，但加入一个声称可以保证你的供应链不沾染非法因素的项目，就相当于承认了你的产品有可能涉及奴役活动，这就可能使企业产生名誉风险。"你是从什么时候开始不再打你老婆的？"——就像这个经典问题里的棘手难题一样，在这个情况下，"打老婆"换成了"使用奴隶采掘的矿物"。一些企业认为，做太多事去解决这个问题就等于承认了自己的罪行和恐惧，如此便造成了负担。

同样的担忧和困惑也存在于供应链第七个环节的分岔处——一边是不让来源有问题的原料出现在自己工作程序中的人，一边则是无所谓原料来源的人。电子零件被售往一些公司，由后者将它们组装在电路板上，这些电路板之后又被用于生产我们购买的手机和电脑。从事这个产业的大多数人都在亚洲国家或墨西哥拥有工厂。这些公司中的大多数你可能从没听说过，比如捷普（Jabil）、华硕（Asustek）或新美亚（Sanmina）。其中最大的一家公司是伟创力（Flextronics），他们要求供应商提供文件记录,还在他们的官方网站上对冲突矿物的问题进行解释。[11] 其他的电路板制造商也试图下达类似的规定,但问题是这些规定依赖于"尽职调查声明"(due diligence declarations)。换言之,就是要询问供应商,他们是否在销售来源不当的货物,并要接受他们的回答。这些公司其实不想追根究底。通过监管和调查,他们是可以接近真相的,但没有一个消费大国的法律规定他们必须这样做。因此在第七个环节,一些公司,如伟创力,想要对生产和产品负责,还有一些公司却没能成为好的企业公民(corporate citizen)。

有了来自供应商的尽职声明,这些公司的管理层就能拿着这些承诺和保证来到第八个环节:用他们的电路板制造消费品的大企业。到了这个级别,我们已经离刚果很远了,而电子零件公司也致力于降低他们产品的价格,以战胜其他竞争对手。公司的财务纷纷指出,去付出更多的努力、做更多的调查,或限制公司只能与那些在任何环节都没有涉及奴役行为的供应商合作,是一个负担。由于在消费者层面上的价格压力,这些公司的价格竞争十分激烈。然而,在财务对他们的供应商步步紧逼之时,这种压力也连带传回了刚果的矿区。回到矿区,金钱催生了奴役活动;而在供应链的高层,金钱又促使人们对奴役睁一只眼闭一只眼。而最终导致这两件事的钱,就是消费者购物和低价买入商品时所支付的。

这些装配公司中最知名的是富士康,苹果公司最大的供应商,该公司明确规定不从刚果购买矿物。[12] 随着这些小零件离成为我们手机和电脑的一部分越来越近,罪责和责任也渐渐被冲淡了。将电路板安装进产品的人并没有直接参与奴役或环境破坏的罪行,但如果他们没有尽力确保自己手中的电路板和产品来源干净,那么他们仍然是有罪的。和这条供应链上的其他人一样,他们有责任这样做;在很大程度上,富士康的回应取决于他们最大的客户——苹果。

我们很快就要到家了,这条产业链上的第九个环节是完成装配并将手机和电脑售卖给你的人——苹果、戴尔、IMB、诺基亚或其他知名品牌公司的员工。我将以苹果公司的员工为例，因为我使用苹果电脑，还有一台 iPhone 手机和一个 iPod，以及——在这里我要完全开诚布公——我还拥有 5 股苹果的股票（斯蒂夫·乔布斯曾经拥有 550 万股）。苹果公司的关键是（大多数知名公司也是如此），他们确实承担了责任，只是有些晚，而且他们还想要找到确保产业链不涉及非法因素的方法。2014 年夏天，他们已经在朝正确的方向前进了，但显然还没有达到目标。当苹果公司的员工说出下面这番话时，他们显然是对的：

> 钽矿的供应链包含很多种类的企业——包括矿产公司、代理商、矿石加工商、精炼公司、零件制造商和集成电路板制造商——最终到达装配公司。一条长产业链和一个精炼程序组合交杂在一起，这使追踪钽矿（从矿区到成品）的工作变得相当困难——这是一个挑战，苹果和其他公司都在尝试用各种方法攻克。[13]

对苹果而言，攻克这个挑战需要与属于消耗资源工作群组（Extractives Workgroup）的其他大公司合作。消耗资源工作群组是电子产业规范（Electronics Industry Code of Conduct）和全球电子永续倡议（Global e-Sustainability Initiative，简称 GeSI）的联合项目。消耗资源工作群组的关注点是用于电子产业及其供应链的各种矿物。到目前为止，他们的关键行动是对这条产业链进行详细研究，以及要求供应商必须保证其货物来源是合法的。这完全没问题，而且他们将很多公司联合在一起去解决这个问题，很显然是正确的做法。

2012 年，针对冲突矿物问题的组织"足够计划"（Enough Project）评述并公布了他们对主要电子公司的第二组评分——"足够计划"根据这些公司自己的监察系统以及他们与其他机构的合作情况（包括政治合作和产业链中的商业合作）来为他们评级。苹果公司的得分相当不错，为 38

分，在 24 家大公司中排名第 9。英特尔以 60 分位列榜首，而任天堂仅获零分，成为垫底的公司。[14] 与此同时，"足够计划"还指出，"四大龙头公司——英特尔、摩托罗拉、惠普和苹果——进步飞快"。在其他公司还在等待美国证券交易委员会（SEC）制定规章之时，这几家公司就已经在大踏步地向前迈进了。苹果以及其他公司发起了冲突矿物项目，包括"一个冶炼厂审核项目，一个针对落后冶炼厂（lagging smelter）的援助计划，一些直接的来源筛查和援助项目，以帮助刚果发展合法的矿物交易产业；一些跟踪项目，以深入探查产业链，确定冶炼厂的确切数目"。苹果公司仍然需要对冶炼厂下达其强制规定，坚持遵守各个国际组织制定的一系列准则，并贯彻执行美国证券交易委员会新颁布的法规。如果他们公开反对美国商会（U.S. Chamber of Commerce）对美国证交委的诉讼（目的是让后者撤回关于冲突矿物的新法规），也没什么不妥。

大众媒体一直在孜孜不倦地提醒我们，那些大品牌电脑公司的总裁是有远见者（visionary）和意见领袖。那么，让一台笔记本电脑完全远离奴役活动和环境破坏的愿景（vision）有可能实现吗？也许他们可以组成一个纵向、多环节、多产业的组织，比如消耗资源工作群组，来取代产业链每个环节上的横向组织，以此攻克这个问题。你离矿区越近，就越容易辨别非法来源的矿物，那为什么不去支持 iTSCi 项目，以及受到德国加工公司世泰科资助的矿物学和晶体学专家呢？尤其是后者已经知道如何甄别合法来源的矿石了。为什么不与反奴役组织合作呢？[15] 这些组织可以帮助他们介入矿物开采的源头，为矿工及其家庭提供一份稳定的工作和体面的生活。新经济时代的主人公并不是三餐不继的民兵，也不是在战火纷飞的世界逐渐变得残酷、腐败的地方官员，而是一些全世界最富有的企业的高层和富豪。他们必须为他们创造出的新世界做选择。

我们耳熟能详的一位科技界远见者是彼得·泰尔（Peter Thiel），他最为人所知的身份是贝宝公司（PayPal）的联合创始人。泰尔真的有一个愿景，因此他对这条产业链第九个环节上的人下了"最后通牒"，也就是那些将刚果的矿石引入我们口袋中的手机的人。"在为尊严和自由奋斗的战场上，不存在局外人。那些知道世界上正在发生什么的人不能袖手旁观，期待政府或其他组织去解决问题……当你意识到一个原则的重要性，比如自由，你就应该竭尽全力在你生活的方方面面推崇这个原则：你的工作、投资、演讲、写作和慈善事业。你介入得越多，你的影响力就越大。"[16]

　　第十个环节是大企业与消费者相遇的地方——商店。电子产品到处有售，一些公司，如芮尚（RadioShack）或百思买，或者大型零售商，如沃尔玛和塔吉特（Target），都会售卖大量可能含有冲突矿物的商品，不只是电话和电脑。我会假设如果这些大型零售商明白消费者通常不喜欢购买牵涉奴役活动的商品，他们就会表明自己的立场和态度。不幸的是，情况并非如此。尽管上述每家公司可能都有规定，禁止销售含有奴隶采掘的冲突矿物的电子产品，但你在他们的网站上并不能了解到此类信息。我在芮尚、塔吉特、沃尔玛、百思买、好事多（Costco）和英国电器零售巨头卡瑞丝（Currys）和迪克森（Dixons）的官方网站上进行检索，发现用"冲突矿物"这个关键词搜出的结果都是一样的："很抱歉，我们无法找到任何与您的需求相关的结果。"那么，普通消费者要从何了解呢？公平地说，如果你阅读这些网站页面底部的小字，会发现通常有一个很小的"企业"链接，点击后你在页面上会找到一个"全球责任"链接，继续点击，你会找到一个"道德采购"链接，这个链接又会带你进入一个"供应和采购标准"链接，等等。也许他们的确是负责的，他们只是不想任何人了解此事，那是因为没有一家企业想当出头鸟，以身犯险，承认自己可能存在问题。他们的营销部门认为，将冲突矿物背后的悲剧故事放在网站首页无异于将消费者拒之门外。他们的律师不希望网站上出现任何可能会被解读为他们在承认责任的内容。他们的市场调研员指出，真正了解、关心奴隶和矿物的消费者其实非常少，可以忽略不计。因此，他们也尽可能地不作为。

　　当然，这条供应链并非止于大型零售商或生产电脑和电话的大公司；

它止于你和我。我们才是最终的那一环。泰尔的话对我们而言也是一个挑战——我们需要这个挑战。我们中的许多人认为，这条供应链止于我们购物的商店，而非我们在其中使用商品的家，这是个可悲的事实。供应链中的每个人都该尽一份力，让商品摆脱奴役活动和环境破坏的阴影，其中也包括你我。那么，我们能做什么呢？事实证明，你我能做之事再简单不过：你可以给戴尔或苹果或 IBM 或诺基亚公司写一封邮件，告诉他们，对你而言，你所使用的电话或笔记本电脑不牵涉奴役活动是非常重要的。在你选择手机或电脑时，你可以仔细研究这些品牌官方网站下面的小字说明，看看哪家公司有抵制奴役活动和由此造成的环境破坏的规定。你可以支持一个大力推动解决这些问题、改善现状的组织。在你购买商品之前，你还可以参考"足够计划"的排行和分析报告——他们对每家公司在使用非冲突矿物方面的投入都做了评分。[17] 值得庆幸的是，在美国，一条新颁布的法律能给予我们一些帮助。

2009 年，美国国会议员吉姆·麦克德莫特（Jim McDermott，民主党，华盛顿州）和弗兰克·伍尔夫（Frank Wolf，共和党，弗吉尼亚州）共同提案了《冲突矿物交易法案》。美国国会当时并未通过这项提案，但日后它出现在了针对华尔街的大规模金融改革法案《多德-弗兰克法案》中；国会于 2010 年 7 月通过了《多德-弗兰克华尔街改革和消费者保护法案》，并于 2011 年开始实施该法案。[18] 除其他事项外，这项律法要求所有进口含有指定类别矿物的产品的美国公司都要提交报告，说明他们是否从刚果或其周边国家购买矿物。如果一家公司报告其供应链涉及相关地区，那么他们就必须说明他们将如何追踪矿物来源并避免他们购买货物的资金流入武装组织之手。这项法案没有明确指出进口由奴隶采掘的矿石是违法行为（已经有针对此行为的法律了），但它要求所有公司在其网站上详细说明他们正在采取什么行动（或避免什么行为），来让消费者能更好地选择他们想要购买的品牌。举例来说，在苹果公司的官方网站上，你如果搜索"冲突矿物"，就会找到一个板块，专门介绍"供应商责任——劳动和人权"。这个板块下会有很多关于工厂环境和雇用情况的报告,除此以外还有一篇关于冲突矿物的报告,以及一些令人安心的新闻:"2014年1月,我们已确认,苹果公司供应链中所有仍在使用的钽矿冶炼厂都由第三方证实,未使用冲突矿物。我们将继续要求所有供应商必须使用检验过的钽矿原料。我们了解供应链的情况时有变动,因此我们会持续监控我们供应商的冶炼厂。"接着,他们报告了还需要多久可以实施对锡矿、钨矿和金矿原料供应的监管。他们每季度都会提供关于与他们合作的所有冶炼厂的报告,以及他们的合作非政府组织和二业伙伴的名单,这些机构帮助他们处理和整顿出现的问题。这就是一个消费者想要了解的信息。其他公司可以与苹果公司的规范性做对比,甚或和更高标准的英特尔公司做比较。

《多德-弗兰克法案》对许多公司而言都是一个巨大的打击,因为他们都在使用法案中列出的一种冲突矿物——金矿。[9] 美国珠宝警戒委员会的高级顾问在世界珠宝联合会的年度会议上发言说,新法案"导致了巨大的混乱和代价"。[20] 世界珠宝联合会还致信美国证券交易委员会,控诉金矿"来源很难追溯,因为其供应链并非线性的,而且金矿昂贵,很容易被小量走私"。[21]

这就是那些奴役他人和破坏环境的罪犯的特点,他们善于掩盖自己的所作所为,使人难以追踪他们的犯罪痕迹。然而,如果你的工作涉及金属交易——不论其形式是珠宝还是手机——你都负有责任,即在盈利之时不应对他人造成伤害。供应链是复杂的,但道德并不复杂。

让我们回到瓦利卡莱。此时阳光渐渐柔和,人们都在对着我笑。在一幢低矮的大楼外等候时,我看见一群蝴蝶振翅飞入路边的灌木丛中。它们不是你所熟悉的北半球蝶类,而是一些不同品种的巨型赤道丛林蝴蝶。它们的颜色惊艳,数量庞大,我笨拙地跨过一丛丛灌木,只为更近地观察那些蝴蝶,结果冲散了一小群围观的人。孩子们尤为兴奋,几乎是在泥地里嬉笑打滚。片刻之后,一些警察来了,严厉地控制了现场秩序,接着放下武器开始追赶蝴蝶。一名面带羞涩微笑的年轻士兵用双手拢住了一只泛着虹彩的蓝白相间的蝴蝶,送到我面前。我轻轻地接住蝴蝶,欣赏它在和煦阳光下的姿态,然后抬起双手,任它飞走。

刚果东部的局势每况愈下。战争、时有发生的暴力和强奸、环境破坏、混乱和腐败似乎组成了一个恶性循环,不断发生。但是,这个地方也有机会扭转局势。刚果东部能否打破恶性循环,这里的人们能否开启没有恐惧、不被奴役的新生活,取决于未来几年里你我怎么做。2010 年年末,事情开始有了起色。首先,总统约瑟夫·卡比拉(Joseph Kabila)宣布了一条禁令,禁止瓦利卡莱地区(包括比西矿区在内)的一切出口活动。紧接着,他又宣布禁止南北基伍省的出口活动。我们希望卡比拉这么做是出于正义,但事实上,即将到来的刚果大选和《多德-弗兰克法案》的通过是他不得不这么做的原因。几乎同一时间,电子产业的许多大公司宣布,他们将不再从刚果东部购买原材料。刚果政府也宣布他们会支持工业技术研究院对矿物来源的追踪项目。这相当于三重打击——出口的禁止令、美国针对冲突矿物的新律法,以及电子业界多家大企业的抵制。没人知道还有多少矿物仍在被非法走私,但那些明目张胆的犯罪分子已经被限制了。

2011 年春天,一直以来掌控比西矿山的刚果军旅开始撤离,这就是进展的明证。经过六周的时间,军队离开,矿区的管理权被移交给北基伍省矿业特许管理局(North Kivu Provincial Mining Concessions Authority)。在权力移交的间隙,一个当地的武装组织,马伊马伊谢卡(Mai Mai Sheka)临时占领了比西矿山,肆意窃取和占有矿石、地产和当地人的钱财。接着,和土匪一样,马伊马伊组织逃走了。采矿特许管理局的局长声明:"政府的目的是终止东部地区的人力开采。"[22] 与此同时,阿尔法敏资源公司(Alphamin Resources Corp.)——一家位于加拿大温哥华的矿业公司——宣布他们已经购得比西矿区 70% 的股份。[23] 及至 2014 年,阿尔法敏公司仍然没有完全控制这个矿区，但他们在比西进行了广泛的地质勘查，以确定该地区的矿物储藏量。那些武装组织只是在地表"挠搔"，事实上，在地下的深处有丰富的矿藏，未来这个矿区将成为重要的产矿地。与此同时，阿尔法敏公司开始培训当地居民，矿区渐渐发展起来后，他们会雇用这些人。他们成立了一个慈善基金会，将预算的 4% 拨给那些扶持地方社区的项目。这家矿业公司还开始修建连接比西和主干道的道路，这个项目更平凡，但对当地发展而言，它更具有潜在的重要性。等道路修建完成，比西矿区及其周围的社区就不会再与世隔绝，不会再那么脆弱了。[24]

长期来看，这些似乎都是有益的项目，但在短期内，大的变化并不容易被实现或接受，至少在刚果东部是不可能的。在政府持续的重大调整期间，刚果的叛军于 2011 年 6 月下旬袭击了南基伍省的多个村庄，强奸、殴打了约 170 名妇女。早前，巴拉卡镇（Baraka）的一个流动法庭曾宣判基比比·穆托维（Kibibi Mutware）上校 20 年有期徒刑，罪名是他麾下的士兵为了给他们连队一位死去的士兵复仇而犯下的大规模强奸。判决宣布后，基比比及同僚带着 150 名士兵逃往一个军事训练中心，并袭击了当地的村庄。其他矿区也都是激烈争抢的现场：趁着美国的《多德-弗兰克法案》尚未实施的空档，暴徒们凶残地抢夺矿石。

基伍地区仍然被不确定感笼罩着，当地人民被奴役了太久，他们困苦的生活完全依赖于他们从小矿山挣得的那一点点钱——这些人的前途和命运仍未明晰。虽然刚果军队已经将武装组织驱逐出了一些矿区，但反叛组织仍握有几百个更偏远矿区的控制权，也仍在掠夺矿物市场、商人和运输者。

而且，虽然武装组织逐渐消失，但激烈的战争必然会带来后遗症。研究热带雨林的知名科学家杰弗里·麦克尼利（Jeffrey McNeely）这样解释道："战争危害了生物多样性，但和平可能更甚。"[25] 他指出，美国南北战争和发生在婆罗洲、尼加拉瓜、老挝和越南的达境保卫战一结束，原来的战斗者就立刻争先恐后地非法砍伐和售卖木材。要夺回对保护森林的控制将会是个很大的挑战,并且将会需要外界的帮助。如果刚果东部重归和平,该地区就会对耕地、燃料、建材、矿物和牲口有更大的需求。南北基伍省的人民一直在等待重建农场、重振企业的机会,这些都需要自然和财政资源。这归根结底是好事一桩,这个地区应该获得更大的稳定性,拥有更多的基础建设。随着导致奴役活动的因素逐渐弱化,奴役活动本身也有望减少,当然了,彻底消失是不可能的。大规模奴役平民、迫使他们成为矿工和背夫的现象可能会减少,然而,奴役女性、迫使她们从事性交易,以及将儿童用作家庭奴隶的现象只会愈演愈烈,因为人们开始拥有更多的钱,而一些人选择将钱花在性服务或购买奴仆上。

  这就是为什么奴役活动和环境破坏的问题无法逐条逐项地去解决。如果你只解决了问题里的一个面向,反而很可能会使这起事件中其他部分的情况恶化。因此必须采用一个纵观全局的解决方案。对有吸引力的新消费品的需求并没有导致刚果东部的恐怖与混乱,但它催生了一个大背景,正是在这个大背景下,该地区的丰富矿产资源最终变成了一个诅咒。法治崩塌后,暴徒掌控了社会,黑市兴起。随着打砸抢烧式的非法剥削在这个地区蔓延,奴役活动和环境破坏不可避免地出现了。要想将刚果从这两者中解救出来,以上的一切情况都必须被扭转。我们不必放弃我们喜欢的电子产品,解决问题的关键在于恢复法治,重建一个由法律管辖的社会。如此,奴役活动和环境破坏的恶性循环才能被打破,可持续发展和责任制环境管理的良性循环才能被建立起来。一位参与了大猩猩保护的当地自然环保人士告诉我:"如果矿物开采遵循可持续和环保的原则,那么在自然保护区外的采掘就是可以接受的。我们不会将整片森林都隔离起来,但我们也不会允许有人对森林进行毫无底线的破坏。这就是问题所在!必须有一个平衡,这样对当地的社区才是有益的。这些[自然]保留地曾经是由传统的酋长和部落保护的,但后来外面的人[武装组织]来了,后者说'我们运走红木的时候你们只要闭上眼就行了',然

第三章 废墟之城

后他们就开始砍伐森林,直到林地成了荒芜。如果你反抗,你就会被射杀。"武装组织留下了一个混乱不堪、支离破碎的社会;但不论怎样,人们都必须重建这个社会。

我开始理解为什么环境破坏和奴役活动总是"形影不离"了。然而,在深入了解刚果社会一片狼藉的人文环境和自然废墟的过程中,我也看清了我自己的短视。如果说我们是奴隶工作和环境破坏的受益者,那么,保证自己购买的是来源干净的电脑还远远不够,我们肩负的责任远不止如此。如果他人因为我们喜欢的工具和玩具而付出了身体和心灵上的代价,那么我们亏欠他们的就是慰藉、关怀和赔偿(restitution)。没有这些,他们受到的伤害会像遗传病一样世世代代地传下去。

单是心理上的影响就已令人震惊。举例来说,刚果东部布卡武市(Bukavu)的潘奇医院(Panzi Hospital)接纳的女性患者已经因为她们受伤之严重以及她们品性之坚韧而被世界各地的人知晓。潘奇医院已经进行了超过 2.5 万台手术,大部分都是对女性生殖器因多次强奸和其他性暴力而遭受的可怕损伤进行的修复手术。这些强奸案件并非某些违反军规的流氓士兵的个人行为,而是经过精心策划后实施的,是战争的一种武器,目的是摧毁家庭和社会。刚果东部地区总人口中,几乎半数的女性和近四分之一的男性遭受过强奸和性暴力,他们的心理问题难以估量。

性侵犯往往是奴役的开始,随之而来的是永无止境的折磨,以及危险且毫无体面的工作,这些工作破坏着自然世界。强奸被用于摧毁新奴隶的精神意志,让其更顺从,随后那个奴隶就会像一件工具一样被利用,这件工具不断地砸向大自然,赚到的钱就会催生更多的暴力和更多的奴役活动。这个"强奸—奴役—环境破坏"的循环,光靠犯罪者是运转不起来的,它背后是政府最高层颁布的残暴政策,它赋予了"全面战争"(total war)这个短语全新的意义。

人类总能在看似不可能生存的境况中生存下来,这是事实。与此同时,幸存者也被改变了。威廉·福克纳(William Faulkner)写到他的故乡密西西比州时,已经理解了这点。他写道:"过去永远不会死去,它甚至从未过去。"对从这场全面战争中幸存下来的人而言,在很长一段时间里,过去都会处于一种将死却未死的状态——但如果有我们的帮助,他们能更快地从这种过去中脱身,获得拯救。

我们——以及和我们一样肩负责任的电子公司职员——该怎样将功补过?第一步是要承认我们已经做过的事,并且不要再因为我们是在不知情的情况下接触了冲突矿物就认为我们是某种意义上的受害者。没错,犯罪者费尽心思想要掩盖他们的所作所为,然而是我们打开了市场,是我们一头栽进对新电子产品的热望中,并要求它们价廉、量足。电子公司回应了我们的需求,而我们因此得益,但我们完全忽略了这些出色的产品来自何处。是时候正视并承认我们的责任了。然后我们就可以开始收拾我们参与制造的这一地狼藉了。

接下来的步骤涉及两个部分。其一是去支持在刚果东部做出努力的人和组织。在本书的结尾,你会找到一份名单,上面列出了在刚果东部工作的严肃努力的组织,他们会非常感谢你的帮助。其二是让我们的执政者知道我们对此很关心。刚果东部和美国康涅狄格州(Connecticut)拥有几乎相同的人口数量。如果康涅狄格州有一半的妇女和四分之一的男人在遭受强奸和性暴力带来的痛苦,我们会做出什么样的反应?如果这种暴力的实施在某种意义上是为了给我们的电话和电脑提供零部件,我们会有怎样的感受?康涅狄格州也是美国森林覆盖面积最大的州之一——有60%的土地被林木覆盖。如果阿巴拉契亚(Appalachian)山脉的这些林地遭到了大规模破坏,并在州内催生出更可怕的暴力,我们会作何感想?去纠正一个我们亲身参与过的巨大错误,比党派政治和意识形态斗争重要得多。呼吁各地的政府(无论是美国的还是欧洲的)采取行动非常关键,因为刚果国内广泛存在的腐败就是滋生暴力、奴役活动和环境破坏的温床。对个体而言,要远距离地直面这种腐败几乎是不可能的，但政府更有分量和影响力。我们的基本要求是这样的：整顿我们的供应链只是第一步；清理供应链的腐败和暴力所留下的残局，治愈无辜之人和自然世界所遭受的伤害，也是我们的责任所在，而要做到这些还需要一段时间。具体多久取决于我们能多迅速、多充分地纠正这些问题。

在刚果，人与生态遭受苦难的程度令我不知所措。这是一场残酷异常的战争所导致的后果吗？当卢旺达大屠杀波及刚果并爆发内战时，这个旋涡的力量带来的暴力和破坏是否是刚果独有的？显而易见，奴役活动和环境破坏在战争的混乱中会成对出现，尤其是当摧毁自然环境能带来成百上千万美金的暴利时。但如果一个国家是处于和平时期呢？我听说过亚洲也有类似的破坏和奴役，听说过一大片森林因奴隶主而成为荒地。如果奴役活动和环境破坏之间的联系不只是一个植根于战争的悲剧性反常现象，那么我必须让人们知道，它在任何地方都可能出现。在孟加拉国，我发现了一座海上迷宫，在那里，孩子们可能不必因为武装暴徒的强奸和绑架而出逃，但一旦他们被抓住，被派去森林砍伐树木，他们就被逼入了一种完全不同的对抗中。这一次，他们的敌人并不想奴役他们，只想杀死并食用他们——那敌人便是孟加拉虎。

第四章
开胃虾仁沙拉

舒密尔（Shumir）就快满 19 岁了，年轻的脸上留着小胡子，两颊还有毛茸茸的胡茬。他浓密的头发向后梳着，泛红的棕色皮肤上有一些小小的伤疤——在他的眉毛中间，左眼上方和右边脸颊上。他的额头很高，双眼似乎映出火光，透露出忧虑不定，但没有恐惧。他穿着灰蓝色的长袖衬衫，敞开着，里面是一件灰黑相间的 T 恤，叠穿在另一件黄色 T 恤外面。他的确需要多穿几件，今天很冷。我们一起坐在一间教室里——一座简易搭建的建筑物，墙壁和地面是棕榈编织垫，屋顶则是一块锡板。没有窗户，但掀开用于遮盖的棕榈叶，晨光就会照射进来。教室里没有家具，只有一个老师用的讲台。

我们身在鲁布萨河（Rupsa River）下游远端的一个小河村里，地处孟加拉国的最底部。只有坐船才能抵达这个村子，再往下游航行 30 英里，就是杜布拉恰岛（Dublar Char）。环绕着我们的是苏达班（Sundarbans）——几百个岛屿，上面有世界上最大的红树林。我们盘着腿，席地而坐，舒密尔将他的故事娓娓道来。①

"我 16 岁的时候，"舒密尔说，"我父亲把我送去了杜布拉恰岛。我的家庭，我的父母，非常贫穷，经济状况非常糟糕，所以我父母把我送到那儿去了。一个招募人到我们家来，他告诉我父母，如果他们让我跟

---

① 由于英语并非舒密尔的母语，在下文中，他的用词和句式都比较简单直接，甚至偶尔会出现语法错误。中文译文也尽量舍去修饰，还原这种语言特点。

他去工作，他会给他们 2000 孟加拉塔卡［相当于 29 美元］。他许诺，在我挣了更多钱之后，他也会给他们更多。他说工作很简单，只要负责切鱼，把鱼挂上架子风干就行了，而且伙食很丰富。我父母很需要钱，我也想帮他们分担，所以我们就答应了，我就和那个征召人一起走了。

"我们连夜坐船离开，天很冷，但还能忍受，他们给了我一点儿米饭。船上还有其他男孩。早上，我们到了杜布拉恰岛，然后招募人就把我们交给了一个老板。那个老板立刻对着我们吼起来，他说，我们必须自己搭睡觉的地方。他给了我们工具，我们就开始劈砍树木和棕榈叶。我们工作的时候，有一棵树倒下来砸断了一个男孩的手。他的骨头都露出来了，皮全破了，但那个老板只是把他送上一艘船，叫他们把他带回去。

"我们还没有搭好房子，船队就带着他们今天捕到的鱼回到岛上了。现在工作才真正开始。只要船一来，我们就必须不断地工作。一开始我们要蹚水去把装满鱼的篮子背上岸。几篮鱼一上岸，倒在垫子上，一些人就要开始剖鱼、清洗。一些品种的鱼必须以特殊的方式处理，还有一些鱼必须快速切开。洗净、切好的鱼到达一定数量时，一些男孩就会将它们挂上架子风干。那些所谓的架子只是绑在一起的杆子，有些架子是一层的，可能有 4 英尺高，但还有一些有很多层，你得爬 8 英尺、10 英尺，甚至 12 英尺以上，才能将鱼肉挂在不同层上。

"天非常冷。我们总是又湿又冷。我的衣服在我蹚水去船上的时候都浸透了。到处都是鱼的内脏，我们剖鱼的时候就会被溅得浑身都是。我们在潮湿的地上坐了一整夜。一旦放慢速度或者停下工作，老板就会打我们，如果我们在架子上挂鱼肉时动作不够快，他就会用一根他随身携带的长棍打我们。他永远都在对我们大声地发号施令，用脏话辱骂我们。有些渔船半夜回来，有些黎明时回来。我们往往需要连续工作 24 小时，可能只有一点点时间可以小睡一下。只要有鱼需要清洗和晾挂，老板就让我们不停地工作。我工作得越久，就越感到筋疲力尽，动作也就越笨拙。有时我在剖鱼时会割到自己，或者从晾鱼的架子上摔下来。就算你被割伤或者摔伤了，你也得继续工作。不论何时，只要我犯错误，老板就会打我。

"我们大概12个人挤在一个棚屋里睡觉，一天只有一顿饭。征召人说什么伙食很丰富都是骗人的。老板给我们半斤烘干的老豆子，要我们整组人分着吃，我们只能用这些豆子做一锅很淡的汤。我们的四周都是鱼，但我们没办法吃。鱼内脏满地都是，所有的东西闻起来都像鱼，我们完全不想吃鱼，看到鱼就恶心。有时候如果我们真的太饿了，才会吃一点点鱼。除了豆子，老板有时给我们两三个土豆，也是全组人分吃，或者几颗老花菜，让我们煮进汤里。我们必须往汤里放很多很多辣椒来掩盖老豆子难闻的味道。我们永远饿着。

"后来我生病了。我开始发烧，病到无法工作。老板就不停地打我，直到我起床回去工作。发烧和腹泻永远伴随着我们。我在渔民营地（fishing camp）的那段时间里，有七八个人因患痢疾而死。守卫就只是把他们的尸体拖进树林，让他们曝尸山野。

"我们棚屋里有两个小男孩，守卫一直在对他们进行性侵犯。他会在夜里跑到我们屋子里，然后带走其中一个。他们真的深受创伤。我非常内疚，因为我没能保护他们。守卫在夜里带走男孩的时候，我们都很想阻止他，但我们做不到。一旦我们说了什么，那些守卫就会殴打我们。终于，在两个半月以后，一艘从我的村子开来的船到这儿来买鱼干。我认识船上的一个人，我告诉船上的人这里发生的一切。那天夜里，在我们装货的时候，我们偷偷将那两个男孩带上了船。他们被藏在几桶鱼干后面，乘着船离开了。船上的人都吓得要命，因为他们知道，一旦被发现，他们也逃不掉。

"那天夜里我们也非常害怕。我知道如果那个守卫发现，他会杀了我们，但我想到了一个主意。第二天一早，我们就找上那个守卫，问他：'那两个男孩哪去了？你对他们做了什么？我们找不到他们了！'我们知道如果守卫知道了事情的真相，肯定会杀了我们。守卫懵了，他只是说：

'噢，他们可能跑进树林被老虎吃了……'他没有对这件事起疑心，他可能真的以为他们逃进树林去了。

"我在杜布拉恰岛待了六个月，一整个捕鱼季。冬天结束的时候，老板让我跟着一艘运着最后一批货的渔船走了。我当时生着病，身体也很虚弱，但那艘船在我们村子附近把我放下了，我终于能回家了。我从始至终没有拿到过一分钱报酬，除了招募人给我父母的那2000塔卡，我父母也没有拿到过任何额外的钱。如今又是冬天了，我父亲希望我再去一次杜布拉恰岛，因为他想要钱，但我说了'不'——现在我参加了一个培训项目，在学木工。我打算做桌子和椅子，根据订单的要求制作，我会干得不错的。"

现在的舒密尔看上去并不紧张，我们聊了将近一个小时，他的目光坚定，还带着一些好奇。我对他表达了感谢，并诚挚地希望将来我可以从他那里订制一些椅子，来帮助他的生意起步。他告诉我的故事证实了我一直以来的所闻所见。这整个地区已经因为人们对鱼虾的需求改变了。舒密尔故事中的渔民营地只是一幅更大图景中的一小部分。

成千上万的儿童在杜布拉恰岛，以及苏达班群岛和孟加拉湾的其他岛屿上当奴隶。一些孩子像舒密尔一样加工鱼肉，还有一些在养虾场或临时工厂里处理虾。50年前没有什么养虾场，也没有森林保护区里的营地。过去，当地的渔民靠海吃饭，他们带着从海里捕捞到的鱼虾去临河城镇的市场上贩卖。彼时的苏达班群岛已经是联合国教科文组织世界文化遗产，岛上大片的红树林是东南亚最大的碳汇[①]，其偏远的地理位置比将其认定为国家公园的法律条文更有效地保护了这片土地。

当海鲜产品进入全球市场后，一切都改变了。

---

① 碳汇（carbon sink），指通过植树造林、森林管理、植被恢复等措施，利用植物光合作用吸收大气中的二氧化碳，并将其固定在植被和土壤中，从而减少温室气体在大气中的浓度的过程、活动或机制。

在美国和欧洲，这是一个缓慢的，几乎不被发觉的变化。20世纪50年代，一顿精美的饭菜可能会以开胃虾仁沙拉（shrimp cocktail）为前菜：四五个虾仁沿着盛满酱料的鸡尾酒杯的杯沿摆放。这是一道乡村俱乐部菜肴，比牛排还贵，你进食时要翘起小指，用指尖捏起挂在杯子上的虾，还要表现出很老练的样子。如果你不在几内亚湾附近，这些新鲜的小虾仁就要以高昂的代价被长途跋涉地运送到你面前。换算成今天的市价，1950年鸡尾酒杯上的这五个小虾仁，每个价值超过一美元。而今天，你花三美元就能买整整一磅产地是孟加拉国的虾。

在美国和欧洲，到处都买得到虾和冷冻鱼肉，一大袋一大袋堆在冰柜里，一桶一桶的虾仁爆米花，便宜、方便，甚至可能很健康。当货船变成写字楼大小的流动冰柜，鱼虾就成了货物。不像野生深海鱼（如鳕鱼或吞拿鱼）的捕捞量日益减少，虾类是可以养殖的。你所需要的只是一条平坦、可浸（floodable）的海岸线，你可以将这片沿海地带改造成像稻田一样的巨大池塘。

随着对廉价鱼虾的需求不断增加，孟加拉国、印度南部、印度尼西亚、泰国、缅甸和斯里兰卡都开始出现"抢金潮"。"无价值的"沼泽地被改建成单品种养殖的虾场，处理鱼肉的渔民营地也出现了，大型低温冷藏船永远都在等待装载更多的货物。听说有工作，贫困的家庭都一窝蜂地涌向苏达班群岛的荒野。有些人能重新开始，有些以鱼虾捕捞为业的地主很努力，也对他们的工人很好。但罪犯也已经开始在海洋里的渔捞平台上使用儿童奴隶了，对他们而言，奴役更多工人去开采红树林以及养殖小虾米是轻而易举的，他们从中可以获得非常可观的利润。

舒密尔待过的那种渔民营地所供应的鱼肉主要会流入当地的市场，用于生产宠物饲料、家畜饲料和人类的食物，比如鱼汤浓汤宝。你可能想不到浓汤宝的生产会涉及有组织的犯罪，但一片类似杜布拉恰岛的荒野之地却是一个完美的由奴隶运转的加工处理基地。

当然，并不是所有的海鲜都被奴役活动染指了，但在这片地区，儿童被奴役,负责抓捕、清洗、打包,有时还要晾干鱼虾。美国人每年进口24亿磅海鲜,占他们每年食用海鲜数量的85%。至于虾类,美国的进口需求比其他国家大得多。美国人非常爱吃虾,美国进口的海鲜几乎有一半是虾。这些虾有90%来自东南亚。[1]亚洲虾在英国也很受欢迎,是他们进口第二多的海鲜(位居鳕鱼之后),其进口量还在逐年增长。进口自孟加拉国和苏达班群岛的虾的数量在艾拉旋风(Cyclone Aila)于2009年侵袭该地区后有所下降,但随着鱼虾养殖场的重建和修复,2011年和2012年,进口量又大幅回升了。

旋风提醒了所有人,海洋和荒野之间的交界处可能是一个非常危险的地带。艾拉旋风在海面形成了一个10—25英尺高的巨浪,席卷了低矮的土堤,冲走村庄,摧毁了苏达班群岛上大约6000个养虾场。2005年,席卷了美国新奥尔良的卡崔娜飓风(Hurricane Katrina)造成的巨浪的规模也差不多,但不像新奥尔良,苏达班群岛没有大规模的防洪堤或水泥防波堤。有很多被奴役的儿童在沿岸的渔捞平台或渔民营地里工作,他们没有得到任何警告或保护。一名在海洋上游数英里的养虾场工作的工人告诉我:"巨浪朝我们袭来的时候,我们只有几分钟时间尽可能地爬向高处。我站在一个房子的屋顶上,但水还是淹过了窗户。翻涌而来的水面上漂满了尸体。"

在近距离的观察下,苏达班群岛看上去、感觉上、闻起来都像是一个非常原始的新世界。似乎所有事物都尚未安定下来,生命是泥塑的,刚刚被创造出来,泥土和水还在争夺着主导权。然而数千年来,"圣河"恒河和南亚的其他河流都要流到这儿来汇入大海。孟加拉国的大部分土地只是这些河流的大型三角洲,一个因这些河流的泥沙淤积而不断缓缓升高的三角洲,哪怕全球温室效应导致海平面上升的速度越来越快。沉积物、土壤、植被以及所有漂浮的死尸(从昆虫到大象)都在千年之间随着这些河流不断被冲向下游,在三角洲放慢速度,最终停留在淤泥中。

淤泥和土壤一点一滴地积累起来。在淤泥离水面比较近的地方，红树植物开始植根生长。这是一个被迷雾包围的世界，水与土交缠着跳着属于它们的舞步，但水无疑是领舞者。红树林在这种节奏下繁茂生长，枝丫伸向天空，定期甚至是每天到来的涨潮为树干带来充足的营养。在这个特殊的入海口生活着百余种生物，它们的生物特征都能适应淡水和咸水定期的相互作用。

两个充满生机的生态系统在此处交汇。一面是海洋，含沙的大陆架①上营养充足的水域中栖居着蟹、鱼、海鸟、海胆、海龟、蛤蜊、软体动物以及所有在海陆交界处活动和成长的生命。而在另一面，流入海中的淡水维持着红树林的生长，红树植物那繁茂的根系遍布滨岸带的淤泥。在这两个生态系统的交界处，大自然展现了其狂喜的样貌——猴子、各种各样的鸟类、开花的植物、寄生性的兰花、湿地鸢尾花、果实和灌木丛、藤本植物和蔓生植物，在这些动植物的下方还有蛙类、海龟、蛇类、鱼类，有时还能看到水獭光滑的皮毛泛出的光。这里的水是含盐的，有时海水会涌入，有时淡水会将海水回推——对这片肥沃沼泽上的动物群而言，这是一个生机勃勃的循环。植被枯萎、腐烂，成了沿岸水域中鱼类和甲壳动物的食物；海浪涨潮时涌来，又在退潮后将此地的食物冲回海中，喂饱了海鸟和食腐动物。水陆两个世界就像交缠在一起的两只手的手指，它们相互依附，保持平衡，将海水与土地、咸水与淡水之间的抗衡变为生命的源头。

但人若想在这里定居，就必须将水与陆分开。人们建起堤坝，排干沼泽，砍伐树木。杀死一棵树最简单的方法是环剥，即剥去树干的一圈皮。环剥会阻止树干上的养分在秋冬时节回流至树根，而树木就会因失去养分而死。用这样的方法，你可以摧毁一整片森林。堤坝对红树林的影响

---

① 大陆架，是大陆沿岸土地在海面下向海洋的延伸，可以说是被海水所覆盖的大陆。又叫"陆棚"或"大陆浅滩"。

就与环剥无异，它切断了水域和红树根系之间的接触。随着地表逐渐干燥，乔木和灌木都进入了顶梢枯死①的状态，随即被砍伐、拖走，因此也驱散了栖居于树上的鸟类和动物。为了养虾，人们在被开拓的土地上耕犁、施肥。潮泥滩上的树木被清理干净，一切准备就绪之后，水又被引回。曾经生机勃勃的森林如今成了一个养虾场，一片占地几百英亩、深两三英尺的大湖。

一些建养虾场时挖出的土壤，被用于建造营地和村庄。在这些居住点，暴露在外的淤泥质黏土呈灰黄色，光滑又黏稠。这些黏土厚重、黏滞，遇水有良好的延展性，但在阳光和空气下就会变得又干又硬。对来此定居的人而言，淤泥是最常见的建筑材料。湿泥被切割成块状，装载于篮中。人们将盛满泥块的篮子扛在肩上搬运，几百万篮泥块就组成了巨大的堤坝。随着干燥的陆地在堤坝的一侧逐渐成形，步道、更多的水坝、墙壁、平台、地基、房屋、畜栏、泵架、户外工作场所以及用于堆叠货物的壁架都由泥块建成了。人们将更多的泥块压在一起，来加高房屋之间或工地之间的人行道。

在一片泥块地基上，人们用杆子搭建起棚屋，然后将抹了泥浆和牛粪的织毯挂起作为墙壁。织毯墙壁上沾满了手指和手掌的印迹，那是人们揉捏、按压、抒平毯子时留下的痕迹。茅草随意地与黏土瓦片或是一整块的波浪形锡板混杂在一起，这就成了屋顶。在棚屋内，硬泥做的加高平台上放着锅子。连火炉也是用同一种黏土制成的，里面生起的火将其烘烤得坚硬无比，炉子顶端开了一个圆孔，端端正正地托着一口锅。

当大量的黏土脱去水分，就会形成永久的空间——水渠、池塘、小船码头、湖泊、供牲口使用的水坑，以及鱼塘和虾塘。水渠和堤坝平息了河流与潮汐，将之引入各个池塘以养殖鱼虾。最大、最高的堤坝面向河流而建，各个小村庄就在堤坝上排成一排，由步道相连。堤坝及其上

---

① 顶梢枯死，指一些植物从顶梢开始逐渐向下枯死的现象，可能由疾病或非疾病因素引起。

的小路绵延几英里，环绕着数千英亩的湿地，其中的树木都已被悉数除尽，水被引入，低浅而平缓。

我绕着其中一座堤坝行走，震惊于人们对其倾注的精力。所谓的堤坝基本上就是一堵宽阔的坚硬泥墙，上面有一条三四英尺宽的小路，它延伸数英里，一路将我带到距离水面十英尺以上的位置。为了建造这堵墙和这条小路，有多少人曾用他们的双手辛苦工作，一篮一篮地将泥块运来？在这条小路上奔跑和玩耍的儿童中，有多少是在堤坝顶端那些棚屋里出生的？每几百码就有一个小村庄，由四五个家庭组成，像藤壶一样悬挂在堤坝的边缘。堤坝上的这条小路就是这些家庭的"大街"，几步之内，我就能看见烧饭的妇女、在床边玩耍的孩子、修补渔网或劈柴的男人。在遇到宽阔的河面时，堤坝还会加高 10—20 英尺。这是必要的，因为这座堤坝面对的是一条巨大的河流，最宽处超过一英里宽，每日潮起潮落，高差可达数英尺。

硬土上的植物稀少。有时草能在地上扎根，村子里也会栽种一些树和灌木。也有些树未被砍伐清除，留在河堤边沿或者小路上。前者是为了防止堤坝因潮水的侵蚀作用而凹陷，后者是为了遮阴。除此以外，棚屋群周围荒芜一片，尘土飞扬，与毗邻的森林的苍翠青葱形成了强烈的对比。

一天下午，我在村子之间散步，走到了堤坝和红树林的交界之处，那片树林仍是未被染指的处女地。在太阳直射下的荒凉、贫瘠的堤坝上待了太久，我突然被林地深深吸引。这里有生命，我可以嗅到。这里的空气似乎更轻盈、更新鲜，也有更多层次。我闻到了花朵的味道，还有隐藏其中的幽幽的麝香味。鸟群飞快地掠过水面，燕子在空中翻转身躯，捕捉飞虫。我欣赏着眼前这场生命的盛宴，沿着堤坝慢慢向下，朝森林走去。但正当此时，我身后有个男人开始向我喊叫："别走了！别走了！往另一边去，离森林远点儿，别走近丛林！"我一时手足无措，这趟安静的、近乎冥思的散步突然被打断，陷入了恐慌。他继续大叫道："有老

第四章 开胃虾仁沙拉

虎！那里有老虎，它们会吃了你的！"

老虎？那个男人很激动，但我将信将疑。我刚到养虾营地的时候，被安排在一间棕榈叶搭盖的棚屋住宿。棚屋用杆子支起，离地面七英尺高，以防受到潮水的侵袭。屋内没有电，厕所在营地边缘。所谓的厕所其实也就是地上的一个坑而已，四周插着四根棍子，上面挂着米袋，勉强能提供一点儿隐私空间。营地里的一名老渔民指给我看厕所的位置，但他说："绝对不要在晚上去尿尿，绝对不行！"

"什么？为什么？"

"因为有老虎！"

他说这句话的时候我的目光越过一座小桥，落在堤坝一侧的一个拥挤的村庄上，我看到人们在那里工作、闲聊，孩子们在玩耍。村子里还有船只和矩形的水池，涨潮给这些水泡带来虾。森林在约莫一英里以外的地方。老虎？我不觉得这里会有这种动物。我知道这则警告的用意：村里人想用耸人听闻的故事吓走外国人。我在家乡也这么做，城里人来南方的时候，我们就会编点儿故事吓唬吓唬他们。之后的两天夜里，我都没把这件事放在心上，照样溜出去看水上的月影，聆听空旷之声和鸟雀鸣啭，为寂静又喧闹的荒野赞叹不已。

现在，光天化日之下，我觉得更不可能有老虎会在一座堤坝的顶端袭击三个吵吵嚷嚷、走来走去的人。任那个男人没有罢休，他向我一遍又一遍地喊叫和做手势。正当我进退两难之时，他的儿子向我走来，指着我双脚下方的新土。在那里，在树叶和枝条之间，有一个新留下的猫科动物的爪印。爪印非常清晰，仿佛一只爪子沾水的家猫走过干燥水泥地后留下的印迹。但这个爪印很大，我爬下堤岸测量它的尺寸，发现几乎和我的手一般大。留下这个爪印的猫科动物的体型要比我大得多。

尽管天气炎热，但我忽然背脊发凉。我一度感到疑惑："老虎在这儿干什么？"但紧接着我便意识到，老虎并不是这里的不速之客，我才是。孟加拉虎在这里栖息了数千年，站在食物链的顶端，在树上和水中都能来去自如。它们天生就是这里的居民,这个生态系统是它们进化的小生境①。老虎是独居动物,用气味来标记大片的领地,以此驱逐它们的对手。这只老虎的领地中,有多少被这座堤坝隔绝、破坏了?这些养虾场和小村落是否在它的领地内?当人口压力和无奈迫使人类进入荒野求生,老虎也感到了压力。雌虎每年会产下两到六只幼崽,幼崽在两岁左右时会离开母亲,去寻找属于自己的领地。丛林不断被侵占改建为养虾场,在我们眼前留下爪印的这只老虎是否试图在这里寻找生存的空间?既然它的狩猎范围缩小了,我是否也成了他食谱上的一个选项?

堤坝建成,森林被伐除之后,潮水的自然涨落也随之停止,养虾场效仿这种自然规律,但操控了节奏。这不是钓鱼,而是一个甲壳动物的养殖工厂。就像为我们提供猪或火鸡、培根或牛肉的养殖工厂一样,这种地方没有正常的繁殖、产卵或育仔;疾病、污染和受虐待的工人才是常态。我到这个养虾营地来原本是为了了解虾是如何养殖的。这个作坊非常成熟,但仍然是个相当原始的营地,其运营者是一个地主,不住在这里,而住在营地里的工人都来去自由。这片森林被圈起来并清除干净之后,成了一个约 300 英亩大小的池塘。

每个月,在这个营地生活和工作的人会将 15 万只小虾(他们称其为"虾秧")扔进浅水。很多家庭在潮汐河最深的河段为他们捕鱼,他们从这些人家购买虾秧。在去河边的路上,我看到附近有三艘正在为养虾场撒网捕虾秧的木船。从远处看,其中一艘船约 12 英尺长,好像在为一个巨大的热气球充气,一个硕大的、铁青色的气泡在河面上膨胀起来。事实上,他们正在利用风填充和整理那张用于捕虾秧的精细的密纹网。渔网鼓足风时,两名妇女拼命拉紧它,试图控制好它。我们走近时,我可

---

① 生境,指物种或物种群体赖以生存的生态环境。生物与生境的关系是长期进化的结果。生物有适应生境的一面,又有改造生境的一面。

第四章 开胃虾仁沙拉

以看见孩子们正轻轻地刮去渔网上粉色的细屑,小心翼翼地将其放进一个盛水的小盘中。我爬上他们的船,仔细观察小盘里的东西,发现这就是小小的虾秧,它们在水中看起来像一支笔尖极细的钢笔画出的细小红线。虾秧比眼睫毛还小,它们动一动,漂一会儿,接着又动一动,再漂一会儿。一些稍微长一点儿的小虾的一头有小小的凸起,很像原生动物。渔网巨大,充满了风后可以膨胀到一间客厅的大小,但从河里拖起时,里面只有两小撮虾秧。"要捕虾秧,你必须到水深的地方去,"女人说,"这些就是从 30 英尺深的地方捞上来的。"

虾秧被捞起后,会被散播到 300 英亩的养殖池,在那里生长。池塘与河流由一条水渠相连,水渠里有一个泄水闸嵌入营地旁边的堤坝。这条水渠是养虾场的"业务端"(business end)。一堵树枝和芦苇秆紧密编成的大约 20 码长的栅栏横穿其中,末端是第二座小一点儿的堤坝,后者面向虾塘而建。池塘和水渠的交汇处有一个 V 型的鱼梁,这是一种可以追溯到青铜时代的古老捕鱼装置。在大部分时间里,这条水渠里不会发生什么,营地的生活相当悠闲惬意。人们修补渔网、工具和屋子,做做日常祷告,煮饭、吃饭,还能在池塘里钓钓鱼。去捕捞那些会吃小虾的鱼蟹也是很好的主意,捕到了可以拿去卖掉,也可以自己吃。但每当满月或新月之时,工作就会增多。

"满月的时候,虾都疯了!"他们这样告诉我。虾可能是疯了,但虾的这种正常行为使其易于捕捞。虾一般在夜间活动,游泳或是觅食,在日落之后、日出之前一两个小时的这一小段时间里,它们最为活跃。它们也会受到潮水流动的刺激,随着它们渐渐长大,这些虾只要遇到洋流就会逆行而上,急切地想要迁移到远离海岸的深水中。渔民复制了自然洋流的环境,于是虾就会将自己投入水渠中,等着被捕捞。

夜幕降临,满月升上天空,潮水也随之涨起,河流的泄水闸被打开,河水灌进水渠,涌入池中。大一些的虾能"闻"到、感觉到新的水流,随即开始随着河流游去,期待能游到更深的海域。很快,虾群游入水渠,在遇到 V 型鱼梁的狭窄缝隙时聚集在一起。鱼梁是一道有去无回的门，虾一旦穿过，就不可能按来时的路返回了，而且它们也迫切地想要往前游到更开阔的地方。刚沿着水渠向下游了几码的时候，它们能感觉和"闻"到河流，但现在它们被逼到了树枝和木棍紧密编织成的栅栏前——水流会穿过栅栏，虾则会被困住。

早晨，泄水闸被关闭，水流也停止灌入。天色微明，由于水渠的水位迅速下降，虾群沉入底部。随着第一缕晨光洒满大地，男孩们拿着渔网在深及膝盖的泥沼中打捞虾、蟹和鱼，将它们拖到草地上，再从渔网中挑出放入篮子。在河流的方向，商人们仿佛也受到了满月的吸引，争相将他们的船停泊在营地附近的浅滩上。在一旁的水泥地上，分拣和交易的工作开始了。

商人向渔民购买货物。大的虎虾的售价是每磅 4 美元，中等大小的虾每磅 3 美元。鱼非常廉价：罗非鱼和其他体型较大的鱼（如海鲈鱼）的售价是每磅 50 美分。非常大的蟹可以卖高价，和虾的价格差不多，但小蟹就很便宜了。买家收货的时候，养虾营地的负责人告诉了我一些关于这些买家的事。"他们大多数都很诚实，"他说，"但那边那个男人，他不是。"我问他，这个不诚实的男人是不是骗过他，他答道："他骗的不是我，是他的客户，还有那些出口商。他买到这些大虾之后会给它们注入米浆。这样，虾就会变得很重，充满淀粉。虾的重量增加了，他的收入自然也就能翻倍。有时候有些出口商会发现他的伎俩，拒绝购买他的货，但大多数时候他们不会发现，因此他觉得冒这点儿风险是值得的。"所以说，如果你烧烤的肥美大虾尝起来有点儿奇怪，那可能是因为虾里有某个孟加拉家庭煮饭后剩下的米汤。

我所在的这个养虾场工作悠闲，工人们都有酬劳，但许多养虾场并非如此。许多虾场的盈利更高，因为工人是被奴役的。只要在工人的工资和债务之间用一点儿简单的"诱饵调包"（bait and switch）的把戏，再花点儿钱买把武器或雇用一个暴徒，利润就会大幅增加。没人知道有多少养虾场是由奴隶劳工建成,并使用被奴役的男人、女人、儿童来培育和捕捞虾的。像舒密尔一样曾经困在杜布拉恰岛上的孩子,也被卷入这些养虾场的奴役中。在虾可以被收获的时候,至少其中的一些就已经与奴役活动脱不开干系了。但事情并没有在捕捞完成后就结束。

我所在的养虾场并没有奴役活动,但它对环境的影响仍然存在。诚然,有一些虾会被注入米浆,但大多数虾在捕捞之后的数小时内就会被运往库尔纳市(Khulna)。孟加拉国的库尔纳市是将冷冻虾运往美国和欧洲的重要港口,港内的水深足以停泊大型货轮,沿着码头一路上都是加工处理厂,随时准备对成吨的鲜虾进行清洗、包装和冷冻,让它们可以被运往异国。在库尔纳的市中心,主要街道上开满了豪华酒店,市政府官员还为这个城市最著名的赞助人建了一座雕像。在库尔纳三条主干道的交叉路口,有一块很宽的基座,其上是一个巨大的、金色的虾形金属雕塑,高达 15 英尺。比起几个街区之外,建在一个尘土飞扬的公园边缘的那座政客的等身铜像,这个虾形雕塑要壮观、庄严得多。在库尔纳,大家都知道是谁养活了他们。

欧洲和北美对虾的巨大需求意味着财富源源不断地流入这座城市。库尔纳是"虾大亨"的城市,大亨们拥有大酒店和宅邸,拥有位于城郊的大型养殖场和时髦的轿车,他们出入灯光璀璨的俱乐部和饭店,这些地方的消费水平都是一般孟加拉家庭无法企及的。这些大亨经营工厂,持有出口许可,与北美和欧洲的公司直接进行交易。他们的工厂加工处理并冷冻虾类,但很久以前工厂主就明白,规模小一点儿的工厂反而能赚更多钱。这是因为他们的许多美国和欧洲客户都想要视察他们的工厂,检查工厂的环境卫生,以及工人的健康和安全情况。这些外国人期望看到工人戴着手套和安全帽,身着防护服,使用的刀具都有保护罩,这样就不会有被切下来的手指头掉进冷冻虾的包装袋里。有些客户甚至想要在虾的包装外面贴上"不涉及奴役活动"的标签。他们想要告诉他们的购买者,清洗和包装这些虾的妇女按正常工作时间劳动,而且能得到足够的钱养家糊口。因此工厂主会保证他们公司拥有的这座小工厂安全、干净，随时可以接受客户的视察。

当然了，这座小厂只是个门面。它太小了，处理的虾只是大亨接单加工的虾里的一小部分。虽然这种小厂也能加工、打包、冷冻用于出口的虾，甚至还能获些小利，但出口商出售的绝大部分货物都来自分包商。9/10 的库尔纳虾处理工为这些分包商工作，几乎所有工人都是女性。分包商不用担心视察、防护服、安全帽或刀具护套。他们雇用的大多数女性劳工每周工作 60、70 甚至 80 小时，但她们并不是正式员工。尽管法律规定任何拥有超过五名工人的作坊都等同于工厂，应遵守劳动法规，但这些妇女还是以"计日工"（day laborer）的名义被雇用。雇主不是以工作天数支付她们酬劳，而是以她们处理加工的虾的数量，而且她们可能需要等数周时间才能拿到薪酬。有一位律师告诉我："她们不享有任何权利，没有固定的工作时间，没有固定的薪资，没有劳动合同或聘用信，也没有劳动手册。在库尔纳，这种对劳动法的完全否定已经存在了至少 30 年，因此时至今日，劳动法已经失去意义，这种情况再正常不过了。"[2]

分包商的招工者许诺有不错的薪资和正式聘用合同，贫穷的妇女立刻被吸引。一旦开始工作，她们就会发现事情的真相，但仍会留下来工作，因为她们觉得这是她们所能找到的唯一工作，她们需要这份薪水来养活孩子。我会让安丽塔（Amrita）来解释事情是如何发生的。安丽塔是某天下午我在库尔纳一个秘密工厂中认识的一群"计日"女工中的一个。她们每两周只休息一个下午，那天刚好是这样一个下午，我很感激她们愿意与我分享这宝贵的时间。过去，与记者或研究人员交谈过的妇女都遭到了毒打，因此她们很害怕，希望没人知道她们的身份。"安丽塔"是我从网上找到的孟加拉女孩常用名中挑选的化名。那个微凉的早晨，安丽塔穿着一件橙色毛衣，用一条橙、黑、黄三色花纹相间的围巾裹着头。她坐在椅子的边缘，显而易见非常忧虑，绷着肩膀，双臂紧紧交叉抱于胸前。安丽塔三十几岁，神情坚毅，但也有些阴沉——她知道与我交谈的风险很大。我们谈话时，她那双深邃的棕色眼眸中有时会闪现一丝愤怒。

"我其实没有选择，只能做虾类处理工，"安丽塔说，"我的孩子饿着肚子，我的丈夫又不干活，这是唯一能做的工作。如果我上过学，可能就能找到不同的工作，但如果你没受过教育，找工作就太难了。[孟加拉国2/3的女性是文盲。] 我开始干活之后，我的工作是给虾去头。我没办法预支工资，每加工一千克虾，我只能得到3孟加拉塔卡 [不到5美分]。我每上交一篮虾，他们就会给我一张收据，上面写着我加工的虾的重量，但我觉得他们写的根本没有我实际加工的重。你必须保存好这些小纸条，因为每周你只能领一次薪水，而且只能凭这些小纸条拿到你的工钱。如果你丢了一张收据，或者如果纸条被弄湿了，字迹模糊不清，那么你就拿不到这笔钱。有一次，一个女孩把她整周工作的收据都弄丢了——承包商没花一分钱就得到了她整整一周的工作成果。这就是承包商把你留在这儿，让你对他们唯命是从的方法，否则的话他们就会解雇你，你也要不回他们欠你的钱。拖欠薪水是承包商把你牢牢困住的另一种方法。有时候他们说他们没有足够的钱，所以用食物代替现金作为薪水。这是他们的一种'副业'。承包商会给我价值15孟加拉塔卡的米，但之后他会从我的薪水中扣除20孟加拉塔卡。我能怎么办？我的孩子得吃饭啊。承包商会利用任何我们需要的东西——油、米、豆子和肥皂。

"但最可怕的是他们对待我们的方式。这些承包商非常粗鲁，行为举止像野兽一样，他们甚至打我。我有一个工友，比我年纪大一点儿，大概40岁。承包商想解雇她，所以他的一个手下就把一篮虾扔在地上，然后怪到她头上。他们把她带到另一个房间，殴打她。他们打得太狠，打到她失禁。接着他们就把她丢到街上。我偷偷溜出去给她女儿打电话，她女儿就过来把她接走了。之后承包商想给她钱，封她的口，但那个女人说：'我不要！你残害了我的身体，现在我没法再工作了。'然后她联系了一个人权组织的律师。这件案子到现在已经三年了，但没有任何进展。我一直保持缄默，但如果开庭审理，我会为她作证的。

"在工作时间，禁止互相交谈。如果你说了任何话，抱怨任何事，你就会受到惩罚。有时候他们会拒付工钱。到了领薪水的时候，当你拿出收据，他们就会说：'没有，你没有钱可以拿。'你能怎么办？你不能反对任何命令，哪怕他们总是大吼着、粗鲁地对你指手画脚。承包商会一直观察你，他不允许你对任何事情说'不'。如果你说你不想做什么事，他们就会掐着你的脖子，把你扔到街上去。

"如果哪个买家到我们工作的地方来，承包商就会要求我们说谎，不能告诉对方我们实际的薪资和工作时长。他说，如果我们不配合他说谎，就会被炒鱿鱼。事实上，在旺季，他会要求我们整晚整晚地工作。如果有大批量的虾进厂，他会逼我们留在这儿24小时工作。如果我们生病了，他们只会逼迫我们继续工作。如果旺季时有大笔船运订单，那么在虾全都包装好之后，我们还得做别的工作，比如排放箱子，给卡车装货，以便及时出货。我们得工作到凌晨两点。到了淡季，我们就被解雇了，活儿很少，我们都得挨饿。淡季的时候，我们真的是能过一天是一天，想尽办法给孩子找吃的。

"问题是很多，但我找不到别的出路。我没有任何身份证件，甚至没有任何文件能证明我在为那个承包商打工。一旦出了任何问题，他只要说我们不在那儿工作就可以了，你拿不到任何酬劳，如果你去投诉，他们就会打你。这种事情时有发生。不管怎样，我们是女人，所以即便我们每天只工作12小时，还是有更多的活儿等着我们做。我们回家之后也要干活、烧饭、带孩子。我都很难见到我的孩子！如果前一个周五，我们加班工作24小时，那么下一个周五我们就可以休息。如果你的孩子生病了，你必须在家照看，那就赚不到钱，买不了食物。

"我最大的愿望就是我的孩子能上学，今后能过上比我更好的生活。如果我能找到一份更好的工作，可能就能供他们上学。如果能平平静静地生活就太好了，对我的家庭来说也会好得多。还有就是，我想要办一张身份证，这样就能得到更高的酬劳。也许你可以把这里的事告诉其他国家的人,告诉他们我们在这儿非常努力地工作,但没有得到我们应有的权利。告诉他们那些承包商在吸我们的血,他们不给我们应有的工资,什么都不给我们。这样的话也许事情会有所改变。"说完这些,安丽塔仍然用坚毅的神情看着我。她望着我的眼神现在稍微柔和了一些,但她很现实,她知道即便现状会有所改变,这改变也会很缓慢、很艰难,而且可能来不及帮助她和她的家庭。

一名人权工作者曾告诉我要改变现状有多难。那是一位年轻的律师,有着克拉克·盖博式的微笑和扇子般的长睫毛,他已经在库尔纳工作六年了。他接手的许多案子都与妇女遭遇的暴力有关,比如在彩礼纠纷中被泼强酸导致面部灼伤的妇女。而当他开始为安丽塔这样的妇女处理与欠薪和性骚扰相关的案件时,他开始收到恐吓。当他继续跟进案件,他遭到了袭击。当他提起诉讼,为一名妇女申请合法的产假时,他接到了来自首都的一个政府高级官员的电话,后者命令他撤诉(但他没有这么做)。当他公开报道了非法使用童工的事件,来自国家政府的压力接踵而来。一个政府高层告诉他:"你是这个国家的敌人。"

这种政府压力就是金钱和腐败的结果。整个供应链都充斥着贿赂。申请出口许可要交一笔正式费用,但要想真的拿到并一直持有许可,还要拿出比这笔费用高得多的贿赂,外加每月定期上缴一定的费用。这些贿赂和费用都流进了首都政府官员的口袋,他们保证劳动法不会被实施,以此帮助出口商和承包商——也是帮他们自己。有一个当地帮派控制着码头,他们卖"保险",保证所有货轮都能按时出港,所有工人都在生产线上工作。他们与当地警方和政客分红。黑帮、政客、承包商、出口商和奴隶主组成了一台巨大的机器,这台机器将虾输送到你家附近的超市里。我们都知道这个产业每年会创造多少合法财富——大约130亿美元;但非法资金,以及人力与环境代价都没有被计算在内。加工、包装和冷冻虾的妇女们只是巨大的制虾机器中的小小螺丝。她们的生活艰难,她们感到身陷泥潭,她们遭受着性侵犯,但她们不是奴隶。她们还有别的选择——她们可以辞掉工作，挨饿，看着她们的孩子挨饿。当奴役遇上了消费者的需求，伤害就会向四面八方辐射，辐射到那些像安丽塔一样被剥削的工人，辐射到像舒密尔一样被奴役的男孩，也辐射到我们希望保护的自然环境。

整个傍晚我都在等能载我去河下游的苏达班森林的船。一个好心人家给了我一些茶，配上四罐当地产的蜂蜜，每罐都是不同的口味。野地上各处都有蜂巢，蜜蜂从孜然、香菜、荔枝和芥菜的花中采集花蜜。对我这样一个美国人的味蕾而言，芥菜或孜然的重口味蜂蜜非常令人震惊。我觉得一个新的世界在我大脑的味觉之上展开了，但我不确定自己是否喜欢。蜂蜜应该是甜的，但芥末蜂蜜打破了你的舌头以往了解的一切规则。

夜幕降临以后，我们爬进了一艘开放式的木质小船，大约30英尺长，向河流下游驶去。我坐在船头，尽可能地远离船尾那台突突作响的老式柴油发动机。经过河上第一个弯道之后，岸上就再没有灯光了，一种幽深的黑暗笼罩了万物，仅有荧荧星光照亮前路。我抬头看到天上的猎户座——随着小船在蜿蜒曲折的河道上行进，猎户座也前后摇摆着。低飞的鸟儿时而掠过水面，在深暗的河面上划出涟漪。忽然，河岸上交叉照射的聚光灯和信号灯照亮了我们的船。起先有些惊悚，但我意识到其他人似乎都不以为意。"那是印度军事基地，"一个人说，"我们就在边界上。"很快我们就继续蜿蜒向前，离那些灯光越来越远，直到它们一个接一个地在我们的视野中消失。

在沥青般的黑暗中，我们到达了当晚要住的养虾营地，信号灯像发光的蠕虫一样沿着小船停泊的泥沼和河岸扭动着。我们走入了一个由荆棘丛围起来的小院子，走进一个高筑于水上桩柱的小屋。躺在竹席上，我时而入梦，时而醒来，侧耳聆听夜晚的声音。两只狗发出孤独而富有韵律的哀号。其中一只感觉到什么的时候，会轻轻嗥叫一两声，接着立即将吠叫的音符转变为柔和的长号。这是给另一只狗的暗示，后者会加入这支歌曲，它的乐音与之交织，时而和谐，时而起伏。这一切都仿佛一首哀歌，嗥叫、吠叫、嚎叫都带着深深的听天由命之感，为自己是出生在老虎领地上的小小看门狗而无可奈何。

黎明时分，我从睡梦中迷迷糊糊地醒来，左边依稀传来对宣礼员祈祷声的回应，接着右边也传来了祈祷的声音，加入最开始的声音中，吟诵着另一种音调，与左边的祷音一起编织出不同的层次。这声音和夜里的犬吠实在太相似，我不得不强忍住笑声，否则会吵醒小屋里其他沉睡的人。

我是从刚果来到这里的，所以觉得这里有如天堂一般。在这里，没有人拿着武器，你没有受到威胁或被人监视的感觉。基础设施也许简陋，但都能使用、运作。四处都有建筑和耕地。孟加拉国可能存在严重的腐败问题，但它仍然在向前发展着。从很多方面来看，这个巨大三角洲的面貌都是美丽的——那是经过精心布置的土壤和植被。人们在这片土地上获得大米、蔬菜、鸡、羊和鱼，有丰富的食物来源。

航行在白日下，我看见一行白鹭飞过天空。我们已经到达了五条河流的交汇处，在这里，河道变宽，滚滚川流涌入一片数英里宽的开阔水域。印度就是远处氤氲迷雾中的那一排树。从河面上看，堤防就只是沿岸而筑的低矮泥墙，时不时会有水渠或泄水闸现于其上。在红树林还未被破坏的地方，这些植物的根部有无数凸起的节子，许多都有一英尺多高，从潮泥滩拔地而起。树根像蜘蛛一样，在水中盘根错节地交缠着。潮涌如此剧烈，水域如此宽广，泥质堤防和村庄顿时显得无比脆弱。正当我思考这些的时候，一只白胸脯的鱼鹰从河畔的树枝上骄傲地跃起腾飞，它那七英尺宽的翅展无疑言明了我们之间谁比较潇洒，谁比较脆弱。

回到河上，随着堤防和小村庄在我们身后越来越远，森林密布于河岸，河道开始不断分叉。苏达班群岛是一座由水湾、川流、河道、被水淹没的低岛，以及包含一些陆地的高岛组成的迷宫，完全没有岩岸或沙滩。红树不断向四面八方的水域生长，它们比较低矮的枝干都浸没于水中。在红树林的后面，我看见了其他树木，如玉兰，还有开花的灌木，看起来像是杜鹃；远离水域的地方，还有棕榈树和高大的落叶乔木，它们的叶片随风摆动。河岸附近低矮的森林紧密地纠缠在一起。这里的土壤如此肥沃，水分如此充足，因此枝丫、根茎、树干、杂草、藤蔓和花朵都交缠在一起。要想穿过这里，你必须一寸一寸地劈出道路来。

在没有任何标识的蜿蜒的川流深处，船夫想要调头折返，因为有"游民"（rovers）。什么？"有漫游者。"他带着浓浓的孟加拉口音说道。"什么是游民？"我很困惑地问道。"啊，对了，"他解释说，"游民就像小偷，呃，维京海盗那样的，但要比维京人小一点儿。"我们可能会被缩小版维京海盗攻击的想法让我忍俊不禁，但我知道他的意思，在这片警力触及不到的水域上有盗贼。我们于是调头折返，我坐在船头上看着两旁的景色，森林、航道支流和水面的涟漪不断向后退去。

在航道和水湾上，我们看到了水上居民，那些家庭就住在两三艘船上。有时他们会把所有的船系在一起，在岸边建起一个家；有时他们又会分开，各自去旅行、捕鱼或运输货物。这些家庭，水上先驱者，他们一点一点地蚕食森林的边缘，砍伐树木去售卖，这预示了很快就会有更多的效仿者到来。汪洋一般的人流正朝着大海滚滚而来，这股"洋流"可能会淹没这片森林，并且在浑然不觉中将他们自己卷入悲剧的旋涡。

简单来说就是，如果没有红树林，人们就活不下去。过去的地图和后来的卫星图片都证实了这一点。20世纪50年代，这个地区的每个村庄与三角洲及海洋的水域之间平均有五英里的红树林。及至90年代末，红树林的覆盖距离已骤减至不足一英里，很多情况下甚至已经没有任何红树植物，与此同时，稻米耕地不断向海岸延伸，养虾场也在沿岸地带一个接一个地出现。如今，村庄像疤痕一般贴在黏土堤防之上，海水在它们的脚下拍打。

和几内亚湾的飓风一样，孟加拉湾每年都会遭遇旋风。[3] 问题已经不是"今年会不会有旋风?"而是"今年的旋风会有多大?"1991年,一团大型旋风侵入孟加拉国南部,风暴使水位达到约20英尺高,堪比卡崔娜飓风。在这片红树已被悉数伐尽的低洼土地上,风暴造成的死亡率是惊人的:共有13.8万人在这场灾害中丧生。其中儿童和老人占比最大。有1000万人无家可归。相反,卡崔娜飓风仅造成1836人死亡。1999年,另一场大型飓风经过附近,但没有进入苏达班群岛上空。它在印度着陆,造成约1.5万人丧生,但死亡人数的地理分布是比较平均的。英国杜克大学的研究者解释说:"每个村庄的死亡人数和该村庄与海岸之间红树的覆盖距离,很明显是成反比的……拥有更大红树覆盖距离的村庄,死亡人数要比只有小片或没有红树林的村庄少得多。"他们还补充道:"这是对1999年剩余红树所起到的救命效果的一种量化……它们将死亡率减少了2/3。"[4] 2004年,当海啸来袭,缅甸和泰国也证实了这一效应:在这两个国家,沿海80%的红树林都被砍伐了,以奴役为前提的养虾场也很普遍;而海啸在这些区域造成的死亡人数为2.5万人左右。

随着红树的消失,每次的风暴都会开启一个"逃难循环"(cycle of flight),引起更大程度的森林破坏。没了红树林带,旋风席卷海岸,带有盐分的海水会淹死庄稼,冲垮村庄边上的养虾场。2009年的艾拉旋风之后,40万人在风暴中失去了一切,因此只能向保护森林迁徙。随着人们不断向内推进,更多树木被砍伐,更多岛屿被占据,更多儿童和成人被奴役为工人。一些人是因为走投无路,一些人则是被贪念蒙蔽,但这个循环的开始意味着将会有越来越多保护着人类和丰饶的生态系统的森林被破坏。

大自然的损失是巨大的。栖息在红树林里将近半数的两栖动物、爬行动物、哺乳动物和鸟类都濒临灭绝。这些动物中的大多数都不会出现在其他地方:它们的栖息范围仅限于亚洲和澳大利亚的红树林。以目前的森林流失程度,不论是森林还是森林中的生物都会在百年内全部灭绝。[5]

我爱森林,尤其是美国南部的茂密森林,那里有林下的紫荆花和山茱萸,我也喜欢英格兰的森林,那里有高耸入云的橡树、桉树和山毛榉。只要有时间,我就会在树林中散步——这样可以让我放松心情,获得治愈。

在森林中,树木和其他植物品种的数量,鸟类和动物的多样性,往往反映了当地冬季的温度和持续时间。密西西比州的一片森林里可能有四五十种树木,但在加拿大北部或西伯利亚,差不多就只有落叶松、云杉、冷杉和松树。在无比肥沃的亚马孙盆地,则大约有 1.25 万种树木生长于其中。地球上温暖而潮湿的地带是储藏生命的巨大宝库。

但红树林是与众不同的,尽管它不会遭遇严冬,但会遭遇海洋。盐分——一般植物的天敌——无孔不入,而生命必须适应它。世界上共有 54 种红树植物,它们的共同特点就是能够生活在咸水中。它们各自有独特的方法来适应盐分:在根部过滤盐分;通过叶片析出盐结晶;以及将根部的节或者茎叶送出水面,作为呼吸管,这样树木即便在水下也能呼吸。它们创造了一个森林世界,同时也是一个海洋世界。巨大的、复杂的、相互交织的根脉系统深深地扎进柔软的淤泥中,让树木在风暴和狂潮中仍然屹立不倒。在陆地上,老鼠或松鼠在树干和树根上跑动跳蹿。在红树林的水下"楼层",有鱼、蟹和软体动物在那里居住和觅食,它们同时也是鹰隼的猎物,后者会从上方的树枝上突然俯冲下来捕食水中的生物。当然,和所有树木一样,红树植物也会吸收空气中的二氧化碳,它们吸收的方式甚至非常独特。

2013 年,地球大气中的二氧化碳浓度达到了 400 百万分率(ppm)——然而大多数科学家认为,对我们的星球而言,安全的二氧化碳浓度应低于 350 百万分率。[6] 一旦浓度高于这个数字,地球气温就会上升到非常危险的程度。全球温室效应带来的最大挑战是如何在降低二氧化碳排放量的同时,减少已经存在于大气中的二氧化碳。这就是为什么红树林对我们来说很重要。和所有植物一样,红树植物吸收空气中的二氧化碳,但因为它们时常受到浪潮的冲洗,红树植物中的碳元素会转移到海洋中，并且不会轻易分离出去。正因如此，红树林被称为"碳阱"（Carbon Sink），在碳阱中，二氧化碳可以真正从空气中分离，并沉积入海，被封锁起来。健康的红树可以帮助减缓温室效应。苏达班森林也成了南亚最大的碳阱。

将大气中的碳封锁起来的过程被称为"固碳"（sequestration）。我们非常确切地知道印度境内那1/5的苏达班森林封锁了多少碳。那部分森林的占地面积仍有几千平方英里，向我们清晰地展示了红树林的重要性。大约有2100万吨二氧化碳被这片森林封锁，另有550万吨二氧化碳被树根周围的土壤锁住。每年，还会有约300万吨二氧化碳从空气中分离，被封锁起来。这里最关键的部分在于，尽管红树林的生物多样性不及亚马孙丛林，但其固碳的效用更高。虽然红树林的生物量（单位面积上实存生活的有机物质的总重量）较小，但这些水生的树木将二氧化碳从空气中剥离的速度是陆地上森林的四倍。[7] 每棵红树都是抵御温室效应的一层保护。

砍伐这些树木的后果不仅仅是失去了它们固碳的效用。事实上，它们是整个自然世界的基石。红树遭到砍伐，一切都会随之土崩瓦解。卡崔娜飓风和侵袭孟加拉湾的致命旋风就是崩坏过程中的一环。美国国家海洋和大气管理局（NOAA）及联合国气候变化和热带风暴专家组的科学家都说过，21世纪，异常猛烈的热带风暴（像卡崔娜飓风那样的）的数量将会因为温室效应而增加。[8] 除了风暴，海平面也会上升，苏达班森林就成了一个特殊的难题。

孟加拉这个国家是地球上最平坦的地域之一，也最容易受到海平面上升的影响。[9] 如果海平面上升三英尺，苏达班群岛就会消失，1.2万平方英里的岛屿将全部被淹没，2000万居民将沦为难民。旋风如果变得更残酷猛烈，30英尺的风暴潮以及新奥尔良市大部分地区曾经历的一切将会侵袭几乎整个孟加拉国。美国人过度使用能源的生活方式，以及畜牧业的副作用是导致温室效应的最大元凶，但每个为了在保护森林开设养虾场或渔场而砍伐红树的奴隶主也在不断增加灾难的可能性。

奴役活动和环境破坏正在跳一支死亡之舞。两者相结合导致的灾难的规模实在太过巨大,大到我们身处其中而不自知,直到今日才有所醒悟。这一切也很微妙:生命在数以百万计的奴隶的指缝间缓缓流逝,因为他们被迫将遏制温室效应的机会悉数破坏,同时也毁掉了他们自己赖以为生的一切。然而,正是奴隶们在生态灾难中所扮演的角色催生了一种新的解决方法,它激发了废奴运动的力量,使后者能够拯救、保护我们的自然世界。

第五章
失控的火车

在沙地上看见老虎爪印的那一天,我无视了别人对我的大声警告,开始爬下蔓延于河岸和森林的土堤。对我大声呼喊的人——我的向导——拿着一根木棍艰难地爬下河堤,他的同伴则仔细地查看着树林的边缘地带。他们认识这只大猫。因为不断扩张的养虾场,它的栖息地越来越小,它很饿。深夜,它会潜入附近的村子,任何没有关好的家畜都可能被它捕食。然而,尽管这只大猫凶猛强壮,它仍茫然无措,无力对抗不断到来的变化,这些变化不仅威胁着它,也威胁着它所属的整个物种。

我们人类在另一条路上徘徊,似乎对周遭回响的警告毫无察觉。温室效应带来的危机比那只老虎、苏达班森林、孟加拉国、全球奴役活动或我们中的任何一个人都大得多。这是一列失控的火车,我们都站在它行驶的轨道上——没有意识到我们就掌握着即刻有效减缓温室效应的方法:终结奴役活动。造成温室效应的关键原因之一就是全球森林遭到的破坏——一个由奴隶劳动所推动的进程。

为了理解这种现象是如何产生的,我们必须先弄清森林在维持全球气候稳定中所扮演的特殊角色。500万年前,我们的星球相当炎热,然后慢慢冷却下来。在80万年前,地球的气温起起伏伏,在温暖期和冰川期之间转换了12次。[1] 而近几百万年来地球气温的变化幅度很小,这反映了这颗星球的能量平衡。地球从阳光中吸收能量,又将许多能量辐射回宇宙。当进出的能量之间达到平衡时,气候就会稳定下来,气温也会在一个比较小的范围内波动。

18世纪工业革命开始之后,有规律的气温波动开始发生改变。木材和化石燃料以前所未有的速度被燃烧消耗,以支撑人类社会的巨大变革——在短短150年左右的时间里,工业革命显著地改变了人们已经维持了几千年的生活方式。对自然世界而言,150年不过眨眼一瞬。然而,在全球人口从不足20亿飙升至今日的70亿的这段时间里,人均能源消耗增长为过去的100倍,城市生活取代了乡村生活,难以置信的不平等现象出现了,世界一些地方的财富和物质条件迅速增长,与此同时,另一些地方却仍陷于贫困、疾病和不安定的泥沼中。

能源促成了这些巨大的改变。随着世界的变革,化石燃料燃烧后释放的和森林破坏后产生的气体进入大气层。这些气体被称为"温室气体",因为它们在大气中起到的效果就好比温室那些保住太阳热能的玻璃窗。在我们进入一辆在阳光下暴晒过、车窗紧闭的汽车时,我们都体验过这种效应——阳光透过汽车车窗进入车内,将封闭的空气加热,直到车内空气的温度比车外的还要高。这些气体对地球大气层产生的效应基本上也是一样的:形成一个屏障,封住在正常情况下会辐射回宇宙的热能。热能一旦被封住,就会不断增加,直到冰川融化,风暴肆虐,庄稼枯萎,热带疾病北移。

要理解化石燃料和森林的燃烧所造成的全部影响,有一个好方法,就是将其与火山做比较。火山爆发会对气候造成即时的降温效应,随之而来的是一个相对缓慢的升温效应。本杰明·富兰克林(Benjamin Franklin)在1784年第一次将火山与气候变化联系在一起。[2] 他指出,1783年夏天,北美和欧洲的气候严酷得不正常:冬天开始得更早,持续时间更长,而且极其严寒。他写道,似乎有"一片雾气始终笼罩着整个欧洲和北美的一大部分地区"。这可怕的苦寒是冰岛拉基火山(Laki volcanoes)爆发的结果。在冰岛,火山造成的影响更为糟糕。冰岛1/4的居民和3/4的动物都因火山气体而死亡,或因饥饿,或因中毒。其他的大规模火山爆发——坦博拉火山（Mount Tambora，1815），喀拉喀托火山（Krakatoa，1883），圣海伦斯火山（St. Helens，1980），埃尔奇琼火山（El Chichon，1982）和皮纳图博火山（Pinatubo，1991）——即便没有对全球气候造成更大的影响，也引发了和拉基火山类似的效应。火山喷发后，灰尘充斥着天空，这些灰尘将温暖的阳光反射回了宇宙。

火山爆发造成的影响是明显的、可见的、剧烈的，但它消失得也很迅速，影响只是一时的。相反，化石燃料的燃烧以及森林的砍伐和燃烧释放出的温室气体，用退休火山学家、前喀斯喀特山脉火山观测站研究员特伦斯·格赫拉（Terrence Gerlach）的话来说，是"相对平凡、普通却残酷的"。[3] 今天，没有火山在喷发，但每一秒都有几十亿团火在燃烧并向大气层释放温室气体。这些火的来源广泛，从我们汽车引擎的内燃机到由奴隶照看的炭窑产生的刺激性烟雾。这些人为的温室气体要比任何火山爆发所释放的气体都多得多，是后者的100—150倍，其影响远胜于火山灰尘导致的降温效应。换言之，要达到人为排放进大气层的二氧化碳和温室气体量，圣海伦斯火山每2.5小时就要喷发一次，每天都得如此，永永远远这样下去。

理解人类对全球温室效应的影响是很重要的，因为人类可以改变他们的活动——如果他们选择这样做——在其中奴役活动扮演了某种角色。滥伐森林所导致的温室气体占全球温室气体排放量的17%—25%。换言之，就在你阅读这些文字的这一天，滥伐森林所释放的二氧化碳就相当于800万人从纽约飞到伦敦。很多人的关注点都放在森林可以从空气中吸收并锁住二氧化碳上，但事实上，当森林遭到砍伐，尤其是被烧毁时，森林就会将它们所吸收的所有二氧化碳重新释放入大气层。对森林的砍伐，不论是红树林还是热带雨林或是西伯利亚森林，每年都会导致20亿吨二氧化碳的释放。如果把世界上的森林比作一个国家，它的温室气体排放量会比印度或俄罗斯都高，只有美国的排放量高于它。或者和这个数字比较一下：每年全球石油燃烧所释放的二氧化碳量是 30 多亿吨。

如果你把一棵树吸收二氧化碳能力的丧失也加到温室气体的平衡表上去，那么滥伐森林会成为温室效应的首要原因之一。如果滥伐森林的速度减缓或停止，我们可能会彻底转变詹姆斯·汉森（James Hansen）——可能是世界上最受尊敬的气候变化专家——所描述的情况："气候影响真的会制造出一颗不同的星球，截然不同于有文明诞生、发展的这一颗。"汉森继续解释道，如果不采取措施，"年轻人、后世及其他物种所面临、承受的后果将持续几个世纪。冰原的崩解会导致海岸线不断变化，随之而来的是巨大的土木工程造价以及无数沿海城市文化遗产的损失。气候带的改变和不断重复的气候破坏（climate disruption）会造成巨大的经济和社会损失，在发展中国家尤其如此。"[4]

现在，让大家明白树不是万能的，这点很重要。当树叶落下、树木枯亡，它所储存的碳元素就会重新释放进大气。在大多数情况下，树木只是碳元素的暂存库。与此同时，活着的树越多，它们清除和储存的碳越多，我们就能更好地维持我们的能量平衡。

一直以来，我们对树木储存碳元素的方式的理解都来自亚马孙雨林，因为那是全世界最大的森林——但就储存碳元素而言，那也许不是最好的森林。亚马孙雨林中的树的平均寿命大约是 15 年，每棵树储存的碳元素会随着它的腐烂而被慢慢释放出来。但让我们再回到苏达班的红树林看看。尽管红树林的面积小得多，树木也不高大，但它固碳的能力要强得多。

最大的区别在于，不像陆地上的森林，红树植物的树根和土壤不断被潮水冲刷，红树所释放的碳会进入海洋，而非空气。红树将碳元素以大分子的形式（如碳酸盐）排入海洋，如此一来，碳元素就不会轻易分解出来。这种形态的碳元素是真的被锁定并保存在大海中，而不会立即以二氧化碳的形式回到大气中。沿海的红树林，和苏达班群岛上的其他红树林一样，以这种方式固碳的能力非常强，因此，尽管它们只占地球

第五章 失控的火车

表面的 0.1%，但它们贡献了 10% 的海洋溶解碳。[5] 海洋是世界上最好的碳库（carbon bank），但随着温室效应使海水温度升高，海洋也开始向空气中释放碳元素。这就又将我们带回了温室效应那列失控的火车上。

有两个关键事实，我们才刚刚开始理解。其一是在储存碳元素方面，红树林扮演的极其强大的角色。直到 2011 年，一个国际研究小组发现红树林的储碳量是其他森林的四倍，人们才了解了整件事情。[6] 首席研究员还解释道："当我们计算出红树林被彻底移除会释放多少碳元素的时候，大家都震惊不已。"砍伐红树林会让全球的情况恶化，甚至可能造成灾难性的后果。研究员们推测，红树林的迅速减少会打断碳元素从陆地转移并储存入海洋的循环。如果事情真的发生，那么世界可能会快速地达到一个临界点（tipping point），温室气体的剧增会导致气温升高，带来极为严重且永久性的洪灾，让数百万人无家可归，造成史无前例的物种灭亡。要避免这种最糟糕的局面，我们就要理解第二个重要事实——奴役活动在森林的滥伐中扮演了多么重要的角色。

大型热带雨林遭受的破坏是几十年来环境保护运动关注的焦点。"拯救亚马孙！"若不是这件事仍然至关重要，这个口号恐怕会变成一句陈词滥调。在过去的 40 年里，公众对环境议题以及这些议题之本质的理解在不断加深，并且不断变化。30 年前，导致森林滥伐的主要原因是掌握着伐木合法权利的商业利益。北美洲就是如此——在北美洲，皆伐曾经是完全合法的——还有非洲、亚洲和南美洲的政府，它们将伐木区域租借出去，将伐木权拱手让人，尽管其中往往有徇私和贿赂的因素。随着环境保护运动兴起，环保主义者开始想方设法改变那些允许破坏森林的律法。

最终，合法的森林滥伐的速度大大降低了。联合国每两年会公布一份记录世界森林情况的报告。在 2009 年和 2011 年的报告中，联合国表达了对非法伐木现象增多的特别担忧。在巴西、刚果和其他国家，大片森林地带如今都处于政府的保护之下了。这些地带可能不会被永久地划为保护区，但它们已经受到控制，因此会一直得到管理。至少政府意下如此。然而，取而代之发生的是相似破坏的延续，只不过这些破坏是由奴隶劳工所完成的。

20 世纪 90 年代末，我在巴西的南马托格罗索州（Mato Grosso do Sul）的炭厂调查奴役情况。彼时，我以为我所见到的奴役活动导致的森林滥伐是独特的现象。当时我这样描述那里的场景："在二三十年间，南马托格罗索州仅仅三个县就有将近 100 万英亩的土地上的森林被伐尽（'马托格罗索'本意是'密林'），人们在这些土地上种满了桉树［为了给一个毫无价值的政府纸厂供应原料，然而这个纸厂始终没有建成］。这里的原始森林不是亚马孙盆地里那种大型雨林，而是比较低矮、复杂的热带高草草原，或是南美中部高原的灌木丛林。这些森林的破坏是人类对巴西这部分地区造成的第一个重要影响。这里曾经是，现在也仍旧是'文明'的边缘、边疆。

"旧有的规则和生活方式在这里土崩瓦解，但奴役活动又让这里繁荣了起来。环境破坏给在这个环境中生活、工作的人们带来了混乱。巴西境内的许多奴役活动就是在这种社会混乱中出现的。想想吧，大洪灾或地震可能会破坏卫生设施并传播疾病。哪怕在最现代的国家，如果自然或人为灾难摧毁了一个城市的水利和排污系统，致命的疾病，比如痢疾或霍乱，就会侵入并感染人群。同样，环境破坏和经济浩劫也可能导致一个现存社会的崩溃，奴役这种'疾病'就会在废墟中滋生。

"但破坏从来都不是稳定的，没有一个地方或一个民族会永久地陷于混乱之中。经济浩劫像浪潮一样席卷了巴西。浪潮袭来之前是热带高草草原或亚马孙式的森林，在这之后是桉树种植园和新的养牛场，上面种着外来草种，将本地的原居动物全部驱逐，为城市的肉类市场供货。浪潮所及之处即是骚乱。原有森林和文明之间的空间是一个战场，在那里，旧规则都死了，新规则还未付诸执行。随着原生态体系和原住民被连根

第五章 失控的火车

拔起,流离失所的工人,甚至是城市失业者,都成了奴役活动轻易就可俘获的对象。

"这个边缘地带可能会被好几波开采的浪潮席卷,第一波会卷走原有的森林,第二波带来了外来植物的种植,在这些外来植物被砍伐后,第三波开采又会随之而来。在破坏浪潮的中心,法律消失了。一个人一旦被困于其中一波浪潮中,他就不再受到社会规范的保护。唯一的道路是一条与世隔绝的土路,它的尽头就是原有森林消失、新的破坏开始的地方。它是变化来临的第一个征兆,会随着浪潮不断向前扩张。身陷其中并被迫对森林进行破坏的人们在没有电、没有自来水、与外界失去所有联系的环境下生活。他们完全被他们的奴隶主控制了。当浪潮过去,奴役活动也随之向前推进。前方的土地还可以开采,后面的土地已成一片荒芜,而当所有土地都被开采殆尽后,奴隶们就会被抛弃。

"我们倾向于将环境破坏等同于一个巨大的推土机,它推平未开发的原始森林,碾压土地上的生命,铲除自然的一切,只为在土地上浇灌水泥。而事实上,环境破坏的过程更隐性,是在不知不觉中完成的。在我们最需要森林的时候,奴役活动却不断破坏着世界上的森林,但我们必须理解,其他靠奴隶支撑的企业也在加速全球气候变暖。诚然,单单是美国和中国所使用的能源就会产生比其他来源更多的温室气体,但奴隶工作的砖窑、制炭营地、矿山和工厂都在以可怕的速率向大气中排放二氧化碳和其他污染性气体。

"有时,当一片森林被破坏,一些有价值的东西会被拿走,还有些时候,那破坏是彻底的。在马托格罗索,两种情况都在发生。20世纪70年代,当人们清除热带高草草原,改种桉树时,就是简单粗暴地将土地上原有的树木砍下,堆成堆,烧掉。今天,当最后一波破坏的浪潮席卷马托格罗索时,他们还在烧草原和桉树,不过这一次,这些木材为他们换来了钱。木头被制成木炭,就像你在吃烧烤时月的那种。这是一种特别的木炭,因为它是由奴隶手工制作的。"[7]

20世纪90年代以降,越来越多的森林受到保护,合法伐木者越来越少,却有越来越多的非法奴隶主开始砍伐树木。我们在刚果东部就见过这种情况,武装组织在维龙加公园保护区大肆砍烧。我们在属于联合国教科文组织世界遗产保护区的苏达班红树林也见过这种情况。我们在世界各地都能看到这种劫掠不断上演。在整个非洲,奴工非法砍伐森林,同样的情况也发生在南美的赤道国家中——哥伦比亚、秘鲁、委内瑞拉、圭亚那、苏里南、法属圭亚那,直至中美洲的森林。在东南亚——缅甸、老挝、泰国、越南和马来西亚,非法砍伐和奴工使用也有完整的记录。在印度尼西亚和菲律宾,森林流失的速度是触目惊心的。不是每个伐木公司都使用奴隶,而且显然那些为了获得燃料而砍伐的穷人也不是奴隶主,但奴隶劳动导致的森林流失已然很严重,我们因而开始理解如果我们想要保护环境,抑制奴役活动为何如此重要。

不仅仅是赤道上环绕地球的茂密丛林正处于危险境地。在我写到这里时,我正看着两张摄于印度北方邦的照片。印度的北部距离赤道很远,和美国的佐治亚州处于同一纬度,在冬季极其寒冷,因为它位于喜马拉雅山脉边缘的高原上。第一张照片上是一个露天的采石场,男人、女人和孩子在用原始的锤子和铁棍敲打石头。在第二张照片上,这些奴工的奴隶主正站在采石场的最高处,他对着下方的荒地和奴隶扬起手臂(见第3页的照片)。当时,一位秘密的反奴役工作者骗他说出了他控制着多少土地。在这个奴隶主身后,土地贫瘠荒芜,只有零星的几棵矮小的树。在这个地区,这并不是一幅罕见的图景。这个村子的居民都身陷世袭的债务奴役中,三四岁的孩子就要在矿井中工作,残暴的奴隶主控制着所有人,他可以性侵妇女和女孩而免于法律的制裁。但所有这一切都发生在一个国家森林保护区内。唯一没有出现在图景中的是森林——它因为奴隶主的阴谋早已消失不见。

在我们最需要森林的时候,有人正利用奴隶制剥除地表上的森林。

第五章 失控的火车

但我们必须明白,其他使用奴工的企业也是温室效应的催化剂。毫无疑问,美国和中国的能源使用所产生的温室气体多于其他任何来源,但使用奴工的砖窑、炭窑、矿场和工厂也在以触目惊心的速度向大气中排放二氧化碳和其他污染物。

在地球的赤道带上,奴隶砍伐森林,将其填入炭窑,制成木炭。在非洲和亚洲,这种木炭作为烹饪和取暖的燃料销售。在巴西,这种木炭售往炼铁厂,后者支撑着钢铁工业。这些制炭营地的规模可能非常大,从太空中都能轻易看见:几百个原始土窑,每一个都日夜不休地工作,将最新送来的木材烧制成木炭。你只消花一点儿时间看看谷歌地图上的巴西西部地区,就能发现一座非常明显的制炭营地。[8] 从高空的视角,你可以看到一排陶土包裹的凸起物,那就是炭窑;炭窑的上方和四周永远都是浓烟滚滚,而营地周遭则是不断向外扩张的荒地,上面的树都已被砍伐殆尽。当四周的荒地范围太大,树必须从很远的距离运输过来,营地就会被移往森林的更深处,接着,皆伐就像转移的癌细胞一样,又在新的区域内开始。不是每一座制炭营地都使用奴隶劳工,但在南马托格罗索州,大约有 1/3 的营地是这样的。自那以后,非法营地的数量不断上升,通过和当地的反奴役工作者交谈,我了解到如今使用奴隶劳工的营地比例已经超过了半数。

和制炭相仿但远离森林的是另一个以奴隶劳动为基础的产业——制砖,这个产业也会产出大量有毒的温室气体。制砖是个又脏又累、简单重复的工作,但又极度有利可图。数千年来,奴隶一直在做这个工作。从人类历史之初,奴隶就被用于制砖了。《圣经》中的故事证明希伯来奴隶曾为他们的埃及主人制砖。公元前 2000 年的埃及墓室壁画就展示了奴隶们在砖窑中工作的场景。美国南北战争之后,几十万非裔美国人在劳力偿债制体系中成为奴隶,其中有许多就在砖窑做苦工。普利策奖获得者道格拉斯·布莱克蒙描述过佐治亚州亚特兰大市市长詹姆斯·W. 英格利希(James W. English,1881—1883 年在任)所拥有的一个类似的作坊:

"几批囚犯从布莱恩大街(Bryan Street)上人人厌恶的监狱被卖过来,用铲子和锄头在附近河岸上的矿洞里挖掘湿黏土,这些黏土之后会被运往工厂。在那儿,一组人会将已经在空气中固化的黏土灌进几万个矩形磨具。一旦黏土干了,24名劳工会将这些半成品砖块飞快地背运到当时的12个大型烧煤砖窑(也被称为'砖堆'[clamps])中的一个去——英格利希手下的监工詹姆斯·T. 凯西上尉(Capt. James T. Casey)几乎一刻不停地用鞭子抽打他们。在每个砖窑中,都会有一个工人站在一个桶上,忍受着火堆散发出的可怕热气,使出全身力气不断将砖块掷往10英尺高的窑炉的顶部。"这个作坊的规模十分惊人:在1907年5月之前的12个月里,这些奴隶生产了将近3300万块砖,而詹姆斯·W. 英格利希市长也将相当于今日190万美金的利润收入囊中。[9]

今天,奴隶还在制砖。在巴基斯坦、印度、尼泊尔等亚洲国家的广袤地域上,非法砖窑还在使用奴隶,并造成严重的污染。《圣经》中描述的制砖古法或是1907年在亚特兰大采用的制砖方法如今仍在沿用。被奴役的男人、女人和儿童挖泥、灌模、制成干燥成形的砖块,然后将它们摞在砖窑中烧制、硬化。然而,亚洲的砖块生产链改良了19世纪在亚特兰大使用的10英尺高的桶状窑炉,降低了其高度。我在巴基斯坦待了数周,研究制砖业的奴役活动,我发现那里的砖窑有10—15英尺高,中空,椭圆形,和一个足球场的大小及形状相仿。椭圆的造形使炉火不灭,使其日夜不间断地工作。在炉火前,奴隶们迅速地堆放等待烧制的砖块,在炉火后,另一些奴隶将硬化的砖块取出,装上手推车,等待售卖。在这两组人之间有更多的奴隶——一般是儿童——在向窑炉中添加燃料,他们必须爬上窑顶或站在砖窑周围,在温度最高的地方进行这项工作。这里的空气温度高于54℃,包括儿童在内的工人们穿着厚木底凉鞋来抵挡砖窑的热力。然而,尽管工人们穿着笨重的木屐,他们还是要轻轻地走路。个子小的儿童在这方面更有优势,因为有时候他们下方的砖窑里蹿出的火焰会使顶部的砖块塌坠。如果这种情况发生,站在上面的人很有可能

第五章 失控的火车

会掉下来。如果他们整个人都掉进了砖窑,那就没有生还的希望了:窑内的温度高于815℃,一旦掉进去就会被焚化。如果只有一条腿或一只脚踩进去,那可能还有救——取决于他们把腿抽出来的速度有多快。即便这样,他们的烧伤也会非常严重,可能改变他们的一生。

为了烧制砖块,每次要将砖窑维持在815℃数月之久,这就需要很多燃料。如果能买到,奴隶主们就会用煤炭,但煤炭的价格有时候很贵,甚至买不到,彼时他们就会烧他们能获得的任何东西。后果就是制造出有毒的浓雾和噩梦般的温室气体。这些奴隶运作的砖窑所使用的燃料中有两个关键组成部分:旧轮胎和用过的发动机油。一些北美工厂已经证明了,焚烧一个汽车轮胎而不造成严重的污染是可能的,但前提是你设置了高科技除尘器、过滤器、烟雾回收设备和颗粒吸附滤网。使用奴隶劳工的砖窑没有上述设备中的任何一样。因此,焚烧轮胎所产生的滚滚黑烟富含多环芳香烃——二噁英、苯、苯乙烯、苯酚——也含有重金属和丁二烯,这些化学物质就这样被排入大气。如果你对这些东西不熟悉,你只需要知道最关键的信息:它们会让你生病、致癌,一旦这些物质进入水或土壤中,就几乎不可能再被清除。当你焚烧一个轮胎的时候,除了烟雾,还会有大约两加仑的油融化并流入土壤和地下水,这些油也富含上述有毒物质的混合物。美国正式地将焚烧轮胎划分为环境危机,轮胎焚烧点会释放太多有毒有害物质,甚至达到"超级基金"(Superfund)① 清洗的级别。所有这些有毒物质是除了二氧化碳和其他温室气体以外的产出物——毕竟,在排放温室气体的问题上,一只轮胎和浓缩化石燃料相比,只是小巫见大巫。

要想让一捆轮胎真正燃烧起来,你需要将木块堆放在它周围,然后浇上废机油。废机油能进一步维持砖窑内部的高温和火焰蔓延的速度。

---

① 1980年,美国国会通过了《环境应对、赔偿和责任综合法案》(CERCLA),该法案批准设立污染场地管理与修复基金,即"超级基金"(Superfund)。

你经常可以看到一些孩子坐在砖窑的顶部，将稠厚的黑油往下面那个冒火的坑洞里倒。废机油的问题在于它含有发动机磨损和燃烧所产生的副产品。焚烧废机油时，有毒金属，诸如钡、铅、铬、镍、镉和锌，还有二噁英、多氯联苯和苯等化学物质，都会进入大气，污染环境，危害人类。这些都是可怕的物质。举例来说，镉会引起肾癌，根据美国环境保护署（US Environmental Protection Agency）的说法，空气中的镉含量是不存在安全级别的，只要含镉就不安全。那么又一次，除了大量的温室气体，燃烧机油还给你带来了致命的"化学鸡尾酒"。

在巴基斯坦、印度和尼泊尔的制砖地带，砖窑每年两"季"、每天24小时地运转，一季大约持续四到五个月。巴基斯坦约有7000座砖窑。在烧砖季，每当窑炉里的火生起来，每座砖窑能生产50万—200万块砖。这意味着巴基斯坦制砖业的年均生产总量在650亿块左右。每一块砖都由当地受奴役或专门给砖坯制模的临时工家庭手工塑形。每个砖窑有13—35个家庭为之工作，在所有的砖窑中，有15万—20万家庭在工作。尽管巴基斯坦每个家庭的平均人数有5.3人，而且孩子往往会和父母一起工作，但在这个国家，全部劳动力也不过75万人。在印度，砖窑和工人的数量至少也有这个数，甚至更多；尼泊尔则会比巴基斯坦少一些。这些事实暗示着，在南亚的制砖地带，可能有约2万座这样的超污染（hyper-polluting）砖窑。在亚洲的其他地区、非洲和南美洲，还有更多这样的砖窑，但还是那句话，没人能确定究竟有多少。

但我们还是有理由发问：如果眼下的这些奴隶被释放了，这些砖窑还会不会迎来新的免费工人，继续运营并造成污染？简言之，不会。如果你使用奴隶劳工，你可以通过焚烧千年古木来制砖以盈利，但如果你必须向工人付酬，就不会继续运营。小规模、高效率、机械操作的砖块制模作坊和砖窑经营起来很容易，而且营利性比使用奴隶劳工的制砖生产线要高得多。然而，奴隶主们觉得如果用了奴隶，就没必要投资新机器。因此我要再强调一遍——停止奴役活动，这样污染和二氧化碳排放都会

第五章 失控的火车

大幅减少。

由于在所有国家奴役活动都是违法的，因此我们无法精准地确认各类不同的工种中有多少奴隶。除此以外，使用奴隶的犯罪分子非常狡猾，总能在剥削那些受他们控制的平民时找到新的隐藏之法。然而，尽管很难测量奴役活动导致的温室气体总量，但去估计这个数值是可能的。

让我们从滥伐森林开始算起。2009年金融危机重新抬头，在之后的2010年和2011年，二氧化碳排放量不断升高。2010年，二氧化碳排放量增长了将近8%，全球的碳排放总量达到了331.6亿吨。由于石油、煤炭和天然气的消耗量飙升，中国的温室气体排放量达到83.3亿吨。然而与此同时，全球滥伐森林所导致的碳排放甚至比中国的温室气体排放量更大，高达107亿吨左右。这样的增长量触目惊心，但2011年公布的一项研究又减轻了人们的惊慌。研究发现，现有的和新成长的热带森林可以吸收将近150亿吨二氧化碳——差不多是全球二氧化碳总排放量的一半。[10]这里我们做了很多加减法，但最后的结果是这样的：尽管滥伐森林是将近1/3排入大气的温室气体的来源，但剩下仍然存活的森林可以吸收大气中一半的温室气体。换言之，如果我们停止滥伐森林并重新植树造林，我们就有机会把我们每年排入大气的温室气体尽数消除。想到这一点，意味着你来到了救赎的边缘，即能量平衡——如果地球上被消除的二氧化碳比被制造出来的多，那么温室效应就会减缓甚或停止。这的确是一种苛求，但如若我们想要达到这种救赎的程度，那么当务之急是理解奴役活动对环境产生的影响。做出理解之所以重要，有四个不同却相互关联的原因。

第一个原因是，像"联合国降低由森林滥伐和森林衰退引起的气体排放合作方案"（UN-REDD program）这类倡议，需要各国政府签署并实行关于林业政策的协议。这些协议通常可以减少开放砍伐的森林面积，控制可以被砍伐的树木品种，并且要求可持续的实践活动和补种

（replanting）。问题是，违法的奴隶主并不会理会国际协议。国际条约对他们而言毫无意义，政府颁布的政策也很少包含必须执行反奴役活动的法规，也少有保护森林保护区免遭犯罪威胁的条例。如此一来，滥伐森林还会继续。

第二，新的协议很少涉及现有的保护区，比如联合国教科文组织世界遗产保护区。毕竟，他们为什么要这么做？这些森林不是已经受到保护了吗？但我们已经知道了这个问题的答案——奴役活动在自然保护区愈演愈烈，正是因为那些地方是保护区。在那里，奴隶主不用与商业伐木队竞争，除了几个护林员，也没有执法力量管控他们。拥有巨大古木和珍贵热带硬木的保护森林，是进行"打砸抢"式砍伐和焚烧的绝佳地点。如果有足够的战略情报和执法力量，就能保证这类自然保护区的安全——但当前的情况并非如此，滥伐森林的现象仍在继续。

第三，我们知道奴役活动和环境破坏在法治无法覆盖的地方愈演愈烈：在战区，在前线，在动乱的边界，以及当国家在内乱和民族冲突中崩溃的时候。国际协议无法延伸至战乱地区，地方民众关心的是他们的切身安全，而不是他们周遭的自然世界。违法的奴隶主深谙此道，并对其加以利用，掠夺这片土地，从中获取丰厚的利润，滥伐森林的现象因而继续存在。

因此，国际协议固然很重要，但它们无法触及最岌岌可危的森林——犯罪分子利用奴隶在这些森林里大肆砍伐。当然，如果奴役活动只是问题里的一小部分，那么将保护原始森林的重心放在制订协议上无可厚非，但事实并非如此。理解奴役活动之所以对减少温室气体和抑制温室效应很重要的第四个关键原因就是，奴隶劳工所造成的环境破坏规模之大。

矛盾的是，虽然对森林的保护随着环境协议而来，但这些保护措施却将森林置于来自违法奴隶主的更大威胁之中。在非洲、亚洲和南美洲，由于新法律和协议的出台，商业伐木队纷纷离开，犯罪分子乘虚而入。

要想准确地计算奴役活动在全球范围内造成的森林破坏是不可能的，但有清楚的证据显示它已渗透到世界各地，而且在不断扩张。在刚果，我们已经看到了暴力武装分子是如何奴役人民和掠夺森林的。对刚果的估测结果指出该国面临严重的森林流失，估计到2050年，刚果的森林终伐（forest clearance）将会导致344亿吨二氧化碳排入大气层，大约相当于过去60年英国的二氧化碳排放量。正如一个环境组织所言："伐木作业的基础建设对气候造成了巨大的影响，但这种影响并没有被计入全球的统计数据中。"[11]

那么，有多少伐木作业是非法的？又有多少是依赖奴隶劳工操作的？对此，仍然没有确切的全球性统计，但如果你想深究，你会发现这样一些事实：世界银行估计，在玻利维亚和秘鲁有80%的伐木作业是非法的，在哥伦比亚有42%是非法的。与此同时，世界自然基金会（Worldwide Fund for Nature，简称WWF）在2002年进行的研究表明，在非洲，非法伐木作业的比例在50%（喀麦隆和赤道几内亚）到70%（加蓬）和80%（利比里亚）之间——在这些国家，伐木带来的收益还流入了内战的战场（这和刚果的情况相似）。最近的预测表明，印度尼西亚境内有88%的伐木作业在某种程度上是非法的，亚马孙河流域有80%的伐木作业违反了政府的监管。[12] 不论有用与否，我已经在上述九个国家中的五个国家里亲眼见过奴隶操作的非法伐木作业，或者与可靠的证人交谈过——这还不包括我在孟加拉国、加纳、印度和缅甸所见的奴隶伐木现象。

以上这些都暗示了该现象的普遍性，但仍然不能帮助我们准确估测奴役活动造成的森林毁坏规模。在这样的情况下，慎重和保守一些是正确的。即便非法伐木的比例在40%到将近90%之间，我还是假定并非所有非法砍伐作业都使用奴隶劳工，并且倾向于以较低的数字来做估测。我们就假定只有40%的森林毁坏是奴役活动造成的——这个比例比我在过去15年内研究过的任何一个国家的实际情况都要低。那么这个数字对于二氧化碳排放而言意味着什么呢？

要解答这个问题,我们必须确定每年森林毁坏会增加多少二氧化碳排放量,但对此目前并没有公认的计算结果。科学家们众说纷纭[13],认为森林破坏所排放出的二氧化碳量占总排放量的17%至20%[14]到25%[15]至"将近30%"[16]。我打算用20%来进行估测,因为这个数字得到了世界上更多科学研究机构的认可。那么,如果40%的森林毁坏是奴隶造成的,那么每年奴役活动导致的二氧化碳排放量就有25.4亿吨,这还不包括树木被砍伐时所丧失的储碳量。[17]这个温室气体的总量在2010年也比除了中国和美国(两个世界上最大的温室气体排放国)以外的所有国家的排放量都大。还可以换一种说法。如果奴役活动是一个国家,那么它的二氧化碳排放量就在这个星球上位居第三。但是,到此,我们还没有算完。

奴役活动也存在于其他产生温室气体的活动中,如制砖和烧炭。2009年,两位研究者分析了一组数据,结果显示巴基斯坦旁遮普地区的4000座砖窑每年排放52.544万吨二氧化碳。[18]如果我们以这个数据来计算制砖产业带上2万座砖窑的排放量,那么又会有260万吨二氧化碳是由奴隶劳工生产的。砖窑还要为其制造的烟雾负责,这种烟雾进一步加重了全球温室效应。你一定见过从砖窑的烟囱中不断涌出的滚滚浓烟。这种危害性尤强的烟雾叫作黑煤烟(black soot),有时又被称为"炭黑"(black carbon)。正如伊丽莎白·罗森塔尔(Elizabeth Rosenthal)在《纽约时报》上解释的:"尽管二氧化碳可能是导致全球气温升高的首要因素,但科学家认为炭黑已经逐渐成为第二大影响要素了;近期的研究估计炭黑在导致全球气候变暖的因素中占18%,而二氧化碳占40%。"[19]降低炭黑排放的最重要途径是让发展中国家的家庭使用更高效的炉具进行烹饪和取暖,然而从砖窑和炭窑释放出的黑色浓烟也是亟须解决的重大问题。不过,制炭业里还有一些曲折的故事。

关于制炭的一桩怪事是,这基本上是一个让碳变得更便携的过程。当你燃烧木材制炭时,你不会将它所含的所有能量或二氧化碳释放进大气。木材燃料中大约52%的碳转化成了炭(这部分之后可以被继续燃烧),

约有25%的碳变成二氧化碳进入空气。[20]炭可以保留碳元素，且可以被储存甚至掩埋——这个事实让一些科学家和环境保护者看到了炭作为储存并从大气层中清除巨量碳元素的可能性。这些科学家将重点放在一种特别的炭上，这种炭通常被称为"生物炭"（biochar），来自生物质（如植物根茎、木屑和麦秸秆、动物粪便、动物骨头等）而非实木。生物炭可以储存碳元素长达数百年甚至数千年。将其耕入农田中可以使土壤更肥沃，也是储存碳元素的绝好途径。[21]生物炭似乎具有重要的潜能，但目前量产生物炭并没有得到广泛的支持，为了生产用于烹饪的旧式木炭而对森林进行滥伐的现象仍然没有得到控制。所以，眼下，奴役活动导致的森林毁坏，加上使用奴隶劳工的肮脏产业（如制砖业和制炭业）似乎都导致了温室气体的产生和温室效应的加剧。

如果终止奴役活动也可以抑制威胁着我们后代生命的温室效应，难道不是一件美好之事吗？毕竟，我们知道奴役活动是有可能被终结的。[22]今日全世界的3500万奴隶只是以往全球被奴役的所有人口中极小的一部分，而奴隶生产线上每年1500亿美元的生产额也只占古往今来奴隶制所代表的全球经济中极小的比例。在所有国家奴役活动都是非法的，也被所有宗教和政治组织抵制。它被推到了我们全球社会的边缘地带，它隐藏在那里，伤害着穷人和弱者。我们知道要终结奴役活动需要付出多少时间和金钱——在20—30年里需要花110亿美元左右。值得一提的是，在全球经济体中，110亿只是个小数目（chicken feed）。事实上，这比单单英国一个国家在同样的时间里真正压在鸡饲料上的花费还要少。[23]110亿美元，也是世界银行称因为非法砍伐，全球市场每年会损失的数目。[24]就像天花一样，只要投入承诺和资源，奴役活动也可以被根除——可以把几百万的奴役人数减少到个别单独的案例。

我们也知道，将人们从奴役状态中解放出来，让他们有机会为自己的家族工作并建立更好的生活，这样会立刻促进经济发展。"自由红利"

（freedom dividend）会带来更好的医疗保健条件，更多的教育机会，以及对环境更大的尊重。当解放和自由降临我在前文描述过的印度那个被奴役于采石场的村庄，村民们首先要进行的计划之一就是重新种植村庄周围的森林。被奴役的人们很清楚他们被迫在摧毁环境。他们不喜欢这么做，他们不想在砖窑和制炭营里破坏森林、污染空气，也不想因为采矿而破坏大地。如果有机会，他们想过不破坏生态平衡的、完整的生活，他们会尽力保护环境，使自己的梦想成真。

回到二氧化碳制造和收集的话题上，我们可以得出这样的结论：努力制止使用奴隶劳工的非法伐木作业会让全球的二氧化碳排放量从318亿吨降低至刚刚超过290亿吨。在这个过程中，森林（尤其是那些红树林）的大气层清理效果得到了提升，全球二氧化碳排放量又会降低至280亿吨多一点儿。[25] 接着，减去从砖窑和制炭营流出的碳，便会得到270亿吨左右的排放量。这里有一个关键因素：根据2011年的一个研究，"全球的森林对大气中二氧化碳的'净效果'（net effect）相当于每年清除11亿吨二氧化碳"。[26] 森林吸收的二氧化碳量仍然大于毁林所释放的二氧化碳量，但每倒下一棵树，我们就离临界点更近一步；等到这么多森林都消失的那一天，自然清理效果也就不复存在了。与此同时，每种植一棵树，就多一个"清理者"来拯救我们的地球。让被解放的奴隶深入参与对森林的再造工程，二氧化碳水平会降低得更快。终止奴役活动不能彻底消除温室效应，但根据以上这些数据，它可以让我们在减缓温室效应的路上步入正轨。

事实是，我们已经知道如何消除温室效应，我们也知道如何让大气中的碳浓度降回350百万分率。它需要我们所有人用实际行动来参与：使用节能环保灯泡，拒绝使用化石燃料，回收废品，少吃肉，不要再抱持"只有拥有一座精美豪宅才算得上拥有完整的人生"这样的想法。[27] 但是问题来了：那些奴役平民的犯罪分子并不在乎这些。他们不在乎温室效应，不在乎人民的疾苦，不在乎法律或环境保护协议。他们的勾当不只是隐藏的巨大污染源，而且是所有人都一致认为应该立即取缔的恶事——没有商榷的余地,禁止一切碳排放交易。不论根据世界上哪个国家的法律,他们都是罪犯。对于奴隶工业,不应该有任何特殊辩护。取缔奴隶进行的伐木、制砖或制炭生产线不会影响我们的生活方式或经济。这样做只会将平民从奴役中解救出来,并减缓全球气候变暖的速度。这是一个经典的双赢局面。

生活中总有一些难解的谜团,但如何终结奴役活动,如何抑制温室效应并不是那么神秘。一方面,奴役活动和温室效应之间的联系让我们找到了终结二者的方法。但它也引发了另一个问题:谁来做这件事?什么样的工作者会承担这项工作,并且能亲自到达奴役活动和环境破坏真正发生的地方?为了解决我们购买的孟加拉产鱼虾(或任何其他的产品)的生产链上的奴役问题,也为了解决这个问题对温室效应带去的影响,我们需要的不仅仅是在超市里做出的一个知情选择(informed choice)。

诚然,解决这些相互关联的问题应该依靠执法部门,因为奴役活动和环境破坏都是违法行为。但由于种种原因,孟加拉国警方无法胜任此项任务。如果我们面临的是当地的违法行为,如乱扔垃圾,它只影响当地居民,我们可能可以说:"好吧,如果他们不愿意处理这件事,那是他们的问题。"但我们不能这样说,因为这是奴役活动,这是非法环境破坏——这些是反人性、反生态的犯罪活动。我们不能以任何理由在任何地方纵容这些事情发生。的确,在孟加拉国有不少组织正在对抗奴役活动和环境破坏,但他们事事都受到阻挠,这种阻力既来自鱼虾养殖产业,也来自他们自己政府里的腐败分子。我们唯一可以为渔民营地里被奴役的儿童做的事,是帮助和支持每一个在孟加拉国努力对抗、干涉这些犯罪活动的人。

我是从自己的经验中明白这些的。几年前,一位非常勇敢的孟加拉国摄影师深入这个国家最大的有海鱼加工营地的岛屿之一,在岛上工作的都是被奴役的儿童。[28] 他一路"招摇撞骗",蒙混向前,拍下了非常震人心魄的照片。在他的照片上,幼小的儿童吃力地爬到高高的晒鱼架上,一个监工在下面抽打着他们的腿和背。回到沿海城市,他带着照片找到了官方机关。后者做出的回应是用拘捕和暴力威胁他。这些地方警察非常腐败,一直在接受奴隶主的贿赂。于是他又去了首都,上访政府的更高层,走访本应维护人权的部门,但他又一次受到恐吓。为了自身安全,他离开了这个国家,带着他的摄影作品来到了美国。

我在美国中西部的一所大学见到了这个勇敢的男人,他的妻子当时正在那所大学学习。我们见面之后不久,他就问我是否可以给我看一些照片。那些影像令人惊骇又心碎。这位摄影师和他的妻子对收到的恐吓感到惧怕,不知如何继续采取行动营救这些儿童。我被自己眼前的影像所震慑,但我想到了一件我们可能可以做的事。

我带着这些照片去见了外交大使约翰·米勒(John Miller),时任美国国务院监督和打击人口贩卖部部长。米勒承诺尽他所能解决此事,这给了我希望,因为他是一个信守承诺、具有道德使命感的男人。在政府的最高层,一次无声但坚定的推进开始了。美国政府召来了许多大使和部长,派遣他们采取行动。最终,孟加拉国军队中的一支独立的部队在他们自己的高层政客的命令下,袭击了那座岛屿,解放了数百名儿童。这是一个可喜的结果——真的是吗?大部分儿童从这座岛被带往一座沿海城市,然后就被遗弃在那儿,离他们大多数人的家都很远。今天,反奴役运动家们告诉我,这座岛屿又重操旧业,奴隶工厂的数量和规模已经扩张了。我为撰写这本书而采访过的一些儿童就被奴役在那座岛上。

腐败是奴役活动的最大支柱,所以我们要如何打破这个恶性循环呢?答案是通过孟加拉人自己长期、谨慎的工作,再加上我们可以召集来的所有支持和帮助。至少有一点可以肯定:我们不是非得根除所有的腐败才能将儿童从奴役中解救出来,只要有正直的执法人员和愿意冒着生命危险去解救他人的地方组织,就可以做到。我们的工作是以他们需要的方式为他们提供支持,是不断向孟加拉国政府施压使其执行法律、解雇和逮捕贪腐官员以及守护珍贵的红树林,它们既保护孟加拉国不受洪灾侵袭，也保护着我们所有人不被温室效应吞噬。

奥巴马在任期间的大部分时间中，美国大使路易斯·C. 德巴卡（Luis C. deBaca）领导着国务院的监督和打击人口贩卖部——美国政府对抗现代奴隶制的最重要部门。德巴卡了解鱼虾业内的奴役活动及其在孟加拉国的运作。美国国务院支持的研究发现，美国进口的大部分食用虾都来自类似于我在库尔纳市发现的那种加工厂，甚或来自更恶劣的环境，比如杜布拉恰岛上使用童工的渔民营地。在海上，情况同样糟糕。"尸体常常会被冲上马来西亚、泰国和柬埔寨的海岸，这些人是从船上被丢下来的，"德巴卡如此形容那片地区的渔船上的奴役情况，"往往是因为他们要求一份合理的工资，或是与老板顶嘴，或是希望回到岸上。"29 对鱼虾的需求使这个充满恶臭的、奴隶支撑的产业在孟加拉国以外的地区扩张，迅速遍及东南亚。

这是一个向全球市场提供供给的产业，它延伸至我们的超市，在这个过程中，还重重打击了美国的捕虾人。保罗·威利斯（Paul Willis）是一位独立商人，在美国新奥尔良外的海域捕虾为业。他热爱自己的工作，但他觉得他无法与奴工竞争。"我们非常想以这份工作为生，"他解释道，"但因为这些外国公司使用廉价劳动力、奴隶劳工——随你怎么叫它——我们根本不是对手，我们无法与之匹敌。"虾类在夜间更活跃，会靠近水面，威利斯还记得有一个晚上，路易斯安那州海岸边停靠了 300 艘捕虾船。自从廉价亚洲虾出现，他说："你今晚只会看到八艘船，这就是这个行业的现状。"像威利斯这样的捕虾人面临着致命的三重打击。尽管许多捕虾船在卡崔娜飓风中被摧毁，但很多渔灵活了下来，其中一些幸存者也挨过了 2010 年 4 月开始的深水地平线石油泄漏事故①。但当成本

---

① "深水地平线"（Deepwater Horizon）是位于墨西哥湾的钻井平台。该平台于当地时间 2010 年 4 月 20 日晚 10 点左右起火爆炸，造成 7 人重伤、至少 11 人失踪。爆炸事故造成的原油泄漏形成的污染带遍布墨西哥湾，长达 80 英里。

低廉的、由奴隶生产加工的虾将市场价格压至谷底时，美国的捕虾人不得不亏本出售他们捕获的虾。这就是经济自杀。当然，这与公平贸易和自由贸易制度无关：我们有明确的法律禁止进口奴隶生产的货物。资本主义的主旨就是自由市场内的竞争——奴役与自由相悖，不论从生命的层面上还是从市场的层面上说都是如此。

德巴卡大使是最先理解我们购买的商品所涉及的奴役活动与温室效应问题之间的关联的人之一。正如他所说的，"我们如今总是在谈论碳排放量，也确实应当如此。我们会问：'我做的什么决定会加剧温室效应？'我认为是时候问下一个问题了：'今天做的什么决定会导致他人被奴役？'"他承认这是一件艰难的事，即便身处他的职位，即政府中的废奴运动领导者："即便是我，身处这样一个职位，我也不能向你保证我和奴役活动一点儿也不沾边。"但德巴卡提出的这两个问题是密不可分的，这既是我们的挑战，也是我们的机会。我们做出的决定如果会导致他人被奴役，那么也会加剧环境破坏和温室效应。我们在生活中的选择如果加剧了温室效应，那么我们也会成为奴隶主的帮凶。但我们可以做出其他选择——我们可以选择生命和自由。

温室效应、环境破坏和鱼虾产业的概貌和尚卡尔（Shankar）的世界之间的距离可谓咫尺天涯。他是另一个被招去苏达班保护区里的杜布拉恰岛工作的孩子，但他比舒密尔（我们在前一章认识的男孩）小得多。尚卡尔只有12岁，体重不超过55磅。你会怀疑他所有的营养是不是都用来长那双赤褐色的大眼睛和漂亮的长睫毛了。你不太会注意到他歪歪扭扭的黄牙和干裂的嘴唇。更引人注目的是他持续的轻微痉挛，仿佛一直在忍受什么。我想知道他会不会觉得冷——那是一个阴冷的早晨，他只穿着一件松松垮垮的棉质衬衣和一条棉质长裤，绿色的衬衣上印着白色的小花。他浓密的黑发剪得短短的，露出一对宽大的耳朵——但还是他那双眼睛更惹人注目，因为它们漂亮，也因为他瞳眸中那诡异的黑色，

第五章 失控的火车

仿佛洞察一切又一无所见。

"招我做工的那个男人,"尚卡尔解释道,"没有告诉我们工作有多艰难,但实际上真的很苦。我们一上岛,刺鼻的气味就扑面而来,我永远不会忘记那个味道。接着那个男人说:'你们要清洗、晾晒和打包这些鱼,如果你们不工作,哼,我们就会生气。'所以渔船靠岸的时候,我就跟着其他男孩一起过去,我们蹚水过去,再把一筐筐鱼搬回营地。筐子很重,但你必须搬,如果我搬不动或者把它弄掉了,我就得挨打。我会看着海面,因为我知道什么时候潮起,那时候渔船就会带着鱼回来。

"在渔民营地的中心,有一大片用来洗鱼的空地,我就要把鱼筐背去那儿,然后把里面的鱼倒在铺着的棕榈叶上。所有人先把他们的鱼倒在这儿,然后开始分拣。相同种类的鱼必须被分拣至一堆。我们从鱼的嘴部把它们串在一起(刀鱼除外),然后我们再把它们的尾巴固定在一起。等鱼都系在一起了,就可以把它们挂到晒鱼架上去风干了。对于有些鱼,你得在鱼身上划两刀,这样它干得更快。还有一些鱼比较大,你得切开,这样才挂得上架子。鱼的种类非常多,但最麻烦的品种是鲨鱼。对我来说,切割和清洗鲨鱼是最难的,因为它们太大了,你必须把它们的肚子划开,清洗里面。鲨鱼很重,你必须纵向切割,才有可能把它们晒干。

"你在切鱼的时候,也会切到自己。这种事经常发生。和我一起在那儿工作的大概还有十五或二十个男孩。有些和我一样年纪很小,有些十五六岁,有些年纪甚至更小,可能只有八岁或十岁。一船鱼刚刚处理完,另一船鱼又来了。如果下一船鱼没有来,我就会坐在那儿,但我们还得用这些时间来做饭、补渔网或者把鱼干从架子上收下来,打包进大麻袋里。

"如果没有鱼需要清洗了,我们就可以睡一会儿,但两船鱼之间的时间间隔可能只有一小时。由于没法睡觉,我一直处于昏昏沉沉的状态。有时候,我在切鱼时就会开始打瞌睡,然后老板就会打我。对了,有个拿着棍子的监工一直监视着我们。监工是个高大的男人,很胖。他会大吼大叫或是打我。如果我工作得非常卖力,他会很满意,但一旦我松懈下来,他就会对我破口大骂——他叫我'狗娘养的',或者'猪猡',还有更难听的。他骂我的时候我真的很难受。

"只要我累了,他就会打我,基本上每天都打吧。有时候我会生病,比如发烧,其他男孩也会。岛上有个卖药的,但不给钱就没有药,所以我们从来没有吃到过药。有个男孩严重腹泻,然后死了。还有头痛,我有非常严重的头痛,可能是因为我一直用头顶着鱼筐来搬运。但这还不是最可怕的,最可怕的东西是老虎。

"岛上有老虎,它们就住在营地附近的森林里。晚上我们能听见老虎的声音。你从很远的地方就能听见它们的咆哮声。我们从来不知道它们究竟离我们有多近。有一天一个男孩被派去营地旁的森林里捡烧饭用的柴火,一只老虎把他抓走了,几天之后我们找到了他,他已经被吃得所剩无几。这是最可怕的一件事。"

说完这件事,尚卡尔突然停止了讲述。他的双眼变得空洞,盯着远方的某处。我保持沉默,想要想象一个孩子发现自己的朋友残破不全的尸体,知道老虎就在附近潜行觅食,在夜里听到这些野兽的声音,这一切是一种什么样的感受。片刻之后尚卡尔回过神来。我换了个话题,问他现在在做什么。

"嗯,我逃出来之后[他躲在一艘船里逃了出去],就回到这里,开始和我父亲一起捕蟹。我很庆幸回来了,也喜欢在这儿工作。这是当然了,因为这里是我的家。我不想再去上学了,我想工作,想和我爸爸一起在他的船上工作。前段时间我妈妈因为难产去世了,就在我去那个岛上的时候,所以一切都很艰难。但我现在只想留在这里。"尚卡尔又停顿了一下,一阵情绪从脸上略过,接着他抬头看着我,轻声说,"还有很多孩子在那里……"

第六章
金戒指

随着黄金的需求量和价格不断增长，我们对黄金的非理性情感也像瘟疫一样扩散开来。毕竟，这是一种人类生存不太需要的矿物。它没有太多的使用价值，可以轻易被其他材质取代。它的吸引力也浮于表面：阳光般的温暖颜色和不会锈蚀或淡褪的光泽。这种光泽使其成为制作饰品的理想材料，尤其是因为它具有高延展性，要将它塑形、切割、制成戒指或项链或薄片很容易。我们希望戒指所拥有的稳定性和耐久性也让黄金成为一种理想货币。当然了，时至今天，世界的黄金产量早已无法支撑全球经济体中的价值和变量——正如约翰·梅纳德·凯恩斯（John Maynard Keynes）所说，黄金不过是"野蛮的遗迹"[1]。与此同时，2009年之后，和在过去的通货膨胀时期一样，各国经济体的混乱局势让许多人又重新回到这片"遗迹"中寻求稳定性。无论何时，只要经济陷入不稳定，黄金就又能主宰天下。

混乱、战争、民族冲突、经济崩溃和腐败都会通过破坏支持纸币的政府而造成纸币的贬值。每个危机都会增加人们对于拥有（或人们认为拥有）内在价值的实物的依赖：食物、工具、燃料、黄金和奴隶。黄金和奴隶之间长久以来都存在着历史联系，这并不是巧合。使奴役活动爆发的毁灭性力量，比如战争和民族冲突，同样也让对黄金的需求量越来越大。如果黄金本身就是由奴隶开采的，那么贪婪、苦难和利益就像一台永动机一样开始运转了。今天，这台永动机在加纳运行着，来自欧洲、印度和北美的需求不断向它添加燃料。来自欧洲和北美不受管控的投机买卖所导致的经济崩溃催生了一个狂热而动荡的全球经济体,在其中,黄金和奴隶为金融安全提供了坚实的基础。

我的指尖就有黄金。这样说听上去好像我很有钱,但其实你的指尖也肯定有黄金,可能就在你的手机里或笔记本电脑的键盘下面,或是你戴着的戒指,或是你牙齿里镶嵌的那一点点金。珠宝黄金、牙科用金、电子产品用金,它们都是一样的:超级稳定,不会生锈,延展性强。你的牙医、你的电脑或电话的制造商、你购买戒指的珠宝店,他们都倾向于向经销商购买黄金,经销商从批发商那里进货,批发商则从"黄金银行"(bullion bank)买入黄金。这些黄金银行并不是那种我们平时用于储蓄的银行,而是在全球的交易所进行买卖的私营企业。最大的交易空间是伦敦金银市场。这是那些大佬做买卖的地方,在这里,最小的交易量是1000盎司黄金。但黄金也是循环利用性极强的矿物,所以许多珠宝店或是牙齿填充剂公司都更有可能购入黄金碎片("scrap" gold),将其熔化后再利用。人们通常认为,供应链中几乎一半的黄金都是循环利用的。但事实果真如此吗?

在迪拜,还有另一个迅速成长的黄金银行,它充当着黄金市场的后门。《时代》杂志说,去迪拜旅游的人"一定要去令人目眩神迷的黄金市集(Souk,在阿拉伯语中的意思是'露天市场')逛逛"[2]。很显然,对野心勃勃的黄金走私者而言,去黄金市集观光也是"必须的",因为他们手上有很多冲突矿物等待出售。这个市集中有大约250个黄金商贩,其中许多人都愿意从黑市商贩(他们来自全球的战争地区)手中以九折的价格购买没有来源证明的黄金。一旦到了常居迪拜的黄金交易商手上,黄金就"干净"了,可以倒卖给熔炼厂或者直接售给珠宝制作公司。最大的熔炼公司之一——阿联酋黄金集团(Emirates Gold)每年加工450吨黄金。这家公司以"来自中东和印度的黄金碎片的主要熔炼公司"而闻名,但分析员认为这也是连接奴隶开采的矿区与我们的指尖的路径。[3] 每年新开采出的金矿,大部分来自中国、美国、加拿大、澳大利亚和秘鲁,在

第六章 金戒指

这些国家,大规模的工业采矿大行其道。但全世界的矿工的工作仍然艰难不堪——他们挥动锄头和铲子,或是从溪流中淘金。有一些矿工是"自由身",但更多的人是奴隶。

伊卜拉辛(Ibrahim)是一个肩负重担的矮小男人,走路的时候一瘸一拐的。他的脚受伤时没有处理,之后再也没有长好。他有一张浅褐色的面孔,五官端正,甚至可以称得上英俊,但他太瘦了,颧骨高高地凸起。他有一双深褐色近黑色的眼睛,但这双眼睛里似乎总有一层膜,消减了它们的神采。他疲劳而饥饿。他的手臂和额头上都是蚊虫叮咬的红疹。他身上的衣服已经褪色了,污迹斑斑,他脚上的塑料拖鞋破旧不堪。一种温暖的混合气味从伊卜拉辛身上散发出来,并不是臭味,而是肌肉与土地、老旧工具与灰尘的味道。他凭靠着自己的汗水为自己挣一口饭吃。或者毋宁说他的汗水还养活了别人,因为正如艾伯拉罕·林肯所言,奴隶主"一直在从他人脸上流下的汗水中榨取利益"[4],而伊卜拉辛就是一个奴隶。他的处境非常艰难,而对家人的担忧加重了他肩上的负担。他担心他的妻子、兄弟和孩子。他想要照顾、保护他们,即便是在对抗债务、压迫和极度疲惫时,他也感到无能为力。

已经是深夜了,我们坐在树荫下的一张桌子前聊天,这里是奥布阿西镇(Obuasi)的镇郊,地处加纳南部的金矿矿区。我点了一些简单的食物——软炸山药片,但伊卜拉辛只是低头吃他盘子里的东西,和陌生人在一起让他很紧张,他担心他告诉我的事情会使他的家人遭到报复和伤害。但即便如此,他仍然决定告诉我真相。

"我来自这个国家北部的一个小村子,靠近加纳与布基纳法索(Burkina Faso)的边界,"他说,"那里非常穷,土地贫瘠,雨水稀少,有来自撒哈拉的热风过境。那里人口很多,但工作机会不多。

"我六岁的时候,我父亲死了。我不知道他是怎么死的,为什么死。我母亲想要维持这个家庭,但太艰难了,我们没有足够的食物。然后,我九岁的时候,她也死了。她的身体越来越虚弱,然后就去世了。我的兄弟姐妹被送养到其他家庭,我不知道他们后来怎样了。我舅舅收养了我,他当时还没有结婚,所以就我们两个过。当时我已经上了两年学,但我母亲去世之后我不得不辍学开始工作。过了一阵子,我舅舅决定离开我们村子,南下打工,我就来到了这儿。"

伊卜拉辛和他舅舅循着关于南方金矿的传闻来到这里,以为这里有很多食物和好的工作。他们加入了一次规模巨大的迁徙——10年之间,加纳北部的人口锐减了1/3。伊卜拉辛和他舅舅来到了传言中的阿散蒂(Ashanti state)金矿,他们相信任何与黄金有关的工作都有丰厚的报酬。他们听说了关于在大矿业公司工作的美好故事:培训、设备、高薪,有时公司甚至提供住房。在需要的时候,甚至还有医疗服务。但伊卜拉辛和他舅舅抵达奥布阿西镇的矿场之后,根本找不到工作。要想被聘用,你得有文凭和推荐信,但他们只是移民潮中两个孤注一掷的北方人。矿业公司把他们赶走了。伊卜拉辛解释了接下去发生的事:

"我们已经没有钱了,而且在南方人生地不熟。我们没地方住,饥饿潦倒。我舅舅到处找工作,我们只想挣一点点钱,好让自己活下去。但就是没有工作。接着我们遇到了一个男人,他说可以在一个矿场为我们提供工作。他说那里有食物和很多活儿,我们挖的黄金越多,挣到的钱就越多。所以我舅舅就同意加入一个八人的工队。在我们进入矿区之前,那个男人给了我们一些钱,让我们买吃的。他要我们工作三个月,然后根据我们挖到的黄金的数量付我们工钱。

"我们在森林里走了好长的路才到矿场营地。我们抵达矿上的时候,意识到这不是一个大公司经营的合法矿场。他们让我们不要告诉任何人关于这个矿场的事,他们雇用了守卫以警告任何靠近这里的外人,也是为了防止我们逃走。那个营地很大,围绕一个很深的竖井矿向外扩张,有超过400人在矿井里工作。

"我舅舅成了八人工队的队长之一。一开始他们只是搬运工,从深井里将矿石扛到地面上,然后从一条小径把它们运到大路上。这是最低级的工种,你只能根据你搬运的矿石数量得到非常微薄的薪酬。接着,过了一段时间,我舅舅开始用锤子和凿子在岩壁上工作,这种工作更好一些,但也更危险。当时我还小,所以只能打打杂,尽可能挣一点儿钱。有时候我也会搬运矿石,递送工具,跑跑腿。别人差我干什么我就得干什么。

"我舅舅可以保护我,但也程度有限。他让我不用在岩壁上或深井里工作,但一切还是很艰难。我常常被打。一些工人会欺负我,有一个人用他的砍刀刀背打我的背部。我只要做错任何事,犯了任何错误,就会挨打。如果我睡过头了,会挨打,这时有发生。打我的人有时候是工队队长,有时候是队里的其他人,有时候是我自己的舅舅。情况糟透了,但我舅舅和工队的其他人都在他们必须工作的这三个月里竭尽全力地干活。他们想要尽可能地多挣点儿钱,寄回去给家人。

"三个月之后,那个把我们带进矿场的男人——我们发现他也是当地的黄金买家——来和我舅舅以及整个工队结账。我们期待收到工钱,但他说我们挣的还不够。他说,我们开采和搬运的金矿还不够抵扣他之前预付给我们买食物的钱,以及这三个月来我们在矿场的工具和食物花费。我们什么都没挣到!事实上,现在我们还欠下了更多的钱。那是一个大数目,他说我们必须连本带利还给他之后才能离开矿场。利率是50%。我们都震惊了,但老板没生气,他说他会帮助我们的,还叫我们不必担心。'你们很快就会走运,挖到贵金属矿的,'他说,'这样就能挣到钱还我了。与此同时,我会预付给你们一点儿钱,让你们能吃上饭,继续工作。'"

你可以说他们很倒霉,或者说这是诱饵调包的阴谋,或是诈骗,但债务陷阱是诱骗人们陷入奴役的最常见的方法。对奴隶主来说它有很多好处:无须绑架或暴力,奴隶有努力工作的动力,得到奴隶的成本非常非常低。只要用一点儿花言巧语的承诺和一些食物,就能让伊卜拉辛和他舅舅这样绝望的人在不知不觉中屈服于奴役。他们被奴役之后,债务陷阱有一个束缚他们的强大力量——诚实。奸诈者靠榨取诚实者为生。伊卜拉辛和他舅舅在处事中遵循的守信和诚实的准则被他人利用来对付他们。他们贫穷，但他们是正直、虔诚的人。他们有强烈的信念：他们必须还清债务，一个欠债不还的人就是小偷，是罪人。

那个黄金买家狡诈地利用了他们的这个基本信念，因为他只想用谎言拴住这些奴隶，时间越长越好。如果一个奴隶主急于或肆意使用暴力，工人们会意识到他们永远不可能还清债务，这样一来奴隶主就再也不能利用他们的自尊和诚实来操纵他们了。一旦证实了老板在说谎，他们遭受了欺骗，那么就会有另一套规则开始生效。出于这种原因，老板会不断地强调他们认知中的"公平办事"。老板告诉工人们，他们只要再努力一点点就可以，他本人也在尽力帮助他们。工人们陷入了一个困境，即他们认定相信老板可能可以得到工钱，但逃跑的话就一定一无所获。为了加强对工人的精神控制，奴隶主可能会选择偶尔真的付他们一点儿工钱，尽管都是已经拖欠很久，而且往往比最初承诺的标准低。可能可以得到工钱（哪怕只有一点点）的事实给了工人们希望，驱使他们继续工作，尤其因为离开这里就找不到其他工作，也没有钱，无法养家糊口，也无法返回故里。像伊卜拉辛和他舅舅这样的矿工不知道的重要真相是，一旦他们意识到自己的真实处境并想要逃离，暴力就会无情地降临在他们身上。

对伊卜拉辛而言，最初在矿场的几个月是通往新生活的道路。他告诉我："我们在那儿工作了整整三年，直到我12岁。我舅舅一直在努力让我适应所发生的一切。他告诉我，我需要变得坚强，如果我不坚强，那么他人会变本加厉地欺负我。我一直以为我舅舅把我带来南方会让我上学读书，但这件事从未发生。"

他们陷入了困境，但他们觉得那是他们自己的错。他们认为一定是自己在学习这份工作的时候还不够努力，或是这一次开采的矿石质量太低。即便他们一直没能还清债务，其中的一些人还是觉得自己很幸运，

第六章 金戒指

因为那个黄金买家愿意收留他们。不论如何,伊卜拉辛、他的舅舅以及其他工人都认为人应该信守承诺,还清债务,尽管被粗暴地对待,他们仍然觉得那个黄金买家是诚信之人。因此他们又开始工作了,比先前更卖力,更节约,直到每天只吃一顿饭。就在伊卜拉辛 10 岁生日之后不久,债务的虎口突然紧闭,他成了一个奴隶。没有什么仪式或明确的标记来宣告他失去了自由,但他被饥饿和疲惫裹挟,接受了自己债台高筑的"事实",知道反抗会招致暴力,这一切都证明了他已经被奴役吞噬。他并不知道,他和几个世纪以来其他无数人一样,在同样的地方沦为奴隶,这是因为黄金催生出贪婪,而贪婪催生出奴役。

至少 500 年来,加纳的大西洋沿岸地区都因财富和贪婪而备受折磨,因为这里有两种极其令人向往且有利可图的商品——黄金和奴隶,而且似乎是无限供应的。13 世纪 90 年代,葡萄牙商人就在买卖这两种商品,有时候从非洲的其他地区带来奴隶交换黄金,在这里出售奴隶的价钱比在欧洲更高。流通的黄金数量巨大,因此非洲这片地区的名声流传到了欧洲大陆,进入了新世界,它拥有了一个直到 20 世纪还在被使用的名字——黄金海岸。

欧洲人对黄金不知餍足的渴求让越来越多的非洲人离开农田,走上寻矿之路。一开始欧洲人对黄金的兴趣大于奴隶,但随着新世界对奴隶的需求不断增加,原本只在沿海地区进行的奴隶买卖扩张到了内陆以寻求更多的"货源",一个残酷的、极具破坏性的恶性循环开始了。[5] 沿海地区的部落酋长发现他们的黄金可以购买外国商品,包括武器,后者又扩大了他们的权力,使其能够深入乡村,捕捉更多的奴隶。有一个内陆族群,阿散蒂人,摒弃了他们传统的农耕、放牧、狩猎和交易的方式。他们从黄金和奴隶买卖中获利,于是收购武器,迅速控制、奴役了他们的邻居。很快,阿散蒂人将奴役变成了一个产业,大幅度扩大了交易,每年向国外出口的男人、女人和儿童达到几千名。用一个欧洲商人的话来说,黄金海岸"完全变成了一个奴隶海岸,那里的原住民不再致力于淘金,而是通过内斗来获得奴隶"。[6]

在将近 300 年的时间里,欧洲人簇拥在黄金海岸的沙滩边,依赖它的财富生活,将内陆留给阿散蒂人和其他族群,让他们去干抓捕和交送新奴隶的脏活累活。欧洲人在沿岸地区建立的"奴隶堡垒"带来了丰厚的利润,它们既是黄金的输送管道,也是大西洋奴隶交易的拘禁所和处理中心。随着控制权在葡萄牙人、英格兰人、荷兰人、瑞典人、丹麦人和普鲁士人之间转移,这些堡垒也几经易手。及至 19 世纪,奴隶交易在废奴运动下逐渐式微,取而代之的是大英帝国在全球范围内的势力扩张。黄金海岸成了英国人的殖民地,后者派遣军队进入内陆,打败了阿散蒂人和其他族群,将能带来丰厚利润的金矿产地都据为己有。与此同时,英国人也在发展新的蒸汽驱动的工业采矿技术,很快就将这些技术引入了非洲大陆。1897 年,维多利亚女王将超过 100 平方英里的土地授权给一家新的英国公司——阿散蒂金矿公司(Ashanti Goldfields Corporation,简称 AGC)。英国皇室授出的不仅仅是土地,还是"国中之国"(imperium in imperio)的权力,这让这家公司有权建造城镇、做交易、砍伐原木、控制水路以及采矿。阿散蒂金矿公司承诺向两个当地的民族社区支付年金,但金额仅为 100 英镑,且永久不变。

英国人花了整整 73 年、4 场战争才动摇了阿散蒂人的控制地位,但如今他们终于可以将他们的工业力量用于掘金了。阿散蒂人使用简单的地表挖掘和淘金的方式进行开采,像极了加利福尼亚淘金热中的那些探矿者,而阿散蒂金矿公司则带来了硕大的蒸汽驱动铲,开始以惊人的速度对矿石进行采掘和加工,完全把当地人从这个产业中排挤出去,将黄金直接出口至欧洲。今天,这个地区仍然盛产黄金,而且尽管英国的殖民势力在 1957 年终结了,阿散蒂金矿公司仍屹立不倒。经过一个多世纪的采掘,生产了价值几十亿美元的黄金,阿散蒂金矿公司的土地下有待开采的金矿据估计仍有 2000 万盎司,至少价值 180 亿美元。欧洲的一些

第六章 金戒指

企业仍然拥有这家公司的大额股份,但现在加纳政府也对黄金流动有了部分掌控权。

在这场黄金盛宴的周围有一群寄生虫——奴隶主。在合法大型矿业公司的桌下,他们蚕食着采矿过程中的每一个环节,直到来自非法矿场的黄金被兑现成大把的钞票,他们用这些钱过着奢靡的生活,并扩展他们对更多非法矿场和更多奴隶的控制。对奴隶主来说,将黄金从大地下掘取出来并变现简直易如反掌。奴隶工作的矿场非常原始,从露天矿井到碎石洗金营地(pounding and washing camps),再到负责提炼纯金的铁匠处。奴隶主们群聚在大型工业矿场附近,那里有他们的安全装置(safety gear)、现代化设备、风钻和运输矿石的大卡车,但他们仍使用着来自中世纪或古罗马的采矿技术和设备。在非法秘密矿场中,一次性的奴隶用他们的肌肉和原始的手持工具取代了所有的机器。

将血汗变作黄金的过程是这样的:首先,要选择将矿场建立在地表下可能发掘到含金石英岩矿脉的地方。由于这个地区遍布这种石英岩矿脉,因此在选址上基本不会失手,而且还有一些线索可循,比如附近溪流中含有金沙,附近有一座合法矿场,有时甚至能在地表看见凸起的石英岩。一旦决定了选址,奴隶们就要开始笔直向下挖掘,在他们进入竖井矿时将修剪过的树枝堆在井壁边。最后的成果就是,小杆子搭成的参差不齐的梯子沿着泥井壁向下延伸,防止其塌陷。

矿井很深,矿工以"电线杆"(一个粗略的标尺,长约16—18英尺)为单位来测量其深度。"这口矿井深16电线杆,"在一个矿场,有人这样告诉我,"那口深18电线杆。"这相当于一栋10层楼房的高度,而每一英寸都是矿工用双手挖掘的,每一立方的泥土和岩石都是他们用双肩背上地面的。一些矿井很深,一些浅一点儿,因为挖掘作业会持续至石英岩矿脉被发现为止,而此时真正的工作才开始。

想象一下一块大理石纹巧克力蛋糕的切面,白蛋糕和巧克力蛋糕的纹理互相交错纠缠，间隔一会儿变小，一会儿又变大。在地底深处，石英岩、花岗岩、页岩的岩脉也像大理石纹蛋糕的纹理那样相互交错。黄金存在于变质矿物（metamorphic minerals）中——而不是干净、平坦的沉积岩层——这些变质矿物来自火山，经受过超乎想象的压力和温度，又在地震和板块运动的挤压下产生变化。一旦发现了金矿的矿脉，挖掘工就要化身为凿工。含金的石英岩矿石异常坚硬，地质学家将它的硬度与淬火钢相提并论。

凿工们用他们磨尖的铁棍和粗陋的锤子击打岩矿。矿层可能是直的，也可能微微弯曲，其长度可能是10、20甚或100英尺，然后会突然转向或戛然而止。在地底深处，矿工们或蹲伏、或躺平、或蜷缩在角落，他们循着矿石的曲折、急速下降、变窄或变宽，不断地凿击，直至凿到土壤或其他岩石，再继续追寻白色石英岩的踪迹，不论它延伸至何处。

在采矿小镇奥布阿西外围，我下到一个矿井中，想亲自体验一番。那不是一口特别深的矿井，差不多只有两电线杆深。矿井中没有电，只有一个用电池的手电筒用橡皮筋绑在你的头上。这个手电筒是到目前为止我在矿场见过的最现代化的设备了。没有头盔，没有手套，鞋子也很少见到，只有健壮的身体、简陋的工具和破碎的岩石。我顺着参差不齐的杆子，踩着泥井壁上挖出的洞向下爬去，黑暗不断迫近：我每走一步，深不见底的黑暗和死寂就更近一些。在矿井底部，我在手电筒微弱的黄色灯光下看见了头顶上的白色矿脉，凿工站在上面捶打岩石，石块和灰尘落在他们脸上，也充斥在浑浊的空气中。沿着矿井或爬或走了三四十英尺之后，我看见矿脉突然向下延伸，于是又有一口新的矿井沿着它深入下方20英尺。我爬下这口矿井，跌跌撞撞地又走了10或15英尺，我终于来到了最底端。这里有一个小的"装卸洞"，离四面井壁有一码多的距离，矿工们在把一袋袋的碎矿石背上地表之前，就把它们暂时放在这儿。旁边接近地面的地方有一条小缝隙，大约18英寸高、2英寸宽，我腹部贴地地爬过这条缝隙，来到一个小柜子尺寸大小的空间，看见了岩

第六章 金戒指

壁。这里的内壁是倾斜的，顶板是松动的不规则岩石，底部是淤泥和碎石。两个凿工肩并肩站在这儿，用他们手中的尖锐钢条和锤子不断击打着岩石，心中默默祈祷顶板不会一下子全砸下来。每隔几分钟，一个凿工就会停下来将碎石铲出这个洞，由外面的另一个工人将其挖出，铲进一个厚实的塑料米袋里，再将这袋石头堆在一旁的装卸洞里。没过多久，一个搬运工下到这里，用头和背部扛起一袋矿石回到地表。每袋石头的重量超过 50 磅，他开始向上爬之前，要单手将袋子托到肩上。搬运工的脚步持续不断，就像工蚁一般，他们在头灯昏黄的灯光、细尘、碎石和汗水汇成的河流中于矿井里上上下下。

在矿井的底部，空气闷热浑浊。有一根用于通风换气的小塑料管，但在我下去的那天，它没有运转。每一次呼吸，人类的肺部都会吸入半加仑到一加仑的空气；一般来说，一个人在一天里会吸入和呼出超过 2000 加仑空气。而这个逼仄的空间里可使用的空气含量不会超过 200 加仑，却有三个男人在这里工作和喘息。短短几分钟内我就觉得氧气已经用光了。我开始用力地吸气，但不论这口气我吸得有多深，我的身体似乎就是没法得到它极度需要的氧气。恐慌的种子在我体内生根发芽，那是一种对窒息的恐惧。我知道这种感觉是什么，努力控制自己的情绪，但我的心跳仍然很快，这使我的呼吸愈发局促，整个人都透不过气，恐惧的枝芽越长越高。我站定，想要冷静下来，我的呼吸变得杂乱，我知道是时候离开这里，爬上地表呼吸新鲜空气了。在向上爬的过程中，我努力抑制住自己快速攀爬的冲动，因为我知道脚下这些摇摇欲坠的棍子和泥质脚点轻易就能让我踩空，又一次掉回井底。一些人从我身旁经过，爬下去搬运更多的岩石，而我身后的人也小心翼翼地攀爬着，装满石头的麻袋压在他们肩头和背上。

到达顶部，在日光和湿热的新鲜空气里，我一次次地深呼吸，想要平复刚刚那段缺氧经历带来的恐惧。我发现我的头发上都是灰尘和石块，因为矿井里和矿场上常年下着"粉尘雨"。我一边从头皮上抠出肮脏的白色小石块，一边看着那些年轻的搬运工。他们像牛马一样在这些飞扬的尘土中卖着苦力，看上去却仿佛天使一般。他们都有着健美的身型，就像举重运动员，他们的肌肉丰满、坚实，线条完美。他们的日常工作一定是理想的增肌训练——在背上背50磅岩石，沿着一条不规则的梯子攀爬近100英尺高，每天以最快的速度重复这些动作8到10小时。虽然他们现在看上去都像是健美运动员，但很快就会变成一具具漂亮的尸体。随着他们上下攀爬，他们的肺部充满了令他们窒息的石英粉尘。这是一种致命的粉尘，会导致硅肺病，当疾病恶化，心脏就会因此衰竭。

一些工人在井底凿石头的时候，另一些则负责将一袋袋矿石运到地面上。一到地表，几袋50磅重的矿石就会合并为150磅重的一袋，这是通过公路运输去提炼黄金的每袋矿石的标准重量。从矿场到最近的公路，或者也可能到附近的某个碎石场，会有更多人背负着沉重的石袋，沿着森林里的小道小跑着移动，在监工或其爪牙的大骂下匆匆向前。很快，一袋袋矿石就到达了流程中的下一阶段。这些凹凸不平的石英岩矿石会被捣碎成细粉末。

不论矿石是通过卡车还是人力被运往碎石场的，都会被倾倒在一个简陋的开放式棚子里，所谓的棚子就是几根杆子，没有墙壁，只有一个破破烂烂的稻草屋顶。屋顶下方的土地荒芜，像是诡异的月球表面——在坚硬的红土上有许多小圆坑。当一袋袋的矿石运达此处时，这些小圆坑就消失了，因为这时会有20到25个男人坐在一个个小罐子或凳子上，将一个笨重的钢桶放在他们双膝之间，那些桶正好可以嵌入地上的小圆坑里。桶的边缘光滑，底部为圆形，不到一英寸宽。男人们或坐或蹲，将地上的矿石铲进桶中，然后开始用一根钢棒捣石头。钢棒重约15磅，表面光滑，末端平坦。桶和棒在一起成了原始的臼和杵的组合；为了捣碎坚硬的石头，工人需要大力挥击棒子，随着钢棒一次次地猛烈地向下冲击，他们的整个身体也会随之弯曲。当所有的碎石工同时工作时，那噪声可怕至极，每个钢桶都发出震天的响声。有时，金属碰撞的轰鸣声一齐作响，像极了教堂的钟声，接着又四分五裂成震耳欲聋的杂音。

只要还有矿石运来，工作就不能停止。每天从凌晨三点开始，碎石工作至少持续进行 12 个小时，但通常还要比这长得多。经过长时间的反复击捣之后，一桶石头就会变成细粉末，装入"头盔"称量，即装入老旧的塑料安全帽，帽子的系带和内衬都已经不见了。看到这些旧安全帽被用来当作量杯是件很奇怪的事，因为如果工人在矿场戴着它们，真的会更"安全"。每袋 150 磅重的矿石能产出六至八个头盔的粉末，每个头盔可以盛两三杯深灰色的粉末。

这份工作是致命的。不是因为他们的发力动作伤害背部，而是因为深灰色的粉末能让这些年轻人送命。他们在桶边驼着背干活时，用钢棒的每一次击捣都会扬起粉尘，直扑工人们的口鼻。虽然这个工作棚四面都是开放式的，但 10 到 30 个人同时在里面做碎石工作时，扬尘就会增多，像云雾一样笼罩着他们。工人们知道这种环境有问题，但有一个事实一直被隐瞒着：他们相当于在通过硅肺病自杀。没有人告诉这些年轻人，这种不可逆的、无法治愈的致命疾病能让一个人的生命迅速走到尽头。

我们发现硅肺这种疾病已经很长时间了。几百年前，人们就知道这种病会杀死石匠和研磨工。1930 年，美国政府在西弗吉尼亚州挖那条三英里长的鹰巢隧道（Hawk's Nest tunnel）时，硅肺那破坏性的力量被暴露于世，震惊四方。工人们使用风钻和甘油炸药进行挖掘，制造出大量岩石粉尘，还庆幸自己能在经济大萧条中找到一份工作。挖掘工发现了石英岩矿脉后，他们被要求采掘这些矿石用于售卖，但没有人为他们提供口罩或其他保护装备。可怜的当地白人和移民而来的黑人矿工尽他们所能地长时间工作，但许多人都于一年内在工作中死去。其他工人在得病后就被解雇，只能回家等死。虽然没有确切的数据，但人们认为在鹰巢隧道工作的 3000 人中，有 1000 人死于硅肺病。时至今日，这仍是美国历史上最严重的工业灾难。

在你第一次深深吸入石英粉尘时,硅肺病就可能扎根于你体内了。固体小颗粒嵌入微小的肺泡囊和肺泡管中。身体会做出反应——咳嗽、流涕——但由于固体颗粒有尖锐的棱角,肺部的一般活动无法将这些物质排出体外。这些尖锐的颗粒不断刺激着肺部,导致纤维瘤和肿瘤的形成,肺部也更容易遭受感染。当一个人高度暴露于粉尘,比如在碎石场的环境中,就会罹患非常严重的硅肺病。数月之内,身体就会极度想要排出那些颗粒,产生大量的白细胞和组织液。当那些年轻人的肺部充满了组织液,他们就会呼吸急促、身体虚弱、体重降低。在一个碎石场,我曾和工人们聊过他们不间断的咳嗽。那个碎石场很大,有近 100 名工人从事着不同的工种。他们告诉我,去年有 15 个人死了,年纪最大的 40 岁,最小的只有 18 岁。"有时候有人开始咳嗽,但他们不能停下工作,"一名男子告诉我,"他们一开始会嚷嚷着喊疼,接着他们就会开始吐血,再往后,有时他们就倒下死去了。"这些被奴役的工人在陆地上溺毙了,因为他们的肺部充满了组织液和黄金尘埃。在这些人被硅肺病逼向死亡边缘的同时,他们也被迫用水银毒害着他们自己和他们周围的森林。

要将矿石粉末变成黄金,还需要另一项古老的采矿技术,这项技术对 1849 年涌往加利福尼亚州淘金的人而言再熟悉不过,就是听上去十分无害的"洗矿"(washing)。在碎石场附近的一条小溪边上,有一些由松散的棍棒和板子搭成的桌子。桌身长而窄,倾斜着,像是餐桌,两三英尺宽,七八英尺长。这些洗矿桌微微向下倾斜,方便水流走。桌子上覆盖着毛巾,有时是一层薄薄的尼龙毯子。把矿石捣碎之后,要将这些细粉末和水混合、搅拌,然后缓缓地倾倒在桌上。在这些混合物沿着倾斜的桌面向下滑的时候,更重的黄金颗粒就会从水中分离出来,卡在毛巾或毯子上。质量较小的石英粉末则被冲进桌子下面的桶里。而桶里的东西会再一次被混合、倾倒在斜桌上,这就是第二次洗矿,有时候还会有第三次。经过一段时间以后,毛巾上就会积攒一层黑色的污泥,这层物质被简单地称作"黑泥"(the black)。在另一个桶里,工人们轻轻地将"黑泥"从毛巾上洗下来,生产出另一桶深色的脏水,但这一桶和之前的不一样。

"黑泥"慢慢沉淀到桶底,被舀入小一号的桶或一个头盔里。工人细心谨慎地,甚至几乎是虔诚地做着这项工作,因为这是黄金现真身的时刻。一小烧瓶的水银会在某个安全的地方生产出来,工人会从中取一点儿滴入黑色淤泥中。工人小心翼翼地用手指将水银和黑泥搅拌在一起,聚精会神地观察着,找到亮闪闪的银色小液滴,将其涂抹在淤泥中。接着就是见证奇迹的时刻,米白色的、质地光滑的黏土状小珠子出现了,这些小珠子可以被捏在一起,形成一个团块。它们很小,形状没有规则,但随着它们一点点积累成蜡状的小圆球,工人们的情绪也随之高涨。当水银和黄金黏结,就会产生蜡状团块,水银吸附黄金颗粒后,质量会增加一到两倍。工人将这些蜡状团块包在一块棉手帕里,用力挤压,这样大部分水银就会透过棉布渗出,流回桶里,继续被用于搅拌和收集黄金。手帕里留下的坚硬的蜡状小球被取出,和其他被挤掉大部分水银的小球放在一起。这时工人们会将更多的水舀进桶里,进一步扩散黑泥里的水银,直到再没有蜡状小球形成为止。然后,工人会把桶里的东西全部倒入溪流,或者再在洗矿桌上倾倒一次。

被倒入溪水的液体里混合着水银。很容易理解水银是如何流入工人的身体以及环境中来毒害周围的所有人和所有事物的。在一个碎石洗矿场,我亲眼看着水银经地表径流(runoff)流入一条潺潺流动的小溪,接着我缘溪而行,查看它的流向。在仅仅 0.25 英里之后,溪水就进入了森林,而我发现自己站在一片分散的房子中间。小溪两侧是菜园,这里的人家就用溪水灌溉自家种的蔬菜。山羊和鸡吃着地上的草和草籽,喝着小溪里的水,而它们的肉和蛋也都是这些家庭的食物。溪流附近有一座黄色的长条形建筑——破旧不堪的隔板、紧闭的窗户和摇摇欲坠的铁皮屋顶——门上挂着一块牌子,上面是一行手写体的字:"国际基督使徒教会"。孩子们在教堂墓园中玩耍,我不知道他们是否也在这条小溪的水里被施洗过。对所有在这座小村庄生活的人而言,尤其是对儿童而言,水银的毒害是慢性但无法防止的。

哪怕只是微量的水银都是危险的。接触水银会损伤大脑、肾脏和肺部,影响视力、听力和语言能力,还会造成神经损伤、高血压以及许多其他症状,包括皮肤坏死、剥落。未出生的婴儿如暴露于水银,会有严重的先天缺陷;如果是儿童,则会遭受永久性的神经损伤。如果水银存在于水或食物中,并且在烹饪过程中被加热,就有可能释放汞蒸气。吸入汞蒸气是暴露中最危险的一种。举个例子,在 2008 年 3 月,美国俄克拉何马州的一名男子在试图从旧电脑零件中提炼黄金时吸入了汞蒸气。他死于 10 天之后,而他的住所也因为受到污染而必须被翻修。[7] 在加纳的农村,没有自来水系统,只要附近有金矿和矿石处理厂,溪水和小河、浅井、储水池都很容易被水银污染。通常,当污染发生时,不会有其他水源,也没有警告,因此,混合着水银的水源会被用于洗漱、灌溉、烹饪和饮用。将水烧开能杀死细菌,但无法去除水银,还有可能将其排入空气中。

黄金处理的下一个阶段也会带来水银中毒的危害。所有黄金都从"黑泥"中被提取出来之后,碎石场的经营者会将硕大而光滑的球状金汞混合物带去铁匠那里。当地的铁匠铺只是一个简陋的工棚,里面有一个小陶土熔炉和一些风箱,还有一排工具用栓钉挂在墙上。地面是压得死硬的尘土,混杂着煤渣、金属锉屑和碎石块。在工棚的一个角落里有一个钢制的炉床,边缘是一只卡车轮胎。

铁匠接过蜡状金属球,在一个小碗里将之与酸混合在一起。酸会腐蚀水银,所有人都尽可能离蒸腾的酸性气体远远的。接着,那一碗混合物开始放热,致命的汞蒸气被释放进空气,在墙内的开放空间中缭绕。任何站得太近的人,哪怕只是路过,都有可能吸入这种死亡烟雾。蜡状金属球上的水银消失了,但它不是真的没了,只是转化成气体,以一种新的方式对环境造成污染,在树叶、昆虫、鸟类和哺乳类动物中扩散、转移。回到铁匠铺,剩下的拇指大小的灰色物质在一个小陶罐里被小心翼翼地刷过,然后嵌入烧得炽热的木炭中。另外一大块燃烧的木炭被置于顶部,更多炭块则堆在陶罐周围。打开一台风箱,火变得很旺,火星和灰烬在房间里四处飞扬。要融化黄金、去除杂质,陶罐内的温度必须达到近1094℃。几分钟之内,糟粕就灰飞烟灭了,而熔融的纯金——在陶罐中像一个闪闪发光的小太阳——则被小心翼翼地取出。黄金入水淬炼后冷却、变硬,最终变成铁匠掌中的一个温暖、耀眼的滴状物。在岩壁上数日的凿击,从矿井底部搬出后又沿着森林小道搬运的几千磅矿石,20人将矿石捣碎成廗粉,其他人洗矿并将"黑泥"与水银混合,这所有的一切所产出的只是一小片黄金——和一小块巧克力一般大。

铁匠铺隔壁就是黄金买家办公室,一个小商铺,里面有一张长条形的柜台横跨整个房间。黄金买家很少在店里,我去的那天也不例外。只有他的手下在那里,其中一些拿着来复枪。我解释说我很有兴趣了解当地计量黄金的方式,尽管狐疑且谨慎,他们还是努力地回答了我的问题。接着一个男人从隔壁铁匠铺过来卖金子。在长长的柜台上放着一些称量黄金的秤,有员工负责称量和付款。我溜到房间的一侧观察,看到了令我震惊的东西:在柜台后面,沿着整个后墙放着一摞摞成捆的纸币,足有五英尺高,三英尺宽,其数量可以放满两三个手提箱。在一个偏远的小村庄看见这么多钱着实令人难以置信。2007年,为能抵换美元,加纳发行了新货币"加纳塞地"(cedi),我在这样一个偏远贫穷地区的乡下柜台后面看见的这堆纸币价值几万美元。几分钟后,另一名联系过黄金买家的员工进入店内,命令我们离开。有人向老板报告了我们的来访,因此老板传话让拿枪的保安赶走我们。我们趁人不注意赶紧又拍了最后几张照片,然后遵令离开,回到了我们的车上。

在这家小店后面的山上有一栋这个地区最好看的房子，一栋两层楼的、石砌的灰泥大房子。我路过的时候，工人们正在扩建它，房顶以上和底层侧面又加盖了更多的房间。几辆全新的 SUV 四驱车停在外面。这就是那个黄金买家的家，他就像蜘蛛一样坐在一张网的中心，这张网连接了矿场的奴隶、搬运工、碎石工和洗矿工、运输矿石的卡车司机、铁匠、黄金商店以及政府的贵金属营销公司、全球的黄金市场和你所在城市的珠宝商。这是一张最终通向你手上那枚戒指的网。

这个黄金买家是一个非常现代化的奴隶主。卫星让他能够掌握即时的金价信息，他的一堆手机让他能够与各个非法矿场上的监工保持联络，最重要的是，他可以完全不与那些为他带来财富的奴隶有任何接触。

如果你质问这个黄金买家，他会编造一个故事，即他只是一个为穷工人提供两项必要服务的商人。一方面，他借贷给没有银行愿意搭理的人们，帮助他们在矿场找到工作；另一方面，他还在附近有黄金交易的地方为他们提供了安身立命之所。"当然了，"他会说，"我购入黄金的时候会赚一点儿小钱，我借出的贷款也是有利息的——但这是再正常不过的生意！"确实，在他生意中最可见的部分——黄金买卖——他的利润率是合理的：粗金（raw gold）的价格（由政府规定）通常是当日国际市场价格的 90%。因此他能通过他购买的每盎司黄金，从其他矿业经营者处获得 80 到 110 美元的利润。但这笔钱对他来说不过是锦上添花的利润，他真正赚到的钱是在债务奴役中产生的，是他自己的矿场所产出的黄金，也就是困住了伊卜拉辛和其他数以千计的矿工的那些矿场。

伊卜拉辛在 10 岁的时候因为他舅舅的债务而被奴役，一直到成年他都生活在奴役的束缚中。从 12 岁起，他开始背负装满矿石的袋子，17 岁时，他开始在矿井深处的岩壁上凿石。一天，在他试图把一大块岩石凿下来的时候，石头掉落，砸中了他的额头。伊卜拉辛在井底的污泥中昏迷了四个小时。当他恢复意识，在别人的帮助下回到地面上时，他仍然

第六章 金戒指

昏昏沉沉，晕头转向。他头上冒出了一个橘子大小的肿块。接下来几周，他发现自己记不住事，常常失去平衡，容易摔倒。"哪怕是今天，"他告诉我，"只要我觉得太热，就会头痛。"为了给他治疗，伊卜拉辛的舅舅找到黄金买家手下的监工，向他借钱。他们现有的债务上又加上了300美元的贷款。

这样的事故使工人们进一步受到奴役的束缚。起初，他们的债务看上去是可以还清的，只不过是他们采矿的三个月内的食物和工具开销。他们似乎永远都没办法还清债务的事实令人沮丧，但他们想要做诚实正直的人。他们仍然把这份工作当作一个机会，不想失去它。与此同时，他们也期待和祈祷着能有一个大转机，比如找到一块罕见的金块，这样就能还清所有钱，换来自由身。

伤病会改变一切。如果不能工作，就无法挖掘矿石挣钱，医疗支出又会加重债务，抵消掉好几年的收入。到了清算的时候，他们从挖矿挣得的钱全部用来还生活支出、工具费用和医疗费的债，但剩余的债务及其利息还会不断增加。伤病让工人们欠下他们根本还不清的钱。当然，如果这只是债务，那他们可能还有别的出路，但债务不过是掩饰奴役的一张皮。它是矿主随时可用的一个借口，用来掩盖他利用工人的事实，而且这个借口很管用，让工人们对自身的真实处境迷惑不明，至少在短期内如此。这是一种强大的模糊的感觉，一种让新奴隶始终不清楚发生了什么的不确定感。即便是巡视矿场、监管奴隶的持枪保安，其存在也被合理化了——为了保护矿场和矿工不遭受盗窃或警方突袭。像伊卜拉辛和他舅舅这样的移民不熟悉当地的习俗和矿场的工作，因此起初一切看上去都很合理。当他们开始意识到自己的真正处境时，保安可不会随便放他们走。

在那次事故里，伊卜拉辛必定经历了严重的脑震荡，在此之后，他和他舅舅的债务突然又增加了1000美元，是他们一年（收获好的时候）

收入的两到四倍。但事实是从来就没有哪一年是收获好的，因为为了把他们困在奴役中，整个工作系统的每一个环节都是骗局。作为一个成年人，伊卜拉辛每天要从岩壁上凿下超过一吨的矿石。在地面上，一个监工监视着工人们的动作：把石头装入更大的袋子，再将这些袋子背往碎石场。这个监工，以及所有运输矿石的卡车司机都会拿走其中几袋石头，作为他们管理和运输的"费用"。监视碎石场的监工也会拿一些矿石，他会自己洗矿、炼金。有时候，矿石会被送往一台机械粉碎机。如果是这样的话，粉碎机的所有者也会得到一部分矿石。上述的每个人在黄金到达黄金买家手上之前都分得了一点儿利益。之后，铁匠也会收取一笔费用，最后黄金买家会得到黄金价值中的10%。整个过程中还会产生其他的支出，比如要贿赂警察，要付钱给当地酋长以取得在部落领土上采矿的"许可"，要买水银，要付封口费给任何可能泄露非法矿场位置的人，或者要付保护费给当地一些势力庞大、想分一杯羹的犯罪分子。伊卜拉辛在一天时间里凿的一吨矿石，平均可以产出价值10美元的黄金，但等到付完所有"费用"，他分到的份额甚至都不足以支付他当天的伙食费，更不可能用来还现有的债务了。

一段时间以后，工人们都清楚他们上当了。一个问题也产生了：他们为什么不逃走？答案很简单，和整个人类历史中奴隶制的存在一样简单——如果你想离开，你就会遭到追捕和毒打。每个矿场的监工都监视着那些被奴役的搬运工和凿工，用殴打和辱骂逼他们更卖力地工作。他强迫病人回去工作，如果有人试图偷偷溜走，他就会将他们拖回去，在所有人面前打他们。如果哪个工人成功逃脱了，腐败的当地警方就会受贿将他抓捕回去。一旦被抓住，遭受警察的毒打后，这名工人会被送回矿场或是被送上法庭，法官又会受贿判他诈取黄金买家（作为借贷者）的钱财。审判的费用和一路上贿赂的费用都会算在工人的头上。矿工知道他们根本没有胜算，或者正如一个矿工对我说的："我知道这是犯罪，但我什么都做不了。如果我做出任何尝试，我的孩子就会挨饿。"死亡都不能带来解脱。当一名矿工死去,他的债务就会转移给他的近亲,黄金买家的爪牙会确保他的兄弟、妻子或孩子知道他们背负了这笔债务。

几天以后,在一个露天采矿场,我亲眼看见了债务突然降临在一些家庭。如果河流改道,要在河床上凿挖出露天的沙地矿井,根据性别就会有严格的劳动分工。男人们在泥地上搜寻有可能出矿的位置,用铲子开挖,希望能找到小金片。这是一个需要佝偻着身躯、艰难辛苦又卑微的工作——将淤泥、烂土和沙砾舀进宽口的浅底铝盆中,那种你可能会用来给 20 个客人制作超大份沙拉的盆。将这些盆搬到洗矿桌上则是"女人的活儿",她们的搬运距离有半英里之长。一整天,女人们就在露天采矿场和一个小山丘上往返,在这个小山丘上,烂泥会被清洗,分离出黄金。她们将装满了烂泥和石头的盆顶在头上,在头颅和滚烫的金属盆之间垫上一个布"垫圈"。不同的是,许多妇女穿着印有鲜艳花纹的半身裙或连衣裙,不像男人们都穿着沾满泥污、破破烂烂的 T 恤。她们让头上的大盆保持平衡时,一只手还要提起裙边不让裙子沾了泥。她们是这片毫无生气的贫瘠大地上的唯一一抹色彩。

我站在一旁记笔记,抬眼看见一个小女孩,不会超过两岁,穿着蓝黄相间花纹的衬衫,头上顶着一盘石头,非常尽责地向前走着。我饶有兴致地跟着她七弯八绕地穿过矿井和泥沼,以及正在污水中玩耍的小朋友。到达洗矿桌之后,她转身又开始往回走,没有放下她头上的"货物"。走近一点儿看,我发现她的"盆"不过是一个罐头盖子,她搬运的东西是一些砂岩和鹅卵石。这是一个游戏。她假装自己是一个妈妈,模仿她自己的妈妈正在做的事,很骄傲自己也能参与其中。[8]

这个小女孩为自己能帮助妈妈而骄傲,但一位母亲看着自己的女儿高兴地扮演一个奴隶,是什么样的感受?当她女儿假装做的工作成了真正的工作,真正的剥削,真正的虐待,她又会有怎样的感受?奴役能从一个人身上窃取太多东西。自由的意志,自由的行动,拥有自己的财富和走自己人生道路的权利,他们统统失去了。对一个因为做错选择而被奴役的成年人而言,这种损失是痛苦的。但对被奴役的孩子而言呢?在成长的过程中,除了债务,他们一无所知。他们的损失是不可估量的,因为他们从未有过机会从他们的回忆中构建这神秘宇宙中最珍贵之物:自我。

第七章
对记忆的屠杀

那是圣诞节前两天，乔治·W. 布什总统在我们面前出现了短暂的情绪崩溃。我被叫去总统办公室见证一项新的反奴役法案的签署，当时我还没有走出金矿的经历给我留下的阴影，在最后一次对伊卜拉辛进行访谈的那个深夜，突如其来的病症也仍让我处于恍惚之中。这是我从事田野调查这么多年来第一次遭受高热和来势汹汹的急病。如今回到了美国，我吃了药，在慢慢恢复了。也许是药物的作用，我仿佛看见一圈光晕笼罩着面色阴沉的内阁成员、震惊的反奴役工作者和一位即将届满卸任、急于在最后掌权期间做些什么的焦虑的总统。

我们在总统身后围成一个长长的半圆圆弧，总统坐在桌前，好让摄影师能捕捉到这个特别的时刻。但就在签字笔接触到法案文件之前，布什总统似乎对签署这份文件改变了主意。他走到桌前，面向我们，开始讲话。这是个悲哀又超现实的时刻。他东拉西扯地为此举辩护，接着谈到决策中面临的挑战——会不会需要宣战，会不会涉及总统办公室地毯颜色的选择。笑容凝固了，我们等待着，过了一会儿他似乎耗尽了精力，眨着眼睛，似乎突然清醒过来，明白了我们身处此地的原因。几分钟后，一项不错但不算伟大的反奴役法案被加入了美国法律，我们跟跟跄跄地走入寒冷的空气中，为自己刚刚见证了历史而感到茫然。我站在白宫外，望着总统给每个在场者发的纪念品——一个刻有他签名的黄金领带夹。

奴役活动为我们可能会送给亲朋好友（或者从总统那里收到）的黄金物件供应着原料，它实在太令人痛心疾首，我们很难接受任何解释。

不论在什么文明中，它都是犯罪和侮辱。但这种犯罪所包含的不仅仅是奴役。硅肺病、水银中毒和环境破坏意味着没有被奴役的家庭也会遭受痛苦，与黄金没有任何关联的群体也可能因为中毒和疾病慢慢死去。这种破坏将我们所有人都环绕其中，这个圆环很快就与奴役和环境破坏的循环重叠。但这种破坏也会从真实的世界进入特别的记忆场域。

四散在金矿开采地区茂密的森林里，覆盖在藤蔓和野花之下的，是巨大的废墟。这些不是古城或古庙遗迹留下的垮塌围墙，而是19世纪蒸汽驱动的金矿残留的巨大石块、铁块和混凝土。徒步走过这些废墟时，我看见被奴役的工人爬过曾经的大型机器基座或支架。他们对这些破碎的障碍物以及它们曾经如何运作一无所知。蒸汽引擎锈蚀的残骸和公共汽车一般大，如今与藤蔓树根缠绕交错在一起，似乎要被拉入地下。在这些废墟包围起来的空间里，树木顶破距今有100年、如今暴露于光照与雨淋下的石板地面，拔地而起。搬运工曾经背着一袋袋矿石走过的步道绕过了这些废弃的机器和建筑。在21世纪，奴役活动将一个无知的黑暗时代又引入了产金的地区。奴工们对历史和未来都一无所知。实际上不存在机器，只有大量持续不断的、不需要思想的苦力。和过去的许多时代一样，记忆是奴役的牺牲品。

很难去估量记忆的损失。你要如何测量不存在的东西，你要如何计算虚无？我们大多数人的脑中装满了记忆，身边还有许多帮助记忆的东西（aide-memories）。我们不仅仅拥有载满经历的思维，我们还保存了照片、信件、视频、卡片、礼物、图画、贝壳、羽毛，可能还有一枚金戒指——任何可以储存我们珍贵、重要甚或琐碎记忆的物品。对于我们这种生活在自由之中，有着数不尽的记忆的人而言，很难想象一颗无法储存有意义之事或只是快乐片段的头脑是什么样的。然而，在本质上，奴役偷走一个人的人生的方式就是不允许他形成任何记忆。

当我第一次接触曾经被奴役过的人时，我还不理解何以奴役的力量能否认和摧毁记忆。我带着许多错误的认识和对奴隶的假设进入他们的生活。已获自由的奴隶们慢慢地纠正我,消除了我的傲慢与无知,让我对奴役有了更深一层的认识——我意识到,奴役的力量可以抑制和抹除记忆。塞巴(Seba)是一名曾被奴役于巴黎的年轻女子,她最先打开了我的视野。塞巴还很小的时候,从她的故乡马里被送去法国,本应寄住在一个法国家庭中,学习法语,获得教育。现实带给她的却是残酷的奴役,她成了一个家仆,被折磨、性侵,那时她才八九岁,直到二十二岁这场噩梦才结束。

我见到塞巴时,她刚获得自由不久,与一个志愿领养家庭住在一起。当时她正在接受心理咨询,并学习读写。我们交谈的时候,我抛给她的许多问题都建立在我对奴役,对她的生活、想法和记忆的假想上,但我很快意识到我们无法真正地交流。于是我尝试其他方式:我指着旁边一个印着世界地图的球形台灯罩,利用这个地图来问她一些关于她家乡的问题。不用一会儿我就明白了——她对世界一无所知。她不知道这个球代表我们的地球。她认为这只是一个有蓝绿色斑点的纸质台灯罩而已。我退一步重新开始,问眼前这位聪明伶俐的年轻女子一些最简单的问题。是的,她听说过世界是圆的。与此同时,我发现她对周、月、年毫无概念,我也终于理解了,对塞巴而言,她唯一的记忆、唯一的认知,就是"工作、睡觉、工作、睡觉……"这样无穷无尽的轮回。没有时间概念,她的记忆呈现出一种诡异的无形。她知道有热天和冷天,但不知道四季流转的规律。她早就忘了自己的生日,也不知自己的年纪。她对"选择"这个概念感到困惑不解。她告诉我,她应该喜欢这些叫作"选择"的东西,所有人似乎都很高兴她拥有了这个叫作"选择"的东西,但从来没人指给她看过那到底是什么,所以她只能假装领会。正是在与她交谈的这段时间里,我才第一次对奴役的真正模样和意义有了粗略的了解。我明白了奴役不仅仅是失去自由,不仅仅是没有任何选择。奴役的残酷在于它剥夺了我们的常识,否认和摧毁了我们的记忆。

通常我们都认为是记忆塑造了我们，记忆是我们存在的证明。没有记忆，我们可能不会消失，但我们的自我将不复存在。对记忆的否认和摧毁是奴役的额外罪行。法律可能会说，当一个人拥有对另一个人的所有权，就构成奴役，但这只是对人身的控制，不包括对人格的否认和摧毁，后者是奴役造成的不易被发现的后果。如果它发生在一个奴隶身上，那么就可能发生在整个奴隶群体、一代又一代奴隶身上。奴役否认个体记忆，以同样的方式，它也"屠杀"共同记忆。从黄金海岸及非洲其他地区被运往美国的成百上千万奴隶被迫忘却，工作直至过劳昏迷，与亲属分离，被剥夺了与他们过去相关的一切实体——衣物、饰品或梳子。唯一残存的往往只有一个故事、一首歌或一粒种子，一些无形的或看似无关紧要的东西。若把这些东西归拢一处，它们可能会变成一件珍贵的古董，一锅在哼唱中炖好的秋葵，那些歌谣的意义即便已经模糊不清，却仍承载着记忆的韵律和音调。

在印度我见过一些家庭，他们没有任何关于自己最初是如何被奴役的记忆，只告诉我："我们一家人一直是属于这户人家的。"在刚果，数百万人在19世纪末被奴役，我身边都是那些奴隶的后裔，但我只遇到过一个知道这段历史的人，他是在法国读大学时学到的。只有当现代人口贩卖的受害者是在青壮年时期被奴役的，记忆才有可能留存，但这些记忆还是被暴力的阴霾笼罩。在奴役蚕食记忆之后，第一代奴隶还记得自由。在加纳，对伊卜拉辛及其家人来说，记忆的绝灭在不断地进化。伊卜拉辛仍然坚持着他的伊斯兰教信仰，也仍然记得他在北方的故里，但他的孩子不会知道自己从何而来，只知道债务一直笼罩在他们的头上，就像上帝一样——全知全能，不可抵抗，需要他们绝对服从。

当记忆消失，对地点的感觉也会消失。奴隶没有舒适安逸的家。当你的身体成为一个一次性的、用后即弃的商品，不难发现一切都沦为了贪婪的基数。正是以这种新的方式，奴役渐渐地扩大了它所造成的损害。也正是以这种方式，奴役摧毁了伊卜拉辛的家庭，啮噬着自然世界，后者本可以为伊卜拉辛及其家人提供自由之所。在奴役中对单一思维的摧毁会延伸至其他个体，遍及不同种族、空间、时间，直至自然界及更广范围。

大自然也有记忆，那是对人类以及其他所有物种基因的完整记录。每一种植物和动物，每一种鸟类、鱼类和细菌，其遗传物质中都有可回溯至几百万年前的记录。每一个独立的物种，包括我们人类，都是一卷独特的基因故事，我们是这部永不完结的鸿篇巨著中的一页页篇章。但奴役活动也蚕食着大自然的记忆。在奴隶被利用于破坏环境、毁灭人类和地球的同时，所有的物种也都会被扼杀。有时整个生态系统——包含了自然记忆的全部数据——会在眨眼之间被粉碎、烧毁和破坏。露天采矿场、"挖-洗"式的金矿开采尤善此道。

要进入一个非法露天采矿场，必得经由一条狭窄的步道穿过相对未受损害的森林。沿着这些小道，有类似木槿的黄色花朵在林下盛开，小小的蓝色鸢尾花也在土壤中生长。一旁的灌木丛中点缀着一丛丛的星形小花，浅绿色的蕨类从老树树干的皱纹中挤出头来。有时，开满鲜花的枝蔓会从岩石上垂下；屏息而立，我能听见枝蔓后面那些小动物叽叽喳喳的声音。香蕉树、木瓜树和棕榈树充满了林下世界，簇拥在柚木的粗壮树干周围，这些柚木都是参天大树，枝繁叶茂。有超过300种树木生长于此。这片森林是一个丰富、复杂、多样的生态系统：加纳有数以千计的植物种类，几百种鱼类、鸟类、哺乳动物、两栖动物和爬行动物，还有23种蝴蝶。采矿对所有这些生物都造成了威胁，尤其是栖息于森林的黑猩猩、疣猴和戴安娜猴，都濒临灭绝。

加纳拥有充足的日照、温暖潮湿的气候和肥沃的土壤，这一切都为美丽的深林创造了得天独厚的生长条件，然而露天黄金矿井就像癌细胞一样在这样一片土地上扩散。深矿井对人而言尤为危险，然而这种露天的"挖-洗"式矿场对环境的破坏最大。要开发这种类型的矿场，奴隶必须挖开地表，并向下挖掘 2—20 英尺，相当于两层楼高。奴隶们用手和简陋的工具除去沙地上和砾石下所有的植被、灌木和树木。没有表层土，就寸草不生了，只剩下朽木枯树的残枝在沙地和黏土上突兀地存在着。

　　这些露天矿井很像一个战场。凿槽和洞口零星地分散在地面上，仿佛经历过轰炸，其中一些坑里还有散发着恶臭的死水。和战场一样，这里到处都是垃圾：废弃工具、破桶、碎布、塑料袋和塑料瓶、木片，这些东西有时堆成堆，但更多时候都是像爆炸后一般四散在地上。

　　我爬下其中一个矿井，屏住呼吸，不去闻那刺鼻的恶臭，那是一种混合着厕所味和石油炼制味的味道。在一个尺幅堪比一栋房子的洞的底部，有一个小水池，里面流着被用于在那些长条形倾斜洗矿桌上"洗金"的水。正是这池水的颜色让我停下了脚步。在一层不均匀的浮渣下是洋红色，在边缘处渐渐褪成金属蓝色。我将脸凑近池面，发现哪怕是无所不在的蚊子都无法在此繁衍，我只吸了一口气，就被酸腐金属的臭味熏得连连后退。

　　在废弃矿井的边缘有另一座矿井，周围是森林。这座矿井的底部宽阔平坦，其表面经过长时间的风吹日晒，成了一层柔软光滑的泥土和细沙。我小心翼翼地往下爬，因为这是一个记录动物、鸟类和昆虫生活的绝佳地点。我用指尖摸了摸井底的地表，发现它非常光洁，若有任何生物爬过、走过或降落在此，都会像纸上的墨渍一样留下清晰的痕迹。但我搜寻了一圈，什么都没发现——没有鸟类的爪印或动物的足迹，没有蛇爬行时留下的痕迹，哪怕是一只甲虫飞快掠过的印迹都没有。在搜查了一大片区域后，我只发现了一个痕迹，是三头小鹿穿过矿井边缘时留下的蹄印，可以看出它们当时没有在跑，而是小心翼翼地穿过这片六英尺宽的沙地，去往森林的另一侧。在茂密富饶的高地丛林中心，这里是一片死亡地带。

　　这种对所有形式生命的摧毁是意料之中的，因为水银和其他化学物质的毒性充斥于整个露天采矿场。因为接触水银而对人类造成的神经系统和机体上的损伤会发生在所有哺乳动物和大部分其他动物身上。水银中毒的鸟类会变得十分虚弱以至于无法行走或飞翔,并且肾脏衰竭。动物身体内的水银会越来越集中,比如说在鱼肉中。这也是为什么北美和欧洲的怀孕妇女被警告不要食用掠食性鱼类,诸如鲨鱼、剑鱼或鲭鱼,它们体内的水银含量可能很高。吃鱼的鸟类和吃昆虫的鸟类也是如此。哪怕蜘蛛体内都可能有大量水银,这些水银来自它们所捕食的昆虫,之后它们再将这些毒素转移给任何捕食它们的鸟。科学家称这个过程为"生物放大作用"(biomagnification)——某种物质在食物链中不断聚集的效应。一位生态学家解释道:"任何加长食物链的环节都会让水银继续传递下去,每个环节它的含量都会放大为原来的10倍……水银是一种尤其活跃的物质。"[1]

你可以在一只携带水银的甲虫身上看到奴役造成的这种破坏,你也可以透过飞机机窗看见。上一次有人想要评测加纳境内黄金开采造成的森林破坏程度还是在1995年,结果是估计有3万英亩森林流失。自那以后,非法采矿急剧上升。[2] 保守估计,1990—2010年加纳失去了33.7%的森林和林区栖息地,或者说600万英亩左右。[3] 如此迅速的森林破坏所带来的影响是严重的,其代价是4%的国内生产总值(GDP)损耗。这还增加了土地沙漠化或转化为牧场的比率,新出现的热带大草原延伸到了本该是热带雨林的地方。[4] 这个效应也蔓延至国界线外。《国家地理》杂志上一篇题为"森林大屠杀"的文章描述了"在西非国家,诸如尼日利亚、加纳和科特迪瓦,热带雨林的破坏可能已经导致了非洲内陆20年的旱灾,随之而来的还有艰苦和饥荒"。[5] 或者正如英国热带农业学家罗伯特·D.曼发出的警告:"如果目前滥伐的趋势(砍伐树木和随意烧毁树丛)未得到抑制和反转,那么当地气候将会进一步恶化,土壤的肥沃度降低,粮食作物产量下降。"[6]

由于全球气候变暖的压力,所有形式的森林破坏都是糟糕的,但上述类型的森林流失可能是仅次于核灾难的最糟糕的一种。要理解这点,我们可以把加纳的露天采矿场和亚马孙丛林做一下比较。在巴西，有数百万英亩的森林正在流失，但在树木被砍伐以后，一部分表土层留存下来，土地被翻改成放牧的草场。这是一个非常目光短浅，说实话很愚蠢的举动，但至少土地上仍然有生命——尽管有些苍白，而且多样性远不及先前丰富。

如果一座"挖-洗"式的露天采矿场开工，那么对土地上树木的皆伐只是一场"四幕"环境悲剧的序曲。第一幕是移除所有生命——植物和动物——暴露出地表下面的砂质黏土或石头。第二幕是挖出巨大的矿井和沟槽，溪水或河流附近的土地尤其受到觊觎。一些河岸边的矿井被纵向深挖至地下100英尺，又横向延伸进周围的森林达200英尺。这就将一条生机勃勃的河流变成了一个停滞的死水池，沿着贫瘠的沟渠底部扭曲。第三幕是毒害，水银不断地吸附和渗透，让死亡的阴影笼罩着周围森林里的哺乳动物、鸟类、爬行动物、两栖动物、鱼类和昆虫。这场悲剧的第四幕是废弃。当黄金被开采殆尽，奴隶主就会带着他的奴隶离开。成堆的垃圾和金属尾料被丢弃在他们工作过的地方。开挖矿井时，土壤被推到一侧，但再也没有被重新盖回来，留下伤痕累累的土地。溪水与河流，从它们天然的堤岸被扭转出去，最终被滞留在水池中或引流至其他方向，进一步侵蚀森林。如果土地可以恢复——通常不可能——即便不需要几个世纪，也要花数十年的时间。

健康生长的森林仍然是生机勃勃的美丽之地，即便它的地下可能有一座黄金矿场。我沿着一条通往矿场或碎石场的森林小径走着，有时突然停驻，被沿途散发着蜜香的花儿或透过浅绿色蕨类植物落在地上的光斑迷住，迈不动步子。我的加纳同事已经习惯了这大自然的美景，他走得很快，然后又不得不停下来看我，问是不是有什么事。我会回答"没有"，然后继续前行，但确实有大事，我刚开始理解黄金导致的事有多大，以及它对政府、经济和我们的生活造成的影响有多大。

有大量的黄金流出加纳。加纳产黄金 2012 年的全球销售额超过 55 亿美元，到 2016 年到达 60 亿美元。[7] 随着 2008 年经济衰退的开始，淘金热的浪潮又被掀起，将黄金的价格炒到原先的 250%。普遍认为现在整个加纳国土的 1/3 都被租赁给了矿业公司[8]，直到 2014 年，加纳的合法黄金产量每年会增长 6.5%。[9] 没人知道非法黄金生产的规模以及它对奴隶的需求增长得有多快，但不需要合法许可的小规模采矿对市场力量的反应比过去快了许多，因此其扩张可能的确非常迅速。

在像加纳这样的国家，其结果就是形势正迅速发展至政府的掌控之外，却又在其掌控之内。黄金出口为政府的金库带来了巨大的收益，同时黄金采矿业的迅速扩张扰乱了整个郊区穷人社会的生活。[10] 与此同时，非法采矿和奴役工作就像一块海绵，不断吸收着这些流离失所的家庭的养分。不论加纳的非法矿工是来自萧条北方的移民，还是在南方被国际采矿公司夺去自家耕地的居民，其数量估计至少有 20 万，如果将他们的后代也计入，就能达到 100 万。这是数目庞大的人口，他们随处可见。采矿城镇和一些大型非法矿场并未费心避匿，哪怕是使用奴工的小型矿场，只要花一点点时间和努力，也不难找到。非法矿场、奴役活动和随之而来的环境破坏如此明目张胆地继续着，因为尽管加纳的权势力量可能想要结束这些犯罪活动，但他们不希望现在就结束。

显而易见，加纳政府有责任保护其公民不受奴役，也有义务保护其环境免遭破坏，但它也有责任兑现与矿业公司签署的合约，并保障国库（以及一些政客的口袋）能得到来自黄金出口的收益。和其他许多国家一样，加纳政府是黄金的主要买方和卖方。根据法律，所有采自小型矿场（即覆盖面小于 25 英亩）的黄金都必须售予政府的稀有矿物销售公司（Precious Minerals Marketing Company，简称 PMMC）。为了购买黄金，加纳稀有矿物销售公司建立了一个许可网络，其中包含来自世界各地的 750 个黄金采购商。这家政府公司的目的是为当地采矿者提供公平合理的价格，如此断绝黄金走私犯的货源，后者会以较低的价格向当地采矿者收购黄金,再将其私运出国,逃开税收。加纳稀有矿物销售公司成立于 1989 年,人们认为当时每年有 8 万盎司的黄金经走私犯之手流出,政府每年损失的税收以百万计。政府充当了有保障的采购商之后,采矿者可以更好的价格出售黄金,走私犯就会被挤出市场,但这个计划有一个致命的瑕疵。

政府为了保证得到所有被开采出来的金矿,会向稀有矿物销售公司的办公室——就像我去过的那个放着成堆现金的地方——购买黄金,但不会提出任何问题。政府想要垄断所有黄金,不论它是如何开采的,不管是合法、非法还是偷来的。"不提出任何问题"的政策意味着政府可以帮助小矿场主争取高价,但它也成了所有来源不明的黄金的"销赃处"。这意味着使用奴工、摧毁环境的非法采矿者永远都有采购商来购买他们的黄金。走私的问题被解决了,另外两个问题却加重了。政府立场的矛盾已经清晰,如果获得许可的黄金采购商正是资助和控制非法奴工矿场的人,政府的姿态就会变得尤为丑陋(并且是以获利为目的的)。就和水银一样,腐败与黄金也密不可分。

诚然,加纳的主要黄金产量并非来自小型矿场,而是来自国际企业的大规模生产线,他们与政府有契约,也不会将他们的黄金卖给当地的稀有矿物销售公司。几十亿美元在其中运作,这些企业一边努力地保护他们的开采地不被他人偷用,一边也期待政府调用人力保卫他们的矿场和设备。对大企业而言,非法矿场是一种妨害。他们控诉说他们必须忍耐非法开采者引起的事故,还要承担后者蓄意破坏或偷窃设备造成的损失。2008 年,加纳黄金田野公司(Gold Fields Ghana)的总经理约翰·博塔(Johan Botha)发出警告,一座新的大矿场随时可以投入开采,"但只要非法开采者还在这块开采地上,我们就不会投入工作,因为他们会跟着我们到那里"。根据这些矿业公司的说法,非法采矿者威胁、干扰了他们的一般运作。"非法采矿者为了进入矿井,会恐吓,或在某些情况下直接攻击我们矿场上的员工。"[11] 阿散蒂安格鲁黄金公司(AngloGold Ashanti)

的副总裁克里斯蒂安·卢汉伟（Christian Luhembwe）解释道。

非法采矿者从大公司及其获得许可的采矿地窃取资源，这是事实。他们或是偷偷地重新使用旧矿场，或是开辟出新的小路进入有新挖掘的矿石的地区，进行偷采。还有其他形式的偷窃，可以说是致命的：非法采矿者躲藏在附近，当露天矿场爆破出大量矿石时，他们立刻就向矿场内跑去。一个非法采矿者告诉我，这个操作的要点在于，在不被炸到的前提下尽可能地离爆破装置近，接着立刻跑入爆破区域，这样你就能"隐身"于尘雾中，能拿多少矿石就拿多少，然后离开。这些不顾一切的男人就是在与炸药玩俄罗斯轮盘赌。他们离爆破点越近，他们被抓到的概率就越小，但他们在爆炸中死伤的可能性就越大。

我走访了一座非法矿场，在19世纪和20世纪它曾一度是合法的。这个矿场被一些大公司关闭之后（但仍然属于它们的财产），被水淹没。如今有人偷偷溜进来，安装了便携式汽油驱动泵，一点一点排干了矿中的水，然后将一群群工人带入这里。矿工们告诉我，地下有几大池水，而在矿场的黑暗中，他们很容易掉进地下的水池中溺亡。除了危险的水泵，有时凿工会打通两座旧矿井，很可能引发来自未排水区域的暴发性洪水。工人们很害怕被突然注入矿井的急流困住或淹死。与此同时，他们带我看了一条旧的入口隧道，它现在被简单地用几根铁条封了起来。尽管这条隧道可能需要用作逃生通道，但偷矿贼会在夜间使用它，所以非法"矿主"将它封了起来。为了黄金，贼外有贼。所有挖掘"摇钱石"——石英岩——的人，不论是合法的大公司还是非法的小作坊，都知道总有一些人伺机而动，想窃取矿石。

尽管矿场上的危险是致命的，但非法矿工，尤其是那些被奴役的，更担心的却是警察。在各个矿场上，人们都和我说了警察和黄金公司保安的突袭，他们殴打及逮捕矿工，破坏或拿走一切值钱的东西。水泵、发电机、棚屋、床、锅子、食物和工具——武装人员、警察或私人保安会收集所有的东西，要么搬走，要么当场破坏。矿工会努力地逃走，藏身于森林中,但当突袭来临,许多人,尤其是那些在矿井底部的工人们,无法及时逃离,就会遭到棍打或被关押,或者同时遭遇两者。

矿工们告诉我,他们害怕保安和警察的理由不同。他们说,一方面,保安更粗暴,当他们袭击一座矿场的时候,会造成更多的伤亡和破坏。有一个故事我听过好几次——但从来没确认过——相关矿业公司的保安人员用推土机封了一座矿井,井内所有矿工都受困其中,被活埋至死。2008年年末,加纳人权委员会(Ghana Commission on Human Rights)发布的一份报告称,曾有矿场保安人员将燃烧的汽车轮胎放置在隧道入口处,导致隧道中的矿工窒息,这是突袭中的惯用攻击手段。[12]

另一方面,警察没那么粗暴,但会引发另一种长时间的痛苦。警方突袭一座矿场的时候,也有殴打、没收财物和破坏,但还外加逮捕,任何矿工都可能被抓。哪怕是那些在奴役状态中的矿工,也会被捕,并以非法采矿的罪名被起诉。他们没钱聘请律师,很快就被公诉和判刑,接下去的两三年就会在狱中度过。一些曾经被奴役和逮捕的矿工告诉我,监狱里充斥着暴力和疾病,比矿场更糟糕。当然了,奴隶主从来没有被逮捕过,一周之内他们的矿场就会被解封并重新运作。

事实是,没有一个有权者会真的希望这些矿场关闭。没错,矿业公司希望摆脱偷矿贼,但他们并不乐于见到所有小规模采矿者消失。不论他们说过什么,大型矿业公司常常跟在非法采矿者后面,让后者在他们的采矿地上先做寻找矿源的工作,等非法采矿者找到了新的矿井,他们就将其赶走,占有对方的成果。政府想要黄金,从非法单位捞油水的地方权势和企业也想要。在任何情况下,他们都可能睁一只眼闭一只眼,只要黄金的货流没有被阻碍,在当前的情况下所有人就都能获利——除了奴隶和自然世界,但谁会为他们发声?

一个政府劳动监察员应该为奴隶发声,但他收到了来自上级的明确指示:"不要自找麻烦。"[13] 我在一个小镇遇到的这个劳动监察员已经在黄金国家待了很长时间了,在这个岗位上超过 20 年,他对矿场的事情非常了解。即便如此,在一个外国人面前,他仍然想要模糊和掩饰奴役的概念,但不论他怎么努力,终归无法敷衍过去。他开始向我解释:"这不是强迫劳动,但如果他们去非法矿场工作,还借了钱,那么他们在被催债时就会受到胁迫。当工人们意识到自己不会拿到工钱时,有人会告诉他们再等一段时间,继续工作,之后他们还是拿不到工钱。如果他们想要离开,工头会把他们拖回来,让他们继续工作,并且不再让他们待在室外了。如果他们真的逃走了,他们会失去所有,他们的孩子也在为了偿债工作。"显而易见,他所描述的就是债务奴役,但像这个劳动监察员一样的官员被告诫不要使用"奴役"这个词。这不只是政府方面试图掩盖。在经历过大西洋奴隶贸易的非洲国家中,这个字眼敏感而意味深长。"奴役"是欧洲人对他们犯下的滔天大罪,今天,他们不允许自己的公民再遭受这样的苦难。另外,加纳还有一个特别的原因:称别人为奴隶,或哪怕只是暗示别人是奴隶的后代,是一种大忌。所有加纳人都知道,奴役既是一种本土活动,也为欧洲人所利用。他们也知道他们的邻居、同胞中有哪些人真的是奴隶的后代。这很容易就能辨别——他们的姓氏就是证明。但要把这些说出来,是巨大的禁忌。[14]

这个劳动监察员虽然对定义"奴役"局促不安,但他告诉我他见过许许多多迫使负债工人回去给他们的"债主"干活的庭审案件,然而他从未见过或听说过任何以债务奴役或奴役活动起诉债主的案子。劳动监察员很真诚,也知道他应该为奴役活动做些什么,但他的上层领导阻止了他。"我让矿主给他们的工人付酬劳,"他解释道,"也很明确地告诉他们,违背工人意志强行占有他们是违法的,但警方不为我提供协助。而且吧,大多数时候我甚至到不了那些矿场。它们在非常偏远的地区,单位不允许我开政府用车去那里。"即便拥有世界上最强大的意志,一个不被允许使用车辆或没有警力支持的劳动监察员也无法对一个利润丰厚的大型犯罪企业做出多少对抗。

真正的改变必须由国家政府做出。小规模的非法矿场可以转变为合法企业并受到监察，采矿工地也可以开放给那些需要工作的人，但这就需要法律上的改变和对政府与大公司之间现有合同的调整。如果这样一项法律通过了，那么就需要投入巨大的执行力量，但既然黄金已经如此顺利地在流通了，何必费神做这些呢？加纳人权委员会的理查德·奎森（Richard Quayson）这样解释："黄金是加纳经济的心脏，是一个非常敏感的部位。"15

但愿你的婚戒与你的爱一样纯净……

似乎所有在黄金供应链中掌握权力的人——政府、矿业公司、地方权势、大小非法经营者、奴隶主——都照例能在交易中分一杯羹。只有流离失所的饥饿农民、年轻的经济移民①和被奴役的矿工迫切地需要改变。他们都只能单枪匹马；有一些资金不多的地方小组织，为受压迫的工人争取，想要保护环境，常常面临来自官方的反对。但在这幅图景中，也有人被忽略了：消费者。

黄金供应链所到达的地方远不只加纳的边境，它贯穿了国际市场，直接进入北美、欧洲和其他富裕国家的商店和普通人家。在供应链中有可以推动改变的力量，但这股力量是未实现的、无组织的——每个购买黄金之人的力量。

黄金在政府、投资者和罪犯看来意味着现金，但对我们大多数人而言它有一种特殊的、在情感上十分微妙的权威性。黄金可以导电，但它最大的力量是象征性的。我们在用黄金饰品传达我们的情感时，在赋予所购买黄金以意义时，就创造了一种力量。对数以百万计的人而言，爱的纯洁性、承诺的永恒性都可以由一枚小小的金戒指来象征。

我们很难知道我们赋予那枚小小的金戒指的象征意义，究竟是不是

---

① 经济移民（economic migrant），以找工作或寻求更高生活水平为目的而迁移的移民。

将奴役活动从矿场彻底消除并保护自然世界的关键因素,或者是不是达到这些目标的最大阻碍。当你的金戒指承载了深远的情感意义,象征着你的爱情和婚姻,你应该确定:没有奴役,没有危险的儿童劳动,没有污染河流和溪水的水银为这枚戒指带来污点。这是很重要的。然而,对许多人而言,这些事实实在太丑陋,他们不愿去思考。

当然,一些人将黄金当作财富而不是爱情的象征。他们用黄金来高调地彰显自己的经济优势,并不真的在乎这些黄金来自哪里。闪亮的金链子、粗重的金表、纯金的 MP3 播放器和镀金的车轮都变相在说:"这些都是我的,既然我拥有价值连城的东西,那么我肯定是重要的角色,也很有价值。"体现于闪亮的珠宝上的自我价值是可悲的、空洞的,但它如此普遍,似乎是无可避免的,是人类一种恒常的劣根性。人们能以一种新的方式看待黄金吗?长久以来的人类历史似乎都在大喊着"不能!"人类的存在充斥着被对黄金的欲望摧残和毁灭的生命。但历史也让我们看到,改变是可能的。记住,在人类历史的大多数时刻,拥有奴隶是炫耀财富的一个重要途径。他们的劳动、他们的性用途,甚至是他们的人祭(ritualized murder)都可能极大地提升一个人的地位。一个人的权力和重要性直接由他或她所控制的奴隶的多少来决定。今日,我们很难再找到哪个理智之人会用奴隶来提升自己的社会地位,这种想法足以令人反感,更别提它是违法的了。如果这种改变都是可能的,那我们为什么不能在我们与黄金的关系中做一点儿微小而轻易的改变呢?

毕竟,我们不必完全放弃黄金,我们只需要放弃让美丽的黄金变得如此丑陋的奴役活动和环境破坏。我们可以通过监督黄金的开采,拒绝购买伤害过人民或环境的黄金,就可以做到。自然,一些人会想要避开监察,将"奴隶黄金"偷偷带入经济体,但罪犯的存在不意味着我们应该放弃阻止奴役,任凭他们肆虐。追踪黄金的来源是一个挑战,但监督黄金还是要比大多数商品容易。黄金是固定于某处的,它没办法像罂粟那样被移植。由于许多大型金矿已经在监管之下了,整改任务可以专注于小型非法矿场，最大的问题往往出现在那里。

当我们定下我们所拥有和佩戴的黄金应该满足什么样的人权标准时，整改行动就可以开始了。这个决定会涉及许多方面，但每个人都会对其基本要素达成共识——没有奴役，没有童工，没有环境破坏。供应链上的每个人，尤其是消费者，需要商定谁来监察矿场并认证黄金的来源是否合法。一旦做出了这些关键决定，接下来的事就是搜查、监察矿场，与经营者一起合作，整改他们的公司（或者让非法公司停业），对输出进行认证。自然，这个过程中有很多事情都可能出错，但一旦要求"干净"黄金的法律通过了，市场就会推进供应认证的普遍化。[16] 可能会需要一些耐心：环境整改，将非法矿场转变为合法许可经营，释放被奴役的矿工并帮助他们开始新生活，让已经开采出来的黄金以一种不会伤害贫穷国家经济的方式流过整改系统，这一切都需要时间，但其结果是这样生产出来的黄金能让我们感觉良好。

那么，谁来为这一切买单呢？这很简单，答案是每个人：矿场经营者、大小公司、政府、零售商以及我们——消费者。产品链上的利润是如此之大，因此减去小额并不会影响货物流通，也不会致使任何人破产或停业。请注意，美国每对订婚的情侣平均花费 2000 美元在婚戒上，每年有超过 200 万次订婚和婚礼。如果我们加上 5 美元，让奴役活动和环境毁坏从我们的婚戒上消失，那么每年用于检查认证的费用是 1000 万美元。而婚戒只是黄金销售中的一小部分。[17] 单单在美国，2013 年的珠宝销售额就达到了 790 亿美元，而美国的黄金消费还远远不及印度和中国。供应链中各种价格上增加的几个百分点对生产者和消费者而言可能都是微不足道的，但能极大地促进释放奴隶和保护雨林的进程。

对一个像加纳一样的国家来说，实现"干净黄金"会在三个方面有利于其经济：其一，这意味着导向由道德消费者领导的升水市场①；其二，

---

① 升水市场（premium market），在货币市场中，升水指为判断远期或期货价格而向即期价格中添加的点数，与贴水（discount）相对应。

第七章 对记忆的屠杀

这使国家能更好地控制最有利可图的出口业务；其三，这能更好地保护这个国家最弱势的公民及其自然资源。在大多数情况下，这只是意味着执行现有的法律。其中一条法令称，政府可以要求矿业公司将土地让与小规模采矿商，使后者的采矿场地合法化。由于大多数非法矿场在矿业公司未开发的土地上运作，对那些大公司而言，执行这条法律的结果不会带来什么损失。事实上，政府还可以与矿业公司签署合约，让前者提供环境教育和技术支持以换取部分已开采的黄金。对其他小规模采矿商，尤其是逃离奴役束缚的矿工而言，为支持其他类型的生计形式而设计的现有政府项目会比较合适——只要政府选择支持的新工种或技能可以从地方社区吸收人才。在这些项目中允许利率合理的合法小额贷款，由此贫穷的奴工就走上了通往新生活的道路。[18]

和矿工所需的帮助联系在一起的，是所有公民都应获得的基本保护。同样，不需要新的项目，只需扩展现有的工作和法律。有两个关键领域需要加强：法律执行和劳动监察。加纳不是一个特殊的例子，记住这点很重要；在一些类型的农业劳动监察上，加纳政府所做的已远远领先于美国。然而，在这两个国家，警方都缺乏发现奴役活动的训练，上级官员也没有将自己的国家变为无奴隶国家的决心。但要想在加纳受过良好教育的劳动人口中，训练出劳动监察员和警察来辨别、对抗、逮捕和公诉奴隶主，应该不成问题，只要政治意愿和资源允许。

这些项目可以基于一个观念——奴役是错误的，和一个事实——彻底消除奴役活动可以促进经济发展。免费的工人生产更多，也花费更多，他们将他们的孩子带离劳动人口，送去学校读书，后者更有可能缴纳税款。由于加纳有非常活跃的反奴役运动，已经针对可可种植、捕鱼、家奴和其他形式的奴役活动展开，我们可能可以知道关于如何在加纳帮助人们获得永久自由的一切方法。

如果方向正确，而且企业、消费者和政府都投入进来，各尽其职，那么黄金产业的奴役在加纳完全终结的可能性会非常大。但如果我们站在被困于奴役，如今 23 岁的伊卜拉辛身边，我们会感觉自由是不可能的，未来毫无希望。我在加纳做研究的最后一晚，我与伊卜拉辛待到很晚，他勇敢地向我敞开心扉，对我讲述了他的生活。我用"勇敢"这个词有两个原因——因为与我交谈是很危险的，也因为许多奴隶感到非常羞耻。和强奸受害者一样，他们往往为他们所遭受的暴虐而责备自己。奴隶主了解这种羞耻感，常常痛斥奴隶，将负债和奴役直接归咎于他们的懒惰、软弱、愚蠢、狡猾和低劣。这是非常洗脑的，为了逃避，奴隶只能消失在自己思绪的空白之中，逃开一切想法，逃开奴役的真相。在奴役中直面自我就好比望向一口绝望的深井。真实地讲述一个被偷走的人生可能是极度痛苦的，但伊卜拉辛（在讲述时有时会颤抖）直面他的梦魇，告诉了我他的故事。

"我在好几个矿场上工作过，在很多警方和保安的突袭中死里逃生，"伊卜拉辛告诉我，"如果突袭开始，放哨的通常会放枪警告，接着所有人就会四处逃命。我们知道，只要被抓到就会遭到毒打。你只需要在森林里睡一个晚上，然后在第二天悄悄回到矿上。每一次都是一样的，所有东西都被毁坏了，你没带进森林的东西都被抢走。但工头和守卫还在那儿，你必须回去工作，整理干净，让矿场可以重新开工。

"有一次，我 17 岁的时候，警察包围了矿场，我在跑进森林时被抓住了。他们狠狠打我，然后以非法采矿的罪名逮捕了我。在监狱度过一夜后，我被带到一位法官面前。我不理解发生了什么，一切都来得太快。接着我听到了判决结果——两年有期徒刑，然后就这样结束了。我被带到库玛西市① 关了起来。监狱非常拥挤，真的很挤，也很危险。那里常有坏事发生。我们每天只能吃到一餐。在狱中，我发现许多囚犯都和我一样是青少年，我想着为什么工头和放贷人从来没有被逮捕过，也没有付过罚款。"伊卜拉辛被释放时，他做了他所知道的唯一一件事：返回矿场，

---

① 库马西（Kumasi），加纳第二大城市，阿散蒂区的首府。

第七章 对记忆的屠杀

重新与他舅舅会和，再一次背负起债务。

很显然，对伊卜拉辛来说，他在监狱和矿场的生活很难启齿。我怀疑有一些事，尤其是他在监狱中经历的痛苦，他说不出口。我想要了解他所遭受的伤害，于是和缓地问他一些问题，意在确定他所遭受创伤的程度。他曾回想起过去的片段吗？不好的记忆会侵占他的脑海吗？"噢，会，"他说，"就像上周二，只是节奏挺慢、挺安静的一天，我打了一会儿盹，就在一瞬间，所有的景象都涌入我脑中，它们如此真实，我怕极了。这对我来说是寻常之事。有时候，半夜里我会从恐慌中惊醒，惧怕之至，颤抖不已，浑身是汗。"他所说的这些，还有我提到的其他创伤后应激障碍（PTSD）的精神迹象，伊卜拉辛都在自己身上发现了——持续处于神经高度紧张的临界点，无法集中注意力，情感衰退（emotional deadness），以及一种深深的、不可改变的悲哀感。"差不多两年半之前，"他告诉我，"一次突袭毁掉了我所有的东西，我只觉得一切都完了，我失去了对自己生活的所有控制。我仅有的那一点点东西都没了，但债务还在。我知道，在矿上我是不会有未来的，也没有人身安全，没有看病的机会，总有一天我会生病，然后死掉。"

除非黄金市场有所改变，否则伊卜拉辛的预测恐怕就会成真。他已经因为硅肺病而咳个不停，还得过好几次肺炎。携带疟疾的螺旋体在他的血液中游动，一旦他的身体状况变弱，他就会开始发冷、发烧。他睡在铺在地上的一片纸板上，没有蚊帐，肯定也没机会得到治疗疟疾的药物，因此他不断地感染和传播新的疟疾细菌。如果再发生一次岩石砸落，可能会让他残疾；缺乏食物和休息意味着他在工作时会头晕目眩，动作笨拙，随时都可能发生事故。

"这份工作很危险，"伊卜拉辛解释道，"但投资的人、盈利的人逼迫我们干活。如果没有债务，我会走出去，永永远远地离开这里。我会学一项新技能，做其他类型的工作。"我问他对合法的采矿租借地有什么看法，如果伊卜拉辛和他所在的工队可以合法采矿会怎么样。"是，那样会好很多。如果你是非法的，那么你所有的工作成果都可能在一次突袭中被偷走——你所有的财物和你挖出来的所有矿石。你永远无法获得自由，永远在债务的利息和掠夺一切的突袭中艰难地生存。"

如果说有任何缓和他如今苦涩境地的东西，那就是伊卜拉辛的信仰：真主正在看着这一切。"真主写好了每个人的人生，"他告诉我，"他知道对每个人而言什么是有益的。真主知道他的造物正处在苦难和麻烦中，总有一天真主会祝福他。"我问伊卜拉辛他是不是从来没有生过真主的气。"从没有，"他说，"把真主和坏事联系在一起是错的，不论如何，许多亲近真主的人都度过了更艰难的困境，挺了过来。如果真主没有庇佑你，他不会让你看见明天的太阳，所以当你早上醒来，身体强健，还能工作，那就是真主在庇佑你。"伊卜拉辛告诉我，只要有机会他就会去清真寺，祈祷自己能获得一个更好的人生，但在清真寺，从来没人谈论奴役。"伊玛目，"伊卜拉辛说，"只是告诫我们要小心，尤其是发生突袭的时候。"

在我们的交谈快结束时，伊卜拉辛向我坦白，他的感受是他最大的失败。几年前，他的弟弟从北部南下找工作。他弟弟相信着许许多多年轻移民所相信的事：挖金矿会让他变富有。伊卜拉辛用了好几周的时间让他弟弟认识事情的真相，想帮助他在矿场以外的地方找其他工作。但并没有用。为了不让弟弟负债，伊卜拉辛又增加了自己的债务，为他弟弟买了工具，好让他能独立工作。这段经历让他沮丧，立誓再也不让任何人进入矿场工作。"我再也没有让任何朋友或家人接触这个工作。"他说。

对伊卜拉辛而言，要说出口，要直面他人生的真相，着实艰难。同时，他又急于证明自己所说的都是事实。"我向你保证我的故事是真的，我认识其他人，他们的处境更糟糕。"他告诉我。讲述自己的经历让他五味杂陈。"你能聆听我的故事，让我好受很多，第一次有人让我讲述自己的痛苦，"他告诉我，"被聆听和理解，我很高兴。但这一切发生在我身上，也让我感到十分悲伤，我完全不知道要如何摆脱命运。从我们谈论的这些事情中，我知道了自己是一个奴隶。"

眼泪从伊卜拉辛的两颊滑落,他说他想向我要样东西。"我想要被人们记住,"他说,"等你把我的故事写下来,等你的书出版了,能不能给我寄一本?我想要拿给其他人看,让他们知道我不是个完全无用之人。我只想让他们知道,在我的人生里,也会有些好事发生。"

第八章
树，人

> 我怕吗？我怕。因为我是人类，所以我会害怕。
>
> ——何塞·克劳迪奥·里贝罗·达席尔瓦
> （José Cláudio Ribeiro da Silva）

1956年，巴西决定建造一座新都城时，他们似乎是让一群12岁的男孩设计了这座城市。除了几片窄湖，巴西利亚的街道如牛角般弯曲，而那条粗胖丑陋的中央大道就是牛头般的存在。这牛头，好像科幻小说的封面，大片的空旷地带吸引人注意那些状若飞船的建筑，又像麦片碗，或是圆圈里竖立着的烤肋骨，或是鸭蛋，或是小棍子上的一副假睫毛。所有建筑不是尖锐的，就是球状的，都是粗陋的白色，建筑之间由绵长、光滑的螺旋状道路连接，就是那种机器人喜欢闪着灯，发着哔哔声呼啸驶过的道路。很奇怪，当地人怎么没有穿着无领紧身连体衣，在胸前展示未来感十足的V字。

青少年特有的组织感也充斥着整个城市。设计者没有遵循老派的理念，如"市场"和"社区"，而是将建筑物按功能组合在一起。酒店在酒店区，公寓在公寓区，饭店在饭店区，以此类推。好在他们把厕所分布在城市各处，而不是也将其集中在一个特殊的排泄专区。20世纪60年代，在夜晚从政府区驶向娱乐区时，从尾鳍轿车里看这些空旷宽阔的大道，一定充满了乐趣。当然了，这是人口爆炸，每个人都开上车之前的事。如今，人们每天只能置身于封锁城市的交通堵塞之中，想要穿过市中心去取他们干洗的衣服，或是外带的中餐，因为没人真的在这些功能区域中生活。公共交通也没什么可提的，因为为数不多的公交车也都被困在相同的交通堵塞中。我完全无法想象没有单轨列车，这座城市要如何运作。但现在也不算太晚，它至少可以代替现在需要使用的出租车，来连接不同的政府大楼。那些出租车在地下停车场偷偷地穿行，驶过横跨六条巷弄的危险 U 形弯，然后在寻找一幢大楼入口时迷失方向——一颗鸭蛋的门通常会开在哪儿？

生活在巴西利亚的人已经明白，如果费太多精力思考这座城市及其特质，会让你忧郁并有点儿焦躁不安，因此他们不会这么做。我从酒店区穿过一系列巴克·罗杰斯式①的包豪斯建筑，来到某个地方的一座巨大的现代建筑中举办的庆典，在整个过程中，我努力想要模仿巴西利亚人的这种抽离。（抱歉，我只能描述到这种程度了。在这座城市期间，我从来都没搞清过自己在哪，或是身处什么建筑，尽管有一栋建筑看上去像极了一个飞碟，我觉得自己随时可能被外星人绑架。）

我在巴西首都的工作是庆祝某件相当"巴西"的事件——一项消除奴役的国家计划——的 17 周年。在我在这本书中所研究的其他所有国家，相同的事情都在重复发生——腐败、暴力以及无休止并且似乎无法阻止的环境破坏。在非洲和亚洲，生态破坏和奴役活动折磨着人的生活和自然世界。但巴西不同。

巴西虽然不同，但它仍然面临着严重的环境威胁和持续的生态破坏。从很多角度来看，巴西是终结全球气候变暖一役的重镇。这里有世界上最大的森林，巨大的亚马孙盆地，这里被认为是生物多样性的重要中心，也被喻为"地球之肺"。这里亦是一个拥有悠长的奴役历史的国家。在 18 世纪和 19 世纪大西洋贸易时期，巴西从非洲收到了大量的奴隶。运往巴

---

① 巴克·罗杰斯（Buck Rogers），1979 年出品的美国科幻题材电视剧《巴克·罗杰斯在 25 世纪》中的主角。

西的奴隶数量是运往北美的 10 倍。从殖民开始到 19 世纪 80 年代为止，大约有 1000 万人从非洲被运到巴西做奴隶。然而，由于蔗糖种植园内的死亡率非常高，这个国家的奴隶人口（约 200 万）从未达到过美国的一半。结束合法奴役也相应花了更长时间。1888 年 5 月，全面的奴隶解放终于在巴西实现——巴西是西半球最后一个废除奴隶制的国家。但就像其他许多国家一样，废除奴隶制并没有使奴役活动消失，它只是以其他名义继续存在。及至 20 世纪中叶，奴役活动支撑着巴西许多重要的出口产业，但它也引来了政府不想要的关注。政府转而致力于转移外界观察者的视线，不让他们看见这个国家奴役活动的事实。

2002 年以前，巴西政府在联合国谴责奴役，在欧洲报界批判奴役，向美国政府保证他们会尽最大的努力，但就是逃避他们在国内的责任。对于一个从 1964 年到 1985 年一直处于军事独裁的国家而言，他们的这种做法并不在意料之外。但即便在回归民主制度之后，巴西劳动与就业部——在巴西称为"制止强迫劳动执行组"——仍然只有四支配备简陋的小队。很显然，如果整个社区爆发蟑螂虫害，四小罐杀虫剂是顶不了什么事的。在巴西这么大的国家里，有数以万计的人受到奴役，四支小队必然是不够的。

一个小例子就能说明问题：20 世纪 90 年代晚期，我在巴西西部的一个小镇上，与一位政府劳动监察员在他异常朴素的办公室里会面。他知道奴隶在什么地方，并已经准备好执行官方任务——但当地方领导意识到他是严肃对待这份工作时，他办公室里的电话、家具就都被搬走了，他的工作用车也被"召回"。使用奴工的制炭营地在很远的地方，森林的深处，每一次当他搭到进入乡下的车时，似乎总有人向那些奴隶主报信，等他到那里，工人们都不见了。政府并非真的打算治理奴役问题；从强迫劳动中获利的富有地主拥有太过强大的影响力，奴隶被视为无关紧要的、用后即弃的工具。在这种官方不作为的环境中，哪里可以用人的汗水换来利益，奴役活动就在哪里像毒蘑菇一样不断窜出。在农业、土地清理业、矿业、木炭制造、娼妓业和小型厂房内,奴隶主夺走了男人、女人和孩子的自由意志,有时甚至是他们的生命。

2002年10月,路易斯·伊纳西奥·卢拉·达席尔瓦(Luiz Inácio Lula da Silva),即人们所知的"卢拉"当选巴西总统后,一切开始发生变化了。卢拉的工人背景让他更倾向于对奴役问题采取真正的措施。他成长于一个贫困的家庭,他的父亲在他仅仅两周大的时候抛弃了全家人,因此他对贫穷也有更深的理解。卢拉读完小学四年级就辍学,打工挣钱以补贴他赤贫的家庭。14岁时,他在一家炼铜厂工作,19岁,他在一次工厂事故中失去了一根手指,此后他力争参与工会政治。卢拉总统明确地表示,他相信奴隶制历史仍然在阻碍巴西的发展。2006年10月,他发言道:"这个[奴役]体制将财富引向有权势的精英群体,挖出了一个社会深渊,这个深渊象征着整个民族的命运。"[1]

2003年上任四个月之后,卢拉建立了"根除奴隶劳动全国委员会"(National Commission for the Eradication of Slave Labor),并将其设为政府的一个固定部门;他委派这个部门重写和补充一份根除奴役活动的国家计划——前届政府一直搁置着这项计划。也许在废奴历史上,这是一个政府第一次在正确的方向上为所应为,在采取措施之前保证一切都准备就绪,而不是临时而匆忙地就投入解放奴隶的任务中,后者往往会带来灾难性的后果。[2] 这个委员会将相关的政府机构联合在一起——警方和国家执法部门,以及在此之前已经做了大部分工作的反奴役和人权组织。要攻克奴役问题,这无疑是正确的团队。

国家计划包含一些非常出色的想法。反奴役法律的执行将会更加严格,处罚也有所加重。最强势的新提案之一也十分激进:无偿没收属于奴隶主的土地。如果这项提案通过,那么没收将会成为力度很大的制裁。还有人提议,被没收的土地可以分配给被解放的奴隶和无土地的贫农,如此可以防止重新奴役(reenslavement)——巴西的一个严重问题。根据巴西劳动监察部的报告,从奴隶劳动中被解放的人中有高达40%的人又被奴役了，他们被解放的次数超过一次。卢拉理解巴西农村正处于一个贫穷—经济危机—奴役的恶性循环中，提供土地和更好的就业机会能防止工人们再次陷入奴役。

及至2014年，这项没收奴隶主土地的计划仍然备受争议，未得到实施，尽管2012年5月它已经在巴西众议院通过了。一方面，该计划似乎非常合理。许多国家，包括美国在内，都允许没收罪犯的财产。美国最早的反奴隶交易法律（早在南北战争之前颁布），下令没收运送奴隶的船只和其他财产。但在巴西，土地引出了很多问题：谁占据土地，谁控制土地，你能对土地做什么。随着时间的流逝，历史奴隶体制和利用奴工的咖啡及蔗糖种植园主人所创造的巨大财富建立了一个地主精英阶级，后者常常被称作"土地寡头"（landed oligarchy）。这些地主的后代仍然掌握着这个国家。这个群体是巴西的奴役和环境破坏问题中的重要角色之一。

为了揭露奴隶主，这项国家计划还创建了一份"黑名单"，上面列有使用奴工的人或公司。这份名单被公布在报纸和一个特别的网站上。任何被列入这份名单的人将无法申请到任何种类的政府基金、拨款或信贷。由于要开发新的土地，有许多程序要依赖政府许可、税收抵免或其他资助，使用奴工的企业和个人等于被逐出了土地开发业。这是重要的一步，因为在巴西，"土地开发"往往是破坏性的森林砍伐的委婉说法；通过不让奴隶主从事土地开发，政府也保护土地不受他们常常会进行的不计后果的破坏。

最重要的是，在短期内，特别流动监察组（Special Mobile Inspection Groups）会扩大规模，也就是前一届政府吝于为其拨款和配设备的那几支反奴役小队。这些小队增加了人数，配以性能良好的四轮驱动卡车，以及至关重要的，与新的"流动法庭"关联。流动法庭包含一名与反奴役小队一起行动的法官，并且得到授权可以当场征收罚款、冻结银行账户、没收资产，如此一来，在解救奴工之后的几小时内，就能更容易地强制农场主付清工人们的欠薪。有了这笔钱，被解放的奴隶就能想办法回归自己的家庭。

根除奴役国家计划立即就获得了巨大的成果。2003 年，被解放的奴隶数量翻了一番，达到 4879 人；人们开始认为，到 2006 年政府就可以真正达成根除奴役的目标。遗憾的是，2004 年，新解放的奴隶人数降至 2745 人，因为奴隶主们开始更小心地隐藏他们的奴隶。[3] 奴隶主们也对政府的运动做出了反击。2003 年年末，反奴役工作者所遭受的暴力和恐吓急剧上升，尤其是在偏远的帕拉州（Pará）和托坎廷斯州（Tocantins）。托坎廷斯州的反奴役活动家屡屡面临死亡威胁，只得逃离。州公职人员也成了恐吓目标。2003 年 10 月，一位劳动法官和一位公诉人在多次收到死亡威胁之后不得不离开这里；三个月后，接替那位法官的代理法官被杀。2004 年 1 月 28 日，劳动部的三名公职人员以及他们的司机在调查米纳斯吉拉斯州（Minas Gerais）的农场奴役活动举报时被谋杀。

当反奴役工作成功时，它也引发了来自奴隶主的暴力回应，这是个简单又可悲的事实。随着解放奴隶案例的增多，越来越多的解放者也成了殉道者。2005 年 2 月，美国修女多萝西·斯唐（Dorothy Stang）在去参加一个社区会议的路上被枪杀，她已经在帕拉州的边界地区工作了许多年。多萝西·斯唐来自美国俄亥俄州的代顿市（Dayton），一直与巴西的农民一起生活和工作，她通过可持续林业（sustainable forestry）帮助农民用他们小块的土地维持生计。她所遭遇的是纯粹、简单的暗杀：一名受雇佣的持枪者在路上拦下她，对着她的腹部开枪，在她向前倒地后，射击了她的背部，又对着她的头部开了四枪。11 个月后，开枪者被逮捕、判刑。经过详细的调查后，更多人被逮捕和审判，包括雷吉瓦尔多·加尔瓦奥（Regivaldo Galvão），他是一个农场主，主使并雇凶实施了此次谋杀案。在加尔瓦奥案的审理期间，一名公诉方的证人在提供证据前被谋杀了；但加尔瓦奥仍然被定罪并判刑 30 年。风平浪静的日子还不到一年，巴西又有更多反奴役工作者或环保工作者遭到谋杀。2011 年 5 月，在我离开巴西利亚前往亚马孙盆地之后,一对环保工作者夫妇(因保护森林、反对奴役活动而广为人知)在我先前住所附近的一条偏僻小路上被枪杀。自 2008 年起,他们就持续收到死亡威胁,因为他们的工作是拯救帕拉州(已经受到合法保护)的雨林,以及阻止非法木炭制造和养牛场的土地开垦。和多萝西·斯唐的谋杀案一样,这显然也是一起暗杀。他们身上的东西没有遭到偷窃,警方报告说,丈夫在死后被割下了一只耳朵,极有可能是被拿去当作任务完成的证据。不到一周以后,另一位活动家阿德利诺·拉莫斯(Adelino Ramos)在玻利维亚边界附近的亚马孙盆地远西地区被谋杀。他向政府报告过非法砍伐森林的人。[4] 一旦那些从环境破坏和奴役活动中获益的人感受到了威胁,他们就会反击;在巴西,战线显然横跨了腐败、贪婪和贫穷的版图。

关于根除奴役计划,非常了不起的一点是其平和的官方语言中所流露出的直白的真诚。在巴西利亚的会议上,政府工作者和反奴役活动家都很清楚奴役活动和环境破坏的潜在原因,也愿意直截了当地提出。他们说,在每一起谋杀、每一片被破坏的森林、每一群奴隶背后,是腐败、贪婪和贫穷在推动。全世界的奴隶都明白这个道理,但大多数政府不愿承认。

在巴西,腐败、贪婪和贫穷在国家叙事中所扮演的角色之间形成了强烈的拉锯。与美国比对一下就能清楚地解释这个局面。[5] 美国政府将其巨大的边疆地区开放给小农场主、农业个体户,给后者分配土地,建立小型社区;然而巴西政府以大地主和佃农的体系发展边疆,这是一种从葡萄牙那里沿袭而来的封建做法。

这种土地垄断体系在 19 世纪非常强大,且相对而言无人反对。1964—1985 年,军事独裁政府利用这种体系重建和稳固他们的地位。农村的工会被关闭,大型种植园被机械化,这让佃农和小农场主不得不离开土地,进入城市。军事政府为土地掠夺和机械化提供资金,包括对大地主的信贷补助、赋税减免和价格优惠。除此以外,甚至还有针对富

第八章 树，人

人的政府捐赠计划——免费或非常便宜的土地。在20世纪70年代这10年中，约7900万英亩（相当于德国国土面积）的土地被让与寡头集团。一些政府亲信的个体收到了政府赠予的土地，共计2500万英亩之多。这个"土地给富人"的项目随着独裁政府的倒台而终结，但它使巴西60%的农业用地落入了2%的地主手里。与此同时，农村地区70%的家庭完全没有土地。

这种不平等的后果在巴西最简单的贫富评估中显而易见。经济学家常常通过比对一个国家人口中最富有的1/5与最贫穷的1/5，来估量其不平等程度。在北美或西欧的高收入国家，最富有的1/5人口的平均收入往往是最贫穷的1/5人口平均收入的六倍。换句话说，平均而言，收入垫底的20%人口每挣一美元，顶部的那20%人口就挣六美元。相比北美的6∶1的比例，非洲大部分国家的比例是10∶1（反映出更大的贫穷度和更弱的财富分配程度），而拉丁美洲的比例是12∶1（富人比非洲的更富，而极度贫穷的人也非常多）。即便我们很容易就能想到比巴西更穷的国家，但巴西的比例是30∶1。这是世界上最高的不平等程度。

这种程度的不平等是危险的，正如世界银行的解释："高度不平等威胁了一个国家的政治稳定性，因为更多人对自己的经济地位不满意，如此一来，高收入和低收入群体要达成政治共识就变得困难。"[6]因此，当我说关于腐败、贪婪和贫穷的问题制造了拉锯时，我的意思并不是它们在网络世界里引发热议。全世界都有人因为奴役而死，但在巴西，有些人也因为这些巩固支持了奴役活动的问题所引发的战斗而死。

尽管有根除奴役国家计划，但目前这些战斗堆积在一起成了一场持续的战争，在其中没有明确的胜利者。只有风险是明确的：在这场战争中，奴隶主的胜利意味着这个星球的损失，因为这可能意味着整个大亚马孙丛林都将消失。

在巴西，围绕奴役活动和环境破坏产生的冲突是不断重复又不断变化的一出戏。大地主发现他们对自己土地的开发受到了更多的限制，真正面积巨大的土地由国家管控,包括亚马孙盆地的一大部分,这些土地所受到的保护正不断加强。与此同时,国会中有一个权力很大的群体,他们代表着地主和大企业家,随时准备要反对任何可能阻碍开发和盈利的人权或环境保护提案。如果这出戏开始让人觉得耳熟了,那是因为,许多关于美国荒野西部(Wild West)的小说和电影都有相似的剧本。两边在国会中都各有支持者,本质上这又是大农场主与草地保护家庭(sod-busting family)之间的对抗的重演,只不过规模更庞大了。要理解这出戏是如何发展的,你可以想象一下美国旧西部的道奇城(Dodge City)、堪萨斯(Kansas)、汤姆斯通(Tombstone)或是亚利桑那(Arizona)。

我们之中几乎没有人在真正的边疆生活过,哪怕只是到访。边疆是无人居住的自然世界与"文明"世界之间的地带。我成长在俄克拉何马州的阿肯色河(Arkansas River)河畔的一个小镇上,在那里,我可以感觉到曾经的荒野大平原(Great Plains)传来的回响正围绕着我。在那里,土地被完美地分割成边长为一英里的正方,乡间的房屋星星点点散布其上,以有规律的间隔形成城镇,你需要徒步到一片罕见的未开发草原,才能找到一块没有被犁耕过的草皮。有时,当夜幕降临,高声的狼嚎在远处响起,我可以想象这里曾经的样子——沃尔特·惠特曼在他的旅行书中描绘过的土地:"……一片布满剔透珍珠的天空——大平原的夜晚就是如此。一片沉静、无垠的景象——阿肯色北部的陡峭岩壁在暮色之中尤为显眼——西南方地平线上一抹浓重的紫色——散发着清冷和微香……(比大海上的任何事物更深沉),与这些无边无际的荒野截然相反。"[7] 永远在变动的边疆线,移过了几代之前曾是我故乡的地方;如今的居民们最远只记得 19 世纪末期的大草原,那时"……有人曾看见有 400 万头美国野牛的牛群在阿肯色河河边……这条河的主干部分深 50 英里,宽 25 英里"。但正如 S. C. 格温(S. C. Gwynne)所解释的,"……那时杀戮已经开始了。很快就演变为人类历史上最大的温血动物屠杀。仅仅在堪萨斯州,1868

年至 1881 年就有 3100 万头美国野牛的骨头被出售用作肥料"。[8] 到了我的童年时代，这些事情已经过去很久了，但有什么东西，可能只是余光瞥到的一个景象，仍然低诉着荒野的故事。

我回忆起自己在庞卡城（Ponca City）的根，是为了提醒大家，处处都曾是边疆。我们似乎无法想象曼哈顿岛曾经的蛮荒状态，但在其他地方，大自然正在重回原来的空间，如果有机会的话，甚至可以从人类的冲击中恢复原状。我们中的大多数人很喜欢"荒野'这个概念，内心深处都有同一个想法：荒野之地需要被保护。我们中的大多数人曾去过某些"半荒野"的地区——受保护的自然保留地，海岸边，或是沿河漂流——我们都被这种经历所触动。然而，巴西北部是货真价实的，是地球上最后存留的真正荒野之地之一。

阿赛兰迪亚（Açailândia）是巴西北部马拉尼昂州（Maranhão）的一座城市。几年前，边疆掠过这个地方，阿赛森林（great açaitrees）消失了，它们原来的野生屏障仅仅留存在这座城市的名字中。吉尔伯托（Gilberto）是一个英俊的小伙子，他从他的礼拜天中抽出时间来与我交谈。他带着妻子一起来，两人很显然都疯狂地迷恋着彼此，是一对般配的可人儿。吉尔伯托向我讲述他的故事时，他妻子时而散发着骄傲的光芒，时而眉头紧锁，忧心忡忡。吉尔伯托曾经是个奴隶，他的工作是破坏森林。

"我的家庭，和大多数人家一样，没有土地，"吉尔伯托解释道，"有时我们会试着'挣取土地'。意思是找一片公共土地，或是未被使用的地，在上面种庄稼。一次，当我们开垦好一片地，开始耕种的时候，有一个大农户过来说这片土地是他的。我们没办法得知他说的是不是真的。他说我们可以留下，他会付我们钱，让我们去收割'他的'庄稼。接着，劳动部的人就来禁止我们在那里务农。他们说环境太恶劣了，事实的确如此，我们没有水，没有厕所，没有任何真正的庇护所。我们大多数时候就睡在地里，有些人睡觉的时候会在地上垫一张塑料纸。我们永远饥肠辘辘，总是被蚂蚁咬。我们试着种一些蔬菜，但在收成之前就会被赶走。我们种的玉米成熟的时候，我们回去收割。我们在田地里辛苦地工作，收割玉米，剥去叶子。每收割130磅剥壳玉米，大农户付我们5雷亚尔（reai，巴西货币，相当于2美元）。我们所有人都在工作，哪怕是很小的孩子。

"在这之后我就逃去了我表哥那里，在更北部的地方找工作，靠近森林。这就是加图［葡萄牙语中的'猫'，在俚语中指狡猾的招募者］找到我的地方。加图就像一个演员，他表现得非常友好，他知道你多需要一份工作，他说自己能帮助你。加图在城里一次会招募好几个年轻人，但当你到了农村，森林的边缘，他就变成了一个恶棍。

"他招募我的时候，说我每砍一'行'树，就能得到12雷亚尔［约7美元］工钱。一'行'差不多是50平方米，如果你从凌晨四点一直拼命干到太阳落山，那么你就能砍那么多。这是一片没开发过的原始森林，植被非常茂密，一些树极其硕大，但什么尺寸的树都有，还有荆棘、藤蔓、蛇以及无数昆虫。为了工作，我们必须从加图那里购买设备：靴子、小刀、钩子、砍刀和斧子，这些工具都很贵。

"当我们开始在那里工作之后，我们意识到情况很糟糕。加图只给我们一点儿咖啡和一些木薯粉作为早餐，午餐则是很少的米饭，如果幸运的话还有一点儿豆子。在这么大的工作量下，我们真的很饿。过了几天之后我们说：'算了吧！我们要走了。'但加图说：'不行！你们欠我钱，工具、食物还有把你们带到这儿来的费用，是一大笔账。'接着他拿出枪对着我们。所以我们想，'好吧，我们把这笔债还完就走'，但债务越来越多。环境也越来越恶劣，我们仅有的庇护所是用几根棍子支起来的，上面铺着一点点塑料纸。我们睡觉的时候，总有老鼠爬过我们的身体。我们只能从一个肮脏的池塘里取饮用水，我们只能在森林里上厕所。

"最糟糕的事情之一是加图对两个十三四岁的年轻男孩做的事，夜里，他会来我们的棚屋，用枪威胁其中一个和他走。到了森林中，他会用枪指着那个男孩的头,强奸他,强迫他做一些事。有时他也会用枪柄揍那个男孩。太可怕了,我们想帮助他们,但我们很怕他开枪射我们。这些男孩的身体状况糟透了。

"五个月后,我实在受够了,就告诉我表哥我打算逃走。他吓坏了,告诉我我会被杀的。到这个时候,加图已经又雇了两个男人拿着枪看守我们。但我心意已决,愿意冒险。所以,在一个星期天的下午,我步行了大约五英里,穿过丛林,找到了一条公路。我知道这听起来很不可思议,但我真的在路上遇到了一个熟人。他听我说了森林里发生的事之后,给了我 30 雷亚尔,使我能够乘公交车回到阿赛兰迪亚。有一些人在公交车站附近闲荡,所以我问他们我要去哪里报案。'别费心思去找警察,'他们说,'他们不会采取任何行动的。你得去生命与人权捍卫中心(Center for Defense of Life and Human Rights)[9]。'在中心,我遇到了布里吉达(Brígida),一位专家,她似乎知道我遭遇的一切,她说,很多年轻人都遭遇了同样的事情。她将所有细节,以及那些人被困在何处都记录下来,写成报告提交给特别流动监察小组,让后者能够进行突袭,营救他们。她告诉我发动突袭需要一些时间,几天,甚至可能要几周。

"她告诉我这一点的时候我开始担忧我表哥。我离开那里的时候他已经病得很严重了,我不希望他死在那儿。因此我就回去帮助他了。加图大怒,但还是很惊讶我又回来了。我告诉他我逃走是去见一个女孩,他什么也没说就让我回去工作了。我觉得是水的问题。每个人都病入膏肓,我表哥的情况愈发恶化。他病得太严重了,所以当我提出带他到公路上去的时候,加图并不在意,于是我就帮他脱了身,让他回家了。我留下来,等着流动小队出现。我想看看会发生什么,想在那里告诉他们真相。终于,有一天,在差不多正午时,流动小队来了。加图拿着枪冲了出去,但他意识到那些士兵比他强壮得多,于是他只得投降。工人们开始呼喊,他们高兴极了,纷纷冲向流动小队。那个拥有土地的农户必须立刻支付我们'工钱',之后大多数工人都回家了。

"我们告诉警察,加图强奸了两个青少年,但他没有被逮捕,我不知道为什么。有人说他们无法提供被他强奸的物证,但我觉得那些男孩是受害者,他们的话应该被当作有效证词。我们其他人都看见加图把他们带走,加图送他们回来时我们也都在场。我不理解为什么加图没有因此受到惩罚。

"大多数人都回南部了,但我抵达阿赛兰迪亚之后,开始找工作。我也遇到了我妻子,她当时在一家餐厅工作。我们一见钟情,在那次突袭发生后不久我们就结婚了。今夕不同往日,我已经拥有了全新的人生。"

吉尔伯托的故事以喜剧收尾——对他而言。我们不知道他的表哥是否恢复健康,也不知道加图是否受到法律制裁。我们不知道其他工人在此后的人生中将背负着什么样的伤疤前行,也不知道那两个青少年在遭受了性侵害之后如何度日。很可能吉尔伯托所砍伐的森林是属于政府的,实际上巴西北部所有未砍伐的森林都在政府或印第安部落的控制之下——所以吉尔伯托以为雇佣自己的那个"农户"几乎可以肯定是一个当地的商人,后者想要在占有非法土地上碰碰运气。让这个人受到法律制裁的可能性也微乎其微。

这一整件事都指向了巴西政府根除奴役活动、保护亚马孙丛林的计划中的漏洞。请注意,终止了这次犯罪活动的执行者是一个地方人权组织和国家反奴役警察,而不是地方或国家警察或公诉人。这个模式在整个国家内重复着,尤其是在环境受到最严重威胁的地区。大地主仍然控制着地方政府,往往也控制着地方执法部门。这意味着这不只是一场文字斗争,也是一场真枪实弹的战争。国家政府讨论的是环境保护,而地方个体户老板讨论的是工作机会和经济增长——这二者都建立在森林砍伐的前提下。让一个薪资微薄的当地警察去对抗地方大人物是很难的。对地方人权组织而言,要开拓当地人的思维,让他们拥有全球化的视野,产生"正义"的意识,这是一项漫长而艰难的工作,需要从年轻人开始培养。

第八章 树，人

和吉尔伯托聊完之后，我循着鼓声来到一栋大楼的仓库，一些青少年正在里面排练他们自己写的关于奴役的戏剧，这是生命与人权捍卫中心策划的项目中的一部分。这出戏里的歌舞比对话的部分多，它先追溯了19世纪从非洲来到巴西的奴隶，之后聚焦于当下，讨论了今日的奴役活动。这些青少年采访了被解放的奴隶，基于此写作剧本。虽然现在他们只是在排练，但已然是激动人心的演出——节奏有力的旋律，爵士风格和卡波耶拉①风格融合的舞蹈，关于失去与胜利的紧凑剧情。戏剧将会在偏远的村庄上演，作为一种外联、启蒙和社区建设的形式——也给了参与演出的孩子们控制局势的权利。他们自豪的父母们看着他们，他们的弟弟妹妹吵嚷着也想要参加，模仿着这些孩子的一举一动。这是能将当地人民争取过来的思想和话语，但这种争取赶得及吗？

第二天，我坐上了一架前往北部森林的小飞机。这是亲眼看看边疆的"大扫荡"，以及观察森林破坏如何反转——像一部倒放的电影——的最佳方式。阿赛兰迪亚附近的森林很久以前就消失了，无树的旷野上只有草皮和流失的土壤。从这个高度看下去，浅绿色草地上的白色婆罗门牛（Brahman cattle）就像在绿色板寸头上爬行的虱子。不同的除草剂、杀虫剂或有毒排放物的影响已经渗入了这片旷野，锈红、黄绿色、斑驳的绿色和煤渣路上粉色与红色的痕迹混杂在一起。一些比较低矮的山顶上的森林被砍掉了，如同被剥去头皮的头顶，周围一圈的树又都是完好的。我们很难得知为何有人要这样做，除非是为了迅速获取木材，因为那里没有种庄稼，也看不到牛在吃草，也没有蜿蜒的煤渣路通往山顶。随着我们向北方航行，草地的浅绿色和土地腐蚀留下的红黄色条纹渐渐被森林的深绿色取代。树木从低矮的山顶向下蔓延——山顶通常是最后

---

① 卡波耶拉（capoeira），又被称为巴西战舞，一种16世纪时由巴西的非裔移民所发展出、介于艺术与武术之间的独特舞蹈。

被砍伐的地方——顺着山坡一直进入村庄。要如何保护这些陡峭的山坡？这是森林可以繁茂生长的土地，一旦树木被砍伐，它很快就会被侵蚀成一个死亡地带。我们在卡拉加斯（Carajas）的一座简易的高山机场上短暂停留。下降到1000英尺时，森林看上去像一棵茂盛的西兰花，枝干在午后的光线中向上生长，树叶形成深色的球状林冠。这是一个森林的世界，一棵等待和意面一起上菜的西兰花。

经过另一个中转站后我们到达了繁荣的边疆小镇欣吉河畔圣菲利斯（São Félix do Xingu），降落在一座小型简易机场，这座机场很少有人使用，因此杂草丛生。小镇的名字源自它的地理位置：欣吉河（Xingu River）的沿岸，那是亚马孙河最大的支流之一。欣吉河是一条"兵家必争之河"。20世纪50年代，巴西政府在其流域划出了最早的"印第安公园"（Indian Park）保留地。那时，欣吉河以西的所有区域都是荒野，但如今，边疆已经向内移动许多，甚至过了河界。欣吉河沿岸的一些保护地和留存的森林部分受到一个计划的威胁：在一个叫贝卢蒙蒂（Belo Monte）的地方建造世界上第三大水电站。自这项计划于1987年被透露给新闻界起，它就备受争议，但争论在2014年结束——工程启动了。无论如何，非法森林破坏持续沿河发生。2011年9月，国际空间站里的宇航员拍下照片，显示了欣吉河沿岸的森林大火，那是刀耕火种式的非法森林清除，火势大到可以从太空中轻易看见。[10]

对许多旅行者而言，圣菲利斯是旅程的尽头。如果你想再往森林深处飞，就必须租一架飞机，但可以降落的地点有限——有平坦光滑的煤渣路的地方。（要降落，飞行员必须多次俯冲以表明降落意图，并让马车、摩托车、老旧卡车和在路中间睡觉的狗都离开道路。）圣菲利斯也是所谓铺过的路的尽头；从这里以西的道路大多是粗糙的小道，只有越野车才能行驶。运货进来或运木材出去的大卡车沿着一条步道缓慢前行，遇到雨天则寸步难行，道路完全淹水，变成小河、泥潭、沼泽或者一个全新的溪谷。

第八章 树，人

我来这儿是为了见丹尼洛神父（Father Danilo），他是我在欣吉河沿岸的向导。丹尼洛六十多岁，是一位天主教神父，已经在这个地区工作了几十年。他是"Comissão Pastoral da Terra"（通常简称 CPT）的成员，这个组织是一个社会正义教会，致力于反奴役和环境保护。这个组织的名称直译过来就是"乡村土地委员会"，但在巴西葡萄牙语中，它的意思更接近"关爱人与土地组织"。在这个边疆，CPT 建立了农民合作社，提供教育，处理所有人权案件，与政客和企业谈判，提供所有可以为这个地区带来和平与正义的帮助。丹尼洛是意大利人，在美国读过几年书。在他于圣菲利斯工作的漫长岁月中，欣吉河和沿岸森林已经发生了翻天覆地的变化。丹尼洛是一个温和、坚定、友好的人，以他沉稳且值得信赖的品质对待所有人。在接下去的几天里，他将成为我的旅伴，驾驶着一辆底盘颇高、四轮驱动、配有加长车厢的皮卡。[11] 我们离开了圣菲利斯，乘船渡过一英里宽的欣吉河，那是我从未见过的：一艘简陋的、生锈的铁船，侧边永远用一根带铰链的杆子挂着一辆摩托艇，它的重量使这艘船没办法在直线上航行。在河的对岸，道路似乎非常平坦，但丹尼洛解释说，好路只通到市长开的农场的入口处。果然，我们很快驶上了坑坑洼洼、满是车辙、又有溪水交错流过的道路，车子缓慢地向前爬着。

路上走着风尘仆仆又疲惫的人，他们是无地农民（sem terra）。由于巴西经济的不平衡发展和极端的收入不平等，尽管巴西在世界市场上获得了成功，其国内还是有这样的人到处碰运气找工作。想想 20 世纪 30 年代大萧条时期，在美国的大批失业工人——人们愿意为了一顿饭做任何事。而巴西的混乱之处在于，这里没有大萧条，这些赤贫之人生活在一个富裕、繁荣的经济体中，却跌到了阶梯的最底端——这架梯子不断向上，超过了他们的头顶。愤怒的果实与绝望的野草都在这里生长。这些男人、女人和儿童没受过什么教育，只擅长重体力活，是奴隶主轻易就能捕获的目标。然而，他们也知道自己生活在一个自由的国家。这也许是一个不公平的国家，但在这片什么事都可能发生的广袤边疆，人们仍然保留着权利的意识。对其中一些人而言，这颗尊严的种子就是一场死刑。

三个男人走入了雨林。林子里没有清晰的路径，但他们循着一条小径走，那里的下层灌木丛近来刚被踩塌或劈开。在他们的头顶上是参天大树形成的穹顶。他们看上去像正在徒步一日游的三个朋友，但当你看到其中一个人腿上绑着的自动手枪时就不会这么想了。在一片被树荫遮蔽的林间空地上，他们放慢了脚步，小心翼翼地接近一块新翻过的土地和地上的一个长方形洞。他们轻轻地向洞口探身，看见一小块布，再靠近一点儿，看见一块沾着红黏土的人类下颌骨。生长迅速的下层灌木从墓穴的一角窜出。

带枪的男人小心地打开他的小背包，戴上外科手套，取出一些手工工具。下到矿井中，他用指尖轻轻地拂过地面，头骨的其他部分也暴露了出来。在头骨下方，是其余的骸骨，但是对折在一起：手臂的肱骨和桡骨，小腿的股骨和胫骨，手肘和膝盖处的白色球状关节。随着他拂去更多的土，死者的牙齿也暴露出来了。很明显这不是一个老人，他的牙齿白而坚固，也很整齐。带枪的男人穿着一件白衬衣，前胸口袋上和背后印着很大的字母"Perícia Criminal"（专业犯罪）。他是一名犯罪现场调查员，这里是《犯罪现场调查：亚马孙丛林篇》(*CIS—Amazon*)。但这和电视剧不一样，没有飞车，没有魅力十足或粗犷的警察，只有闷热的一天里在树林的一个洞穴中的虫子、烂泥、腐烂的衬衫和沾满泥污的骸骨。

更多骨头暴露出来之后，调查员爬了出来，开始用一台小数码相机拍照。接着他将镜头转向旁边的一个废石堆。这是挖出了这个隐藏墓穴的人丢弃他们最初发现的东西的地方。一只拖鞋丢在一根肋骨旁边，一个肮脏的塑料袋被压在下面。树叶和树枝与手骨和手臂骨混杂在一起。在骸骨旁松散的土中，还有一件橙色的 T 恤，如今破烂肮脏。T 恤上本来有字，但现在只能认得出"sion"这几个字母了。

一个拿着鹤嘴锄的男人开始在墓穴旁边铲出一块干净的地方，犯罪现场调查员在地上铺了一些报纸。他们轻轻地、恭敬地将那名年轻死者的骨头、衣物和尸块从墓穴中搬上地面，置于报纸上。随着这些碎片"出土"，调查员慢慢地拼出了一具比较完整的骨架。在一小片骨头或是一块布料经过小心翼翼的检查鉴定后被摆在它应有的地方之后，就会有一阵困惑的沉默。头骨是最后被拿到地面上的，黏土嵌进了眼窝和嘴部。沾着黏土的头骨看上去更像一个真人了。他们将尘土轻轻擦去，头骨真正的样子显露出来。用刷子将其刷干净，头上的两个洞清晰可见。子弹从上方和左耳后方射入，穿过这个年轻人的大脑，停留在他的额头处，即鼻子的正上方。

2008年这个年轻人和他的朋友受到招募，为一个新的养牛场清理土地上的树木。他们在恶劣的环境下辛勤地工作了一个月，之后他们无法再忍受下去了，便去向地主讨薪。地主承诺会把工钱送到他们所工作的森林营地。然而，他派了一帮杀手去杀了他们。直到三年后，事件才传出，警方才出动，去深林中寻找他们的墓穴。杀手早就无影无踪了。警方找不到地主与这起杀人案件之间的直接关联，只能将其拘留40天，以在自然保护区伐木开垦的罪名起诉他。

这些年轻男子是一种新型的、隐藏的奴役形式的受害者。在巴西的偏远地区获得一个奴隶的成本基本为零。对一个迫切需要工作的人，只要为他提供一份工作，给一些食物，再将其送入森林，就能将其变为奴隶。对一个奴隶主而言，这样做没有购买费用，没有预付款，只有寻找、喂养和转移这些奴隶以及为他们提供工作所需的斧子、锯子和铲子的支出。获得一个奴隶的成本如此之低，因此奴役的周期就缩短了，在很多情况下只有一个月。乍看之下这似乎没有意义——如果你拥有了一个奴隶，何故一个月就弃用？但对破坏森林的罪犯而言，短期奴役是将利润最大化、风险最小化的极佳途径。

其运作方式是这样的。工人们来到森林中，得到奴隶主关于长期雇用和高薪的承诺，于是他们会尽全力干活。当被告知他们欠下了工具和食物的费用后，他们会更努力地工作，义无反顾地还债，迫切地希望还清债务，获得利润。工人们在森林中与世隔绝，没什么别的办法，只能认真工作，期待拿到工钱的那一天。如果他们意识到自己被奴役了，想要逃跑，那么他们会被骑马的人和狗追击，被拖回工地。接着他们会遭到毒打，有些人可能会被杀掉，就像森林墓穴中躺着的那两个年轻人一样。经过一段时间，在一个月繁重的体力活、糟糕的饮食、恶劣的卫生条件、暴力和事故之后，工人们伤亡惨重，都开始因为疾病和疲劳而倒下。现在，奴隶主就将工人们当作一次性用具——就像塑料瓶或是泡沫塑料杯——把他们带到某条路上丢掉即可。

如果被奴役的工人去报案，警方基本上也无能为力。奴隶主小心地隐藏着自己的身份以及他们农场的位置——他们使用假名，将工人送入森林都是在深夜。精疲力竭的奴隶被运走，丢在一个陌生的地区，他们往往完全不知道自己身处何处或是他们先前被奴役于何地。他们只想回家。

不法奴隶主从工人们那里窃取了一个月的高强度工作，如果他被发现，受到问询，他只会简单地声称工人们没有还清债务就逃跑了，应该因此被拘捕。与此同时，在离森林最近的镇子上，他的爪牙正在招募下一批对此一无所知的奴隶。这种短期奴役充满了不确定：如果只持续了一个月的话，这真的是奴役吗？工人生病或受伤是老板的错吗？这些疯狂的指控会不会只是一个懒惰的工人用来污蔑一个受尊敬的地主的？连奴隶自己也对已经发生的事情感到不确定：那到底是奴役，还是仅仅是一个可怕的误解和坏运气？当然，那段经历是工人们急于忘却的，是他们在找体面工作时想要摆脱的。

这就是"适时"（just-in-time）奴役，它吸引着那些想要通过破坏森林来挣快钱的奴隶主。它也是对加强了的执法（在这个语境中，"加强"的意思是指与"没有"相对的"一些"）的一种回应。它也是一种降低风险的策略。工人更容易隐藏，他们被释放或被抛弃后，不太可能去报案。短期奴隶在当下甚至可能不会意识到自己身上发生了什么，他们以为只是恶劣的环境和坏运气让他们没法拿到工钱。对奴隶主而言，更短的周期意味着他们可以利用工人内心的希望和责任感来实现生产力最大化。在 21 世纪，这些"加图"，即奴隶招募人，成了短期工中介。

在那两个年轻人的尸体被发现之后不久，又有 13 具尸体在附近的另一个农场被掘出。当时我正要踏上深入森林的旅程，得知此事后我震惊不已。在这片生机勃勃的美丽乡村，曾有谋杀、暗墓中的尸体和逍遥法外的杀手与奴隶主。CPT 的工作以及我协助启动的组织的工作，是保护这些劳工，是找到方法终结奴役，为他们重建新生活。但面对难以侦查的短期奴役和发生速度更快的死亡，我们能怎么做呢？我们远离法治，面对武装暴徒，甚至是多萝西·斯唐这样的牺牲者，当大自然和更多人命被摧毁和消耗时，除了关心一些幸存者，我们还能做到更多吗？

如果你看过好莱坞西部片，你就能想象我在欣吉河另一侧的所见。所有西部片中该有的角色这里都有：刀子嘴豆腐心的女人开着一家小酒馆；想要靠土地维生的农家却渐渐被土地拖垮；横行霸道的养牛大王，会让所有挡他财路的人倒霉；执法官被人多势众的武装流氓压制；好心的牧师孜孜不倦地想要解决当地的争端。我在一个叫作普里马韦拉（Primavera）的小村庄找到了所有这些角色。

丹尼洛神父和我沿着一条时而泥泞、时而布满裂缝和坑洞的路艰难而缓慢地行驶许久之后，到达了普里马韦拉。我们很幸运，开的是一辆卡车。就在 15 年前，这片土地还未开发过，一家矿业公司沿着这条崎岖小径进来了，砍伐红木的流氓开车紧随其后。红木是一种美丽的木材，可用于制作家具，越来越稀有，非常珍贵。在保护森林中，任何砍伐都是违法的，在印第安保留区也是如此，但红木砍伐者是犯罪分子，他们无视法律。不出所料，在他们侵入这座原始森林之后，他们使用奴隶来进行不法行为。这些奴隶主是刀耕火种的专家——他们先砍伐、运出红木,接着破坏其他所有珍贵的树木。

如果这些盗木贼运气好,他们还能找到伯南布哥木(pernambuco tree,又名巴西木)。这是一个严重濒危的品种,因其特殊的性质,400 年以来这种树一直被用于制作一件东西——提琴的琴弓。你所听过的每一位伟大的小提琴家和大提琴家都用过由这种木材制作的琴弓,但如今制弓者都争先恐后地种植更多伯南布哥木,巴西可能很快就会颁布一道伯南布哥木出口的禁令。培育这种生长缓慢的树木很困难,因为只有在成熟的热带雨林中它们才长得好,在商业化、单种栽培的环境里,它们萎靡不振。随着意识不断增强,交响乐音乐家突然非常热衷于保护雨林,有组织地进行伯南布哥木保护活动。[12]

奴隶主砍完有价值的树木后,通常会放火焚烧剩余的森林,然后骗一个贫农来买下这片被非法破坏的土地的耕作权。这些无地的贫农全靠双脚走来,想在这里建立新生活。单身的农民最先到达,拿着工具徒步前来,进一步清除森林,栽种庄稼。他们找到或买下一块可以耕种的地之后,会做彻底搜查,寻找那些不法分子先前遗漏的值钱木材。他们砍伐这些树木,只能获得其真正价值的一小部分,但这就成为他们白手起家所需的资金。等到天气条件合适的时候,森林的其余部分会被再一次点燃,留下一片焦土和毫无生机的生态系统,这样更便于他们使用手持工具开垦。整个欣吉河流域都是一块块这样的土地,上面布满了三层楼高的巴西坚果树的焦黑树干,树下是灰烬、碎石和杂草。

对巴西坚果树林的焚烧,即便是那些渴望土地的贫农所为,也是亚马孙地区之问题的典型例子。奇怪的是,这些参天大树与蓝莓、蔓越莓同属一个植物科属。它们能长到 15 层楼高,树干能长到周长 20 英尺粗,已经活了 500—800 年。[13] 它们比其他树都高,因此整个林冠层都是它们的天下。然而,为它们授粉的大黄蜂和为它们传播种子的啮齿类动物无法在土地清理之后存活下来,因此它们仅生存于野生的原始森林中。巴西坚果是颇具价值的食物来源,尤其是作为出口产品,这就是为什么在巴西、玻利维亚和秘鲁,砍伐巴西坚果树是违法行为。尽管有这条法律,非法的森林破坏还是在将巴西坚果树逼入绝境。1970年,巴西收获坚果10.4万吨,1980年收获4万吨,2000年收获8000吨。每有一棵巴西坚果树被砍伐,就有一群小刺豚鼠(agouti)消失。刺豚鼠是一种越来越稀有的丛林动物,长得像豚鼠和长耳野兔的大型杂交体。刺豚鼠是少数牙齿进化到能刺穿巴西坚果的荚果并以之为主要食物的物种之一。它们吃坚果,但也挖洞将坚果储藏于地下,以便之后食用。一部分被埋于地下的种子发芽、生长,树群如此得以扩大。这是森林中平衡和谐的一个典型例证。这些森林之王非常依赖于飞得高又会在地上掘穴的单只蜜蜂来为其授粉,需要挖土的啮齿类动物来使整个物种生存下去。如果打破了这些经过千余年进化而来的精细链环,那么生态系统就会崩塌。

讽刺且悲剧的是,对大多数森林开拓者(settler)而言,他们所摧毁的巴西坚果树对他们家庭的价值事实上比他们努力在遍体鳞伤的贫瘠大地上所牧养的家畜更高。这是因为大部分在森林中占地的贫穷家庭是在一种幻觉中劳作的。依靠一片农地生活是艰难的,折磨人又危险。占下200英亩左右的地后,他们烧光森林或一斧子一斧子地将森林砍去。他们梦想着自己会成为富裕的农场主,站到乡村社会的顶层。但这只是一个毒害人心的梦想。富有的农场主手里有成千上万英亩土地,他们的家畜,哪怕会对环境造成破坏并且经济效益不好,在数量上仍然非常庞大,因此即便是微薄的利润也可以累积成巨大的财富。开拓者模仿这些大地主,破坏他们的森林地块,赌上一切购买牲畜来经营他们清理出来的那200英亩土地。可事实是他们所拥有的牲口数量并不能使他们赚到钱,但放牧又足以使这片土地贫瘠到无法种植其他作物。与此同时,一座生长巴西坚果和其他产品的未开发森林轻易就能产出比畜牧高得多的收入。如果有森林自然产出的产品,再辅以一些可可树和巴西莓树,对一个家庭而言其收成可能是畜牧的两三倍。但文化上的观念根深蒂固,没文化的农村穷人会告诉你:"养牲口能致富。"所以,森林在慢慢死去,而几乎所有养牛的农户都困顿不堪。

当一片边疆开放,尽管奴隶主破坏土地,还敲诈开拓者,但在新开发土地上的唯一规则是由枪决定的。在边疆的边缘,为了夺取他人土地而进行谋杀是家常便饭。羸弱的单身农民在夜里平白失踪,几天后他们的土地就会被再次出售。或者,就像一个无地农民向我解释的那样:"我们开始经营农场之后,有一天一个男人来找我,他说:'你要么现在把这片土地以这个价格卖给我,不然我就向你的遗孀买。'"这个农民只得变卖所有土地,然后离开了。

边疆的混乱和无法治的浪潮并不是过去的事情。在今天,你读到这些文字的这一天,以及今后的每一天,侵略的战线还在不断向广袤的原始森林深处推进,与之相伴的是谋杀与奴役。只有在两种情况下这种暴力会终止。一种是森林全部消失,另一种是森林得到真正的保护。我们只能寄希望于后一种情况,期待侵略的战线会停止推进,森林的边缘地带会迎来法治,摆脱混乱。

和所有边疆城镇一样,普里马韦拉这个小村庄也是紧随侵略战线的推进慢慢发展起来的。它非常典型——尘土飞扬,杂乱无章,极其无聊,直到一些事情在这里发生。村里仅有一条土路,道路两旁是低矮的木建筑:一家酒吧、一间马厩、几座教堂、一家机械加工坊、一所学校、一些住房和一家小杂货店。狗睡在路当中,人散漫地闲荡着。一些棚屋是用原木树干搭起来的,屋顶是棕榈树叶铺就的。在一棵行道树下,停着一辆皮卡,它生锈的引擎挂在一根链条上。这很容易就让人联想到快枪手们在小酒馆门前摆好架势的场景,这里的人有时也确实会这么做。

同时是酒吧、咖啡馆、杂货店和舞厅的那家店的服务员告诉我,他在这条街上生活了两年,而警察只来过这个村子一次,大概是一年之前。"但在上周,"他告诉我,"有一些为五旬节(Pentecostal)活动工作的外地建筑工人。工作完成之后，他们在村上闲荡，喝酒。他们喝多了，就和一个当地人——也喝醉了——吵起来了。那个当地人掏出枪威胁他们，但这些年轻的工人直接抢走了他的枪，并且射杀了他。当时有很多目击者，有人报了警，但警察并没有来。第二天傍晚，那个当地人的遗孀把她丈夫的尸体埋了。"

尽管这个故事是个悲剧，但我还是挺喜欢普里马韦拉的。电话线路和手机信号塔都离这个村子很远，因此这里相当安静，让人能沉下心来，这里的居民也仍然保持着面对面的交流，他们分享着故事和乐趣。这里仅有的电来自几台小型燃油发电机；只有一些人拥有发电机，他们也只在有限的时间里使用。咖啡馆在夜里打开发电机，给露台上悬挂的灯供电，人们会在那儿喝酒、踢球。发电机也为沙沙作响的音响系统和吧台后面播放着古老的功夫片录像带的电视机供电。李小龙是普里马韦拉的巨星。

但是在午夜之前，人们就会陆续回家，发电机关闭，世界慢慢回到了它原初的样子。没有了人造的灯光，数百英里的黑暗寂然无声，炫目的星空令人晕眩。渐渐地，随着眼睛适应了黑夜（数万年的进化让它们可以在夜晚看见东西），银白色的透亮星光覆盖了世间万物。头顶上方的银河成了一条发光的河流，我想起了约翰·缪尔①的话："我们，树木与人类，并行于银河。"没有电，没有发电机，没有普通城镇的嘈杂，在寂静中是一曲大自然的交响乐。在星光下猫头鹰的身影清晰可见，我也能听见它们振翅掠过我头顶的声音。蝙蝠更安静，颜色更深，它们更像是银色微光中闪烁的存在。而周遭交杂的声音来自昆虫，彼此呼唤，唧喳鸣叫，轻快飞过、快速掠过，向着各个方向飞蹿。大大小小的哺乳动物和爬行动物在草地和灌木丛里发出沙沙声，却看不见身影。树蛙以它们

---

① 约翰·缪尔（John Muir，1838—1914），美国最著名也最有影响力的自然主义者和环保主义者，著有《夏日走过山间》等。缪尔帮助保护了优胜美地等荒原，并创建了美国最重要的环保组织塞拉俱乐部（Sierra Club）。在他的影响下，罗斯福总统于其任期内批准创建了53个野生动物保护区、16个国家纪念保护区和6个国家公园，缪尔也因此被誉为"美国国家公园之父"。

特有的逻辑,用一种完美而和谐的和音鸣叫着。一只狗在吠,一头牛哞哞地叫着,一阵鼾声从附近一间棚屋打开的窗户里传出。这些声音组成了一种环绕声,轻柔但无所不在——自由生命的声音。

正当我沉浸于这个闪耀夜晚的时刻,一个暗杀者正在不远处行动。有人买凶杀人,目标是一对"碍事"的老夫妇。后来警方无法判断这对夫妇是死于周一夜里还是周二(2011年5月24日)凌晨,但这起谋杀案的动机和作案手法相当明确。

何塞·克劳迪奥·里贝罗·达席尔瓦(José Cláudio Ribeiro da Silva,通常人们叫他的昵称"泽·克劳迪奥")和他妻子玛丽亚·圣多埃斯皮里托(Maria do Espírito Santo)并不是富人,也没什么文化。他们的一位好友告诉我:"他们是农民。"[14] 他们出身贫寒,始终贫穷,但他们很聪明,心怀大梦。他们的梦想是人与森林的和谐共处,尤其是与那些巨大的巴西坚果树。那些树木对他们而言尤为特别,是他们生活与工作的象征和重心。

克劳迪奥和玛丽亚刚刚组成家庭的时候,他们在自己的菜园里种大米、豆子和玉米,就像所有巴西农民一样。他们还要照顾年幼的儿子。但不知怎么的,从某个时刻起,他们开始以一种全新的视角看待森林,将其视为生命和生计的来源,而不是阻碍。很快,他们开始四处探索,找人教他们森林生态学的知识以及可持续生活的方法。他们的求知欲和智慧推动他们进入更广阔的世界,接着他们回到故里,将自己学到的东西告诉他人。他们刚刚开始做这些事的时候,克劳迪奥只有小学四年级的文化水平。玛丽亚稍微好一点儿,但随着时间的推移,他们自学的环境学知识越来越多,也对自己所掌握的东西越来越有自信。他们的朋友告诉我:"没人看得出他们曾经是农民,他们看起来就是特别聪明。"他们被杀害的时候分别是52岁和51岁,克劳迪奥还是小学四年级毕业,但玛丽亚已经拿到了教师资格证,她努力学习技能,以便能将知识传播给更多人。

他们的朋友告诉我,克劳迪奥和玛丽亚是完美的组合。克劳迪奥很热情,有一点儿严肃,玛丽亚积极乐观,幽默感十足,他们正好能互补互助。"他们在与专家的讨论中也能谈吐自若,"他们的朋友说,"他们可以自如地表达自己的观点,因为他们非常了解自己所探讨的论题。"在将想法变成现实上,他们自有方法。1996年,克劳迪奥和玛丽亚搬进了森林,开始经营一个小农场,但这是一个全新的尝试:一个不需要清除森林、开垦土地就能产生效益和利润的农场。他们搬到政府拥有的土地上,靠近其他或合法或非法或合法性不明确的新农场。在这些农场中,有一些已经清除了森林,引入牲口,还有一些想要采用新方法来经营。大约有300个家庭生活在这个地区内。

克劳迪奥和玛丽亚利用整合起来的知识和技能种植蔬菜、养殖家畜,但他们把重点放在收获原始森林所产出的各种自然水果、坚果和其他产品上。他们农场的中心有一棵巴西坚果树,他们称它为"陛下"。这棵树很粗,八个人手拉手才能环绕住它的树干,它的坚果是一种重要的经济作物。克劳迪奥和玛丽亚欢迎所有访客,让人们住在他们家中,向成百上千人介绍可持续林业。一段时间以后,州政府认可了他们正在推动的事,并支持他们使用土地和森林。到此为止,一切都很美好,但伐木者也将目光投向了这片原生林。

克劳迪奥和玛丽亚建立了一个环保展示农场,但它所处之地近乎一个战区。住在这个地区的家庭都是多年前从巴西北部移民来寻找更好的生活的人,但及至20世纪90年代,有三个因素为这个偏远的农村社会带来了巨大的压力。第一个就是关于小规模农户可以通过养殖牲口致富的古老谬论。在森林的一些部分被砍伐清除,小规模的家畜养殖开始之后,这些新的小农场主意识到他们犯下了灾难性的错误。他们的牲口数量太小,无法养家糊口,而经过清除的土地也已经无法用来种植大部分农作物了。在倾尽所有之后,他们所收获的只有贫瘠的土地和灰暗的前景。第二重压力来自伐木公司，他们多年来一直在向这片森林推进。尽管这是政府所有的土地，但这些公司知道他们很容易就可以进行非法伐木，即便一些公司在伐木过程中被发现并罚款。正当许多当地家庭想要通过可持续林业改变他们的生活和处境时，伐木公司来了，后者试图哄骗或驱赶这些家庭，来砍伐他们土地上的树木。这就是造成冲突的原因。

接着，在2005年前后，第三重压力开始袭来——由于附近最大的城镇马拉巴（Marabá）的冶铁厂迅速扩张，对木炭的需求日益增加。巴西是一个铁矿产出巨大的国家，但这里几乎没有煤矿。没有煤矿，木炭就成了将铁矿炼成生铁的燃料，接着，成块的铁就会被售往世界各地。2007年巴西政府针对许多产业颁布了《加速发展计划》（Program of Acceleration of Growth）以后，生产量的确突飞猛进。这项计划为增加出口量提供了许多激励。及至2010年，矿业已经创造1570亿美元净利润，也为巴西发展了510亿美元的对外贸易，占这个国家出口总额的1/4左右。[15] 有一大部分的生铁出口到了美国，美国人用这些铁制造卫生设备，如浴缸、水槽和马桶，还有汽车部件、桥梁、洗衣机、微波炉，以及数以千计的美国消费者会购买和使用的铁质或钢质的产品。

有的冶炼并出口生铁的大公司自己并不生产木炭，他们从小制造商处购买，后者派载有大量成袋新木炭的无盖卡车进入马拉巴。木炭制造商在巴西拥有长久而丑陋的历史。他们迅速地建起低矮的黏土熔炉，随即将森林保护区变成了贫瘠的荒原。这是环境上的"肇事逃逸"，迅速、肮脏，而他们惯用的作案手法就是奴役。克劳迪奥和玛丽亚同时妨碍了木材公司和木炭制造商。

"克劳迪奥和玛丽亚被选为当地居民点的领导人，"他们的朋友告诉我，"他们倾尽全力来阻止这场侵占。所以很多人想要他们死。" 2008年，这对夫妻联系到当地政府和乡村土地委员会（即CPT），告诉这些机构，他们一直收到死亡恐吓。一位CPT的律师帮助他们向政府机关提交正式报告和投诉，他们也收到了一些反馈。巴西环境与可再生资源协会（IBAMA）是一个相当于美国环境保护局的机构——但权力更大。克劳迪奥和玛丽亚提交报告之后，IBAMA 介入并关闭了一些伐木营地和制炭营地，但这些行动不足以警告其他公司和制炭商，让他们离开。很快，装有木材的卡车就又回到了路上，在克劳迪奥和玛丽亚以及他们的邻居居住的区域间穿行。两边的人都越来越感到挫败。2009 年，克劳迪奥采取了行动，他拿着一把猎枪站在路中央拦截卡车，警告他们：如果他们想要通过此处去进行非法伐木，那么他就会对着他们的卡车开枪。很快，这对夫妻开始为所有装载非法砍伐的木材的卡车拍照，并将照片寄给所有可能关心此事的人或机构。随之，威胁升级，他们社区里的许多人都受到了惊吓，对克劳迪奥和玛丽亚避而远之。他们的邻居抛弃了他们，但 CPT 的朋友仍然支持他们。与此同时，他们对抗非法伐木的姿态受到了媒体的广泛关注，忽然之间，全巴西和世界其他国家的人都认识了克劳迪奥和玛丽亚。

得到了这么多的媒体关注，2010 年，克劳迪奥受邀在玛瑙斯的 TEDx 大会①上发言。他在大会上的发言冷静但充满力量，解释了他和玛丽亚正面临的处境：

> 在 1997 年……我们有 85% 的原始森林植被，这些原生林大部分由坚果树和古布阿苏树②组成。今天，随着伐木者和马拉巴生铁制造商的到来，这片森林只剩 20% 了，零散地分布在许多地方。对那些和我一样生于森林、长于森林的人来说，这无异于一个灾难。我从七岁起就开始在森林里采坚果。我依靠森林生活，

---

① TED 是美国的一家私有非营利机构，该机构以它组织的 TED 大会著称，其宗旨是"传播一切值得传播的创意"。TEDx 是由 TED 于 2009 年推出的一个项目，旨在鼓励各地的 TED 粉丝自发组织 TED 风格的活动。截至 2010 年 4 月，已有 500 多场 TEDx 在世界各地的城市和乡村举办。
② 古布阿苏树（cupuaçu tree），一种热带雨林植物，是可可树的近亲，其果实的果肉在中南美洲被广泛食用，被用于制作冰激凌、零食棒和其他附加值产品。

所以我倾尽所能保护它。这就是为什么我随时可能被人开枪打死。因为我不能坐视不管，我揭发伐木者，揭发木炭制造商，这就是为什么他们认为不该让我活着。他们想像除掉多萝西姊妹一样除掉我。我今天在这里和你们说话，但一个月后你们可能就会听到我失踪的消息。

我问自己：我害怕吗？答案是肯定的。我是一个人，我会感到恐惧。但恐惧不能使我缄默！只要我还能走，我就会揭发那些伤害森林的人。亚马孙丛林的树木是我的姐妹。我是森林的儿子。我依靠它们生活，我依赖它们，我是它们中的一员。每当我看见有树装载在卡车里被运往锯木厂，我就痛苦不已。就好像我在观看一场葬礼，失去了一位至亲。

为什么？因为那是生命。对我来说那是生命。对所有住在城市的人来说，这也是生命！因为森林会净化空气，给我们供氧。而有一群人——他们眼里只有利益，只有自己，没有后代和世上一切事物的未来，他们正在我们的城镇里为所欲为，犯下大罪。遗憾的是，无人挺身而出来解决这个问题。这就是我们的困境。

森林需要被保护，因为它所包纳的一切都能产出钱、利润！森林就在那里，支撑着我的生活。不论何时，我都可以进入森林，获取所需。今天，有些人认为只有把树砍下来，把树烧成木炭，才是获取森林提供的资源。这让我感到悲哀。

现在我想要请在座的各位答应我一些事。在你购买森林木材所制成的商品时，请查看它的来源。这是我们减慢森林破坏速度的唯一方法。这是我们这些农村人在这里不能做的。如果你们开始拒绝购买来源可疑的木材，这些商品的市场就会渐渐萎缩。那些非法厂家要么会遵守法律，要么就会倒闭。然而，只要人们还在购买非法木材或非法林产品，犯罪就会继续下去。损失将降临在那些居住在森林中的人头上，也会降临在你头上，因为不久之后就再也没有森林了,它总有一天会消失的。如果森林消失了,人要如何生存?我们要如何生存?……滥伐森林能养活我们吗?不能!只有活着的森林才可以!你不需要为森林浇水或施肥。你要做的不过是走进森林,收集它所产出的东西。

在那里,在我那片小小的土地上,我生产坚果油、古布阿苏果油和果肉,我用藤蔓和木头制作木筏——使用大自然馈赠的木头,那些大自然放在地上留给我的木头。所以在我死了之后,森林中的一切仍会继续,其他人会来到这里,索求我今天拥有的东西。活着的森林的可持续性是砍伐的两倍,因为如果你把森林砍掉,你就只有一次机会,而如果你让森林活下去,你就可以永远拥有它。今天、明天,你都能拥有它,在你死后,其他人会继续居住在那里,他们会和你一样享受森林带给他们的一切,他们会活得很好。[16]

克劳迪奥预言了自己的死亡,而且相当精准。不是一个月,而是六个月后,他和玛丽亚骑着摩托车在他们家附近的一条路上行驶,在他们过一座桥的时候,杀手扣动了扳机。现场总共发现了15枚弹壳,既有手枪子弹也有猎枪子弹,因此很有可能有两名杀手。在他们逃离现场之前,其中一名杀手割下克劳迪奥的耳朵作为战利品。

谋杀案发两天之后,我与克劳迪奥和玛丽亚的老朋友坐在一起,翻看着他们的照片。在一张照片里,玛丽亚站在一片药用植物中,和一群来访者谈论混合园艺学和林业。在另一张照片里,她正在一次森林参观中带领他们排成一列穿过一片田野。这张照片里是克劳迪奥和他十几岁的儿子,他们自豪地站在他们用砖块和水泥建起来的小烤箱旁边。还有许多影像,记录了美丽的森林花朵、成堆的坚果和水果、树上的猴子,还有橙色、红色、蓝色和绿色的鹦鹉,令人为之赞叹。在那棵巨大的巴西坚果树"陛下"前,克劳迪奥和玛丽亚与一对可爱的年轻夫妻正对着相机大笑,摆动作,做鬼脸。

但也有一些照片讲述着较为黑暗的故事:克劳迪奥站在一棵新砍倒的大树树桩边上,还有一些照片上,土地被烧毁成荒原,载着巨大原木的木材卡车沿煤渣路迅速前行,制炭营地火力全开,剥蚀的土地上毫无生机。有时候,镜头里的克劳迪奥一脸阴沉,忧心忡忡。也有在家里拍的照片:克劳迪奥向后靠坐在椅子上,神情放松,略带疲惫。

在克劳迪奥和玛丽亚被杀害的同一天,巴西国会正在就一个提案进行商议,这个提案可能会削弱政府对国家森林的保护。如果提案通过,它将相应删减国家森林保护的相关法规,这些法规保护亚马孙丛林,使其不受伐木者、农民和其他商业得利者的侵害。新法律会将更多土地开放给滥伐森林者,并赦免全体非法伐木罪犯。在商议的过程中,反对修改法规的国会议员、前环境部部长何塞·小萨尔内(José Sarney Filho)收到了凶杀案的消息。小萨尔内在国会会议厅中发言,宣布了克劳迪奥和玛丽亚的死讯。《纽约时报》解释了接下来发生的事情:

> 在场的听众都对他喝倒彩,包括其他议员。"我不敢相信,"目睹了这场演讲的绿色和平组织理事阿达里奥先生(Mr. Adário)说,"他们竟然对着一则谋杀案的新闻喝倒彩。这是多么恶心的事,却的的确确发生了。"[17]

在接下去的几天里,又有两位环境保护活动家被枪杀了。埃雷弥尔顿·圣多斯佩雷拉(Eremilton Pereira dos Santos)在克劳迪奥和玛丽亚倒下的地方的不远处被枪杀。接着,在亚马孙丛林所覆盖的朗多尼亚州(Rondônia),农民和共党领袖阿德利诺·拉莫斯(Adelino Ramos)在售卖蔬菜时被杀害。约一周后,环保活动家和反奴役活动家向政府提交了一份名单,上面是 207 个收到了死亡威胁的人的名字,其中包括 42 个已经遇害的人。几个月后,乡村土地委员会公布了他们的"行尸走肉者"

年度报告——上面是自1985年起在亚马孙地区被杀害的918个人的名字。没人知道还有多少不知名的人就这样消失在森林里。

随着死亡人数的公布,我感到自己被绝望包围。在美国,我们对保护亚马孙丛林振振有词,但没人来这里支持克劳迪奥和玛丽亚,我的存在也显得格外突兀。我们都相信奴隶制会被终结,但随时准备着要去探究真相、进行抗争的废奴主义者在哪儿呢?我似乎被困在了一个地方,在这里,任何选择都是错的。如果我们不断努力去保护雨林、阻止奴役活动,那么人们就会死去。如果我们无所作为,人们也会死去,我们的自然世界也会和他们一起消亡;摧毁了像克劳迪奥和玛丽亚这样一对可爱的夫妻的力量会持续滋长。权势者冷酷无情,他们发出嘘声,讥笑所有反对他们的人的死亡。还有什么希望可言?当无节制的贪婪与猖獗的暴力联起手来,我们要如何立足?而在巴西,一个飞速发展的国度,这些都在发生,虽然他们一直在认真、努力地根除奴隶制。

在我同克劳迪奥和玛丽亚的朋友分别时,她对我说:"他们是唯一在路上拦车的人,现在发生了什么呢?今天,在凶杀案发生之后,各种警察遍布了各个角落,但我们知道很快这一切就会结束的。这个居住点的人们非常害怕,很多人忧心如焚。克劳迪奥和玛丽亚是他们的朋友——他们共同拥有一个梦想。他们的许多邻居都在考虑搬家。如果没人去接手他们的工作,那么每个人都会忘记。克劳迪奥和玛丽亚将这件事变成了一起全国性事件,但现在,当初那些大声宣誓的人去哪儿了?"

第二天,我和一位巴西环境与可再生资源研究所的探员聊了聊。他的大腿上系着一把手枪,他参与了在制炭营地逮捕非法伐木者和奴隶主的行动,但他也十分沮丧。"没有劳动监察员出动,"他说,"他们等着一个像乡村土地委员会这样的组织或是警方来揭发伐木者或制炭营地。然后他们才会行动。这就是为什么我们在隧道的尽头看不见光——我们说一句,他们动一动,但如果我们不说,他们就动也不动。但要有东西可以报告,我们必须能够进入现场调查,而我们并没有用来做这项工作的工具。我们需要交通工具、无线电、全球定位系统（GPS）和更多的人手，问题非常大，根本不是我们这个小队伍可以解决的。最终我们不得不依赖乡村土地委员会这样的组织去发现犯罪情况。之后我们通常会被告知需要等待其他政府机关下发许可，才能去突袭一个我们知道使用奴工的制炭营地。我们等了又等，等他们上报最高机关获得批准。所以说人们在死亡的边缘挣扎而无人挺身而出执法——所以人们认为警察对他们不闻不问，这也无可厚非吧？"

我一个人站在那里，感到愈发沮丧。侵害森林、奴役平民的力量在不断向前推进；他们与上层勾结，手中又有武器。他们有卡车、无线电和钱。这些奴隶主和非法伐木者不只是危险的罪犯，他们的数量还远远超过了那些反抗他们的人。在无法治的边疆地带，他们就是金字塔的最顶层。他们不会在一处停留太久，他们随着边疆边缘的移动而移动，而当他们离开时，在其身后留下的是死亡、破坏和奴隶制。

丹尼洛神父反抗他们，但他没有武器，尽管他精力充沛，但他不过是一个老头儿，想着告老还乡，回到意大利他的家人身边——几十年来他们都没有团聚过。乡村土地委员会的反奴役专家沙维尔·普拉萨特（Xavier Plassat）反抗他们，但他没有预算，也没有工具。克劳迪奥和玛丽亚的朋友反抗他们，她知道自己可能会为此付出什么样的代价。一位美国修女反抗他们，就付出了那样的代价。我愿意付出代价吗？我们中的任何人愿意吗？还是我们只是纸上谈兵？

第九章
我们已寻得部分答案

在我身后是一座小镇，在我身前是一片树林。这里是动乱的分界线，是边疆，是这一切的边缘。一边是贫瘠、灰暗的碎石堆，上面是人、居住点和森林清除的工作。另一边是——我们的——繁茂富饶的大森林，是这个星球无限的平衡与能量。如果事实是我们的森林已时日无多，那么我会爬上这座小山，越过这条溪流，进入代表了我们星球最深刻真理的荒野世界——步入那个真理，哪怕只是一会儿。

我眼前所有的美丽，所有的生命，都是苦中带甜的。就在靠近森林边缘的地方，物种多样性已大幅提高。鸟类的数量迅速增长：黑白相间的大鹰、秃鹫、小灰鸽和五彩斑斓的雀鸟。它们在灌木丛、花儿、晨光、紫花洋地黄、紫藤以及从树上垂挂下来的明黄色花苓间飞快地穿梭。在这片森林的边界地带，成群的黄色大蝴蝶和乳白色的小蝴蝶在空中盘旋，接着在有一点点水源或动物的地方聚集，50只、60只、100只甚至更多的蝴蝶像一块飞毯一般在空中回转翻滚。

越过边界线，我就站在了热带雨林中，生物的数量如爆炸般激增。藤蔓、灌木、大树、矮木、巨型蕨类和各种大小的蘑菇，在这些植物的环绕中，每一步都像是需要扭动身体的凌波舞步。我在爬一座陡峭的小山丘时，抓住一棵小树的树干作为支点，一队蚂蚁从我手上爬过。随着我的行进，我的脚下滚出了一个小球，葡萄大小，干草和枯叶组成的完美球体。我用鞋尖碰了它一下，它又向前滚动了一段，在撞到一块石头后裂成了两半。小球里面是空心的，有一些蛋壳碎片和鸟粪。我又跨了一步,差一点儿踩在另一个棕色的小球上,但这个球毛茸茸的,它突然展开身体,慌忙地钻进了树丛。

有一棵树,光滑的浅绿色树皮上有一圈圈尖刺。在我向上爬坡时,我没有看就抓住了它,树干上的尖刺戳进了我的手掌。蘑菇处处生长——白色的、橙色的、棕色的、黑色的。头顶上方传来刺耳的鸣叫声,鹦鹉成双成对地飞过,有黑色的,有绿色的,有浅蓝色的——羽翼下还有亮黄色的斑点。一只红色的鹦鹉,翅展如鱼鹰,宽阔、流畅、优雅。

在我进入山脚下一片比较开阔的林中空地时,我瞥见了一种生物,起初以为是一只鸟。它明亮的蓝色翅膀比我的巴掌还大,但它的飞行忽高忽低,我这才意识到这是我有生以来见过的最大的蝴蝶。我努力地放轻自己笨拙的脚步,向它所在的位置移动,希望在它于林下植物间穿行时能跟随它。就像捉迷藏一样,我一会儿能看见它,一会儿它又不见了。我又一次看见了它,紧随其后,在树木间蹑手蹑脚地行进,此时,下沉的太阳将一束束光柱送入了这片空地。忽然之间,我被一道折射的蓝色光线晃了眼。我晕头转向,摇了摇头,向前望去,看见那只蝴蝶穿过了两棵树。正当此时,另一束日光照射在它身上,它的翅膀就像一面镜子,将热带阳光的全部威力投向我,一道晃眼的蓝光射出,穿透了绿色与棕色交织出的森林。我目眩神迷,不敢相信这只蝴蝶有如此强大的力量,跟在它身后跌跌撞撞地走着,看着它再一次掠过眼前,彻底消失于蕨叶中。

我感到困惑、晕眩,停下了脚步,有些泄气。这些耀眼的光线使我分心,不再沉浸于痛苦和惶惑。现在的我筋疲力尽,大汗淋漓,被虫子叮咬。但低头看一段树枝上那几近饱和的绿色,我可以看见一点点蓝色,几乎像雾气一样,在叶片上方悬停着。我摇了摇头,向前倾身,终于看到这又是一只蝴蝶,但刚刚那只有多张扬华丽,这只就有多羞怯谨慎。它很小,翅膀的形状更接近于蜻蜓,但非常清透,完全透明,只有翅膀的边缘闪着矢车菊的那种蓝色。它几乎不可见,但当它移动时,它后方

第九章 我们已寻得部分答案

的浅绿色叶子就好像带有轻微的蓝色涟漪，好像只是一声低语，一个不成型的念头，一句发问。

或大或小，或闪耀或苍白，在我的脑海中，这些蝴蝶都在一起回旋飞翔。在粪土上进食的优美白色蝴蝶，蓝色闪电，空巢滚成的球，组成了这座复杂的森林那丰富而精致的平衡，也是对我心中无望之感的一个解答。一根荆棘刺破了我的手，一道闪光晃了我的眼，一些持续不断的喧闹声钻进了衬衫下我的肚子里，而且我明白了那就是我们的职责——去引出那道光，去保护人和森林，不断深入，永不放弃。

如果我们爱这个世界，我们就必须化身荆棘以保护它。如果我们痛恨奴役，我们就必须成为那道光，将其暴露于白日之下。如果奴隶制和环境破坏像肿瘤一样滋生，那么我们只需要将之深挖、铲除——我们知道并且理解，这样做是非常重要的，但这样做可能需要几代人的努力，而且需要付出很高的代价。我不知道怎么做，但克劳迪奥和玛丽亚寻得了一个方法，即便这个方法最后让他们死于非命。我们都得到了答案中的一小部分，现在是时候将这些碎片拼凑起来了。

我从山上下来，直接走进了一户边疆人家。这户人家在普里马韦拉村外不远处，他们深入森林，构建起一种生活，既能保存住森林，同时也让他们与孩子的生命充满希望。这户温和的人家是奴隶主的噩梦，他们以一种轻柔的方式居住在这片土地上，与森林共生，也保护着森林。他们的农场很典型，和大多数其他农场差不多，不是克劳迪奥和玛丽亚经营的那种生态教育农场，但他们的农场实际应用了前者的经验，并在这个过程中学到了更多东西。

这个家庭由爸爸、妈妈和两个正处于青少年的儿子组成，他们一起生活在他们自己建造的三室户房子里。房子里两间是卧室，一间用于储藏、会客或其他需要的事情。烧饭就在一个烧柴火的泥质大烤箱（也是自建的）的背面。烤箱里锅子大小的洞将平底锅架在火上。大多数时候，饭是在门廊旁边的长椅上吃的，坐在那儿还能吹到凉爽的风。我坐下和他们一起吃晚饭，鸭子在我脚边摇摇摆摆地走着，想要向我讨些吃的。

由于巴西的土地使用法律，这家人无法拥有土地，但他们获得了在土地上务农的权利。他们有大约200英亩土地——一个农庄通常可以获得的分配。土地实际上是免费的，但政府提出了要求——如果这片土地上的森林已经被非法砍伐了，那么农场主就必须交还一半土地种植树木，让荒野回归。如果土地上的森林仍然很完整，那么在一半的土地上，农场主不得砍伐树木，但可以用克劳迪奥和玛丽亚的方法取用森林资源。如果按这个要求去做，那么每个人都能得到回馈。相比清除森林基础上的畜牧，这些农户能赚到更多钱，也能获得更多安全感。政府也保护这片森林。这仍然是一个微妙的平衡。沿着一条土路走上很长的一段才能来到这片森林，在这里一切都有可能发生。

这家人遵守着规定。我穿越的原始森林是他们土地的一部分，他们没有开发这片森林，最多来这里采巴西坚果和其他林产品。他们的农场和基督山溪（stream Monte Cristo）以外的山岭和山丘用同一个名字。在溪流旁边，靠近道路的平原上——他们的房子也建在那儿——生长着许许多多的动植物，维持着他们的生活。有鸡在脚边乱跑，有母猪带着小猪猡，还养了几头产奶的牛。这些牛每天产三加仑鲜奶，两个高大的少年看来喝了不少。妈妈将一些牛奶制成新鲜的牧场奶酪，可以自己吃，也可以售卖。在房子周围他们种了酸橙、木瓜、百香果、胡椒和各种蔬菜，还有一片地专门种菠萝。很快他们还要种一些可可树。他们所有的用水都是用水桶从一口他们自己打的井中取的。这是一种边疆生活，但他们快乐地活着，他们的儿子苗壮成长。穷是穷，但能吃饱穿暖，还有余力帮助他人，当丹尼洛来接我时，他们拿袋子装了一头乳猪给他，让他带给另一户人家，他们听说这户人家有人病了。我一直很熟悉"囊袋里的猪"① 这个说法,但这是我第一次真的拿到一头装在袋子里的猪。

他们只是一个家庭,但他们代表了千千万万个家庭。在世界各地,家庭农场正在渐渐消失,大块的土地被用于单种作物栽培,往往以转基因作物作为农业综合企业(agribusiness)的标准产品。巴西是全球唯一一个情况相反的国家:家庭农场的数量在增加,1996年到2006年,从35万个增长到了450万个。这些小规模家庭农场相当于一个动力车间,在30%的可利用农业用地上生产了巴西国内所消耗粮食的70%。在一个公平市场里,没有对大型农业综合企业的补贴(这种补贴使欧美的家庭农场从市场中被淘汰),巴西的小农场只会更加高效。这是巴西在世界经济体中能赶超其他国家的原因之一——有当地的食物产出就意味着更高的价格稳定性和更理想的国际收支差额。¹ 当地的农民提供更新鲜的食物,且没有长途运输的燃料成本。"买本地货,吃本地货"可能听起来像一句美食咒语,但在巴西,这个理念有政府政策的支持,这种政策有益于经济,有益于地方社区,有益于森林保护,也有益于农场家庭。延伸研究显示,巴西的奴役活动发生在边疆的非法土地占有情景下,或发生在农业综合企业的大农场上,而不是小规模家庭农场里。

曾几何时,巴西是巧克力宇宙的中心。可可树是亚马孙流域和奥里诺科(Orinoco)流域的本土植物,世界上最后的野生可可树仍然生长在那片地区。可可是西半球最早的栽培植物之一,从亚马孙北部传到了中美洲。在墨西哥,人们发现4000年前的陶瓷罐里有装可可饮料的痕迹。玛雅人认为可可是上帝的礼物,可可的拉丁学名"Theobroma cocoa"直译过来意思也是"上帝的食物"。

可可于1528年到达欧洲,它的流传速度非常缓慢,只有很少人才能欣赏生可可的苦味。但从18世纪起,随着牛奶巧克力和甜味巧克力饮品

---

① 囊袋里的猪(a pig in a poke),英语俚语,意思是冲动购物所买下的东西。

的出现，对可可的需求开始激增。在那之后，尤其是在19世纪吃巧克力棒成为工人阶级中流行的乐趣后，巴西可可的出口迅速增加，与西非和菲律宾的欧洲人所设立的新可可农场相互竞争。

在巴西的巴伊亚州（Bahia）的大西洋海岸上，可可成了主要的作物，但目光短浅的地主过度播种，造成了一场生态灾难。可可树是下层植物，一种生长在具有高大林冠层的雨林中的灌木。[2] 最高的可可树也不太可能长到25英尺以上，而且它们的生产期限很短，大约40年。巴伊亚州的农民想在欣欣向荣的市场中赚钱，他们在开垦耕地的过程中清除了林冠层的大树和下层植被，接着密集地种上可可树，提高了任何可能攻击可可树的植物疾病的致病率。栽培者硬生生地催出几年的产出，但完全不照顾这些树，不除草、不修剪、不施肥，在这些树衰老的过程中，产出量减少了将近40%。[3] 及至20世纪70年代晚期，巴西的可可树已经非常虚弱了，无法抵抗席卷了全国的一种通过空气传播的真菌感染。这种真菌感染被称为"巫婆的扫把"，因为它会导致一些树枝生长迟缓，最终枯死。及至2001年，这种真菌已经彻底摧毁了世界上第三大可可生产商，使其可可产量削减了超过75%。真菌感染即刻导致的后果很严重，而其引发的连锁反应更是灾难性的。2008年，国家公共广播电台的乔安妮·希尔伯纳（Joanne Silberner）报道了之后在巴伊亚州发生的事情：

> 真菌入侵之前，这个地区有超过100万英亩的繁茂雨林。土壤湿润、易吸水，在雨季会吸收充足的水分。在旱季，被土壤吸收的水分慢慢地流入卡乔拉河（Cachoeira River）。但由于可可树都死了，人们砍伐森林，靠木材和放牧赚钱。暴露在外的土壤因牲畜的踩踏和烈日的灼烧而变得紧实。在分水岭……土地如今已经又硬又干了。

从森林到牧场的转变大大改变了这片地区的水流，内勒·卡拉桑斯（Neylor Calasans）这样说，他任教于塞阿拉州州立大学圣克鲁斯校区（the Universidade Estadual de Santa Gruz），位于卡乔拉河流域的伊塔布纳市（the City of Itabuna）。"只要我们伐林放牧，水分就不可能渗入土壤，"他说，"水只会流经土壤表面，然后流失。"卡拉桑斯一直在分水岭监测水流、温度和降雨量。他的图表揭示了，水没有被松软的土壤吸收，而是经过紧实的硬土，直接流入河里，有时土地中连一点点为旱季储存的水分都没有。"这正引发一系列的问题，"他说，"伊塔布纳市已经出现了供水问题，尤其是降水量较小的五月到八月。"伊塔布纳市面临卡乔拉河彻底没有水流已经有一段时间了。[4]

真菌迫使农民急于获取土地，牧养牲畜；其后果和亚马孙流域的其他地区所遭遇的相同——茂盛的雨林成了干涸的牧场。然而事情并不是非得这样发展的。

回到欣吉河流域，在基督山那些创新家庭农场附近，有一家杂货店和仓库，隶属于一个叫作"CAPPRU"（小型乡村与城市制造商另类合作社）的组织。在这里我认识了一个名叫何塞·巴罗斯（Jose Barros）的男人。何塞曾经是无地农民，但如今他种植可可树。"可可改变了我的人生，"他告诉我，"我只有小学四年级的文化水平，四处漂泊了大半辈子，想要挣足够的钱养家糊口。我为不同的农户干过活，甚至还去挖过矿。"大约七年前，何塞获得了100英亩土地的耕种权，和基督山的其他家庭一样，他开始种植一些蔬菜、玉米和木薯来养活一家人。为了从政府那里获得用地许可，他必须保证不开发土地上60%的原始森林。他当时很担忧，不确定自己能否用剩余的土地维持生计。接着他认识了CAPPRU的人，知道了可可树。一个政府项目想要在"巫婆的扫把"真菌灾害后重建可可生产链，于是开始向农民分发树苗。何塞申请了一些，将它们栽种在大约六英亩的森林中。在CAPPRU的指导下，他将可可树分散种植在林下层，保存了高大的林冠层树木为它们遮阴，保持了土壤的湿润。他小心翼翼地为可可树苗施肥,如果有树死了,就重新栽种。四年后,他的树开始结出可可豆荚。

"那就是我们的生活开始改变的时刻,"他告诉我,"第一年我卖出了大约一吨可可豆。有生以来第一次,我们有钱买除了食物和衣服之外的东西了。我们买了一头牛,用来产奶,买了一辆摩托车,我们重新装修了房子,吃的食物也比以前好多了。我们穿上了体面的衣服和鞋子。我们的孩子那时已经长大,离家打拼,我们也终于可以帮助他们起步。"何塞的脸上满是惊叹和骄傲,他告诉我,他和他妻子最近做了一件过去做梦都不敢想的事情。"我们去旅行了,"他惊叹道,"我们去了一座沿海的城市,只是去观光!"他们的视野更开阔了,何塞明白,这要归功于可持续农耕。如今,在 15 英亩的土地上,他有将近 5000 棵可可树,有 1200 棵树的年产量是大约 3 吨可可豆,其余的树苗还太小,但在两三年之内,也会开始结果。"一开始种可可树的时候我用了一点儿除草剂,"他说,"但现在不用我也能种好了。我小心翼翼地照顾我的树苗,有时会有真菌,但我会立即将那些染病的树枝砍下烧掉。我会修剪这些树,在它们根部附近挖坑,用有机肥料施肥。而最好的事情莫过于林冠层的树木也能赚钱——它们产出巴西坚果,真是太好了!"

何塞的故事展现了另一种选择。尽管他的"农耕用地"有 60% 仍被保留为原生林,但他们一家人享受着体面的生活。出乎意料的是,CAPPRU 的员工告诉我,何塞和另一个农民——他们最好的生产者——相比,还是差远了,后者大大扩大了自己的种植品种范围,栽种草药和其他经济作物,而且从每一棵可可树上都可以收获大量的可可豆。当我问及这些农民和合作社的员工时,我意识到他们种植的不仅仅是可可,而是有机的、环保的、公平交易的可可,这些可可将被制成我们需要的巧克力——不涉及奴役、童工或环境破坏的巧克力。唯一的问题在于合作社——每年只生产 1000 吨可可豆的小型乡村生产商——并没有被认证为有机或公平交易的生产商,因此他们产出的特别可可只能和几百万吨的其他货源一起流入全球市场,无法被识别。幸运的是这个问题可以得到解决。与此同时,在 2011 年,合作社开启了一个项目来帮助其麾下 800 户农家加种 100 万棵可可树。

离开了这座深林,丹尼洛神父和我踏上了回塔博卡镇(Taboca)的土路。30 年前,先是淘金者,随后是伐木者,最后是矿业公司,他们陆续从欣吉河沿岸进入森林,边疆就经过此处向前移动。在塔博卡镇如今位处之地,地质学家发现了被用于制作罐头和焊料的锡石,也就是将悲剧、犯罪、破坏和奴役引入刚果东部的那一种矿物。在 20 世纪 80 年代和 90 年代,塔博卡是一座新兴之城,那时个人电脑刚开始风靡全球,对锡石的需求激增。在价格崩跌之后,大型矿业公司撤出市场,但塔博卡仍然作为进入边疆的门户而欣欣向荣,为移入此地的小规模采矿商提供补给。

和巴西面临的其他土地问题一样,说不清谁有权在塔博卡附近的土地上采矿,但在目睹了锡石采矿在刚果造成的恐怖后,我知道我也得去探访这些矿场。而我所见到的场景,既熟悉,又与刚果截然不同。在塔博卡附近的一个矿场,我在地上发现同样巨大的矿洞,旁边也有一条被改变河道的溪流,被用于冲洗和处理矿石。表面上,这个矿场看上去很像加纳的露天金矿矿井和刚果的锡石及钶钽铁矿矿场。但近距离观察你会发现,其图景是全然不同的。在刚果,我会在矿井下见到奴隶,但在这里,矿井下是一台现代牌的挖掘机正在进行挖掘矿石的工作。工人们仍然在旁边卖力地用水枪冲洗矿石,或是将其拉到简陋的装置上,摇晃、筛选这些矿石,但他们不会在疲劳和恐惧下工作。是的,他们身上沾着污泥,但不出几分钟我也浑身是泥了——我的膝盖没入了黄色的烂泥,接着胳膊也伸进脚下的黏稠物去找我的鞋。

一个男人走出来接待我,我问他是不是老板。他用问题来回答我的问题:"早上好,你是联邦警察吗?"在我向他保证我们不是警察甚至不是巴西人之后,他开始和我聊起矿场和工作。"这里的土地,"他解释道,"仍然属于大矿业公司,但这些公司因为破坏生态被 IBAMA [联邦环境警察] 驱逐了。所以现在,我们以一种半合法的形式在这里工作,IBAMA 知道我们在这里,我们对环境都很当心,所以他们没有干涉我们。镇政府没有官方认可我们,但他们对我们提供的工作岗位和启动的商业很满意。这都属于一种非正式的约定。"

"回头想想大矿业公司还在这里的时候,"他继续说,"像这样的矿场又野蛮,又危险。酒吧、妓院开在矿场周围,毒贩四处乱窜。但我们现在绝不允许这些东西,这里是个安全的地方,干净,伙食也很好。"我所见到的一切都印证了他说的话。工人们随意地应和着。一个似乎总想着在他们吃饭、睡觉的大棚屋里下跳棋的男人解释说:"我们有两队人在这儿工作,一队四个人,但今天其中一队——也就是我的工队——没上工,因为有一台冲洗矿石的机器的发动机烧了,我们在等替换的机器。但矿场的规则是这样的:等我们把锡石卖了以后,每个工人可以得到收益的4%。一般来说,我们每天可以产出 300 千克半提纯的锡石,每千克石头卖 18.5 雷亚尔 [约合 11 美元]。所以,我们工作成果的 32% 归工人所有,'老板'能得到 10%,剩下的钱用来冲抵其他所有的开销,比如挖掘机的租金、我们的伙食、厨娘的工资、工具、燃料,诸如此类。"

这样的约定似乎运作良好。在矿场隔壁的棚屋里,我看到了一个野外厨房,一名全职厨娘正在里面准备午餐的蔬菜、鸡肉和米饭。干净的衣服挂在房梁上,挂着蚊帐的吊床白天都被卷起来收在一旁。一双双胶鞋并排放在墙根,洗好的衣物成排晾着,刷过的锅子整齐地放着,干净的玻璃杯挨着一个饮水机摆放好,鸡在一间小屋周围啄米,那是厨娘住的地方,她与矿上的男人们分开住。

在棚屋里,我与另一个男人聊了起来,他似乎二十出头,几分钟后,他的妻子也加入了我们。"我来这儿之前,"他告诉我,"我在其他矿场就和机器差不多。我妻子和我离开了我们在朗多尼亚州的一小块土地,我们在那儿就只是农民而已。在这里我可以挣大钱。在我的土地上,我一天能挣 5 雷亚尔［3 美元］左右；在这个矿场，如果挖得比较多，一天我可以挣 200 雷亚尔［约合 300 美元］。有时候其他公司会来塔博卡，想要挖我去他们那儿，但我喜欢这里。在这里有种乐趣，你可以支配自己的时间。"在我们说笑的时候，我看到了一件先前从未见过的事，以一种简单清晰的方式证明了这个男人所说的话——他年轻的妻子，不久前还是个"农民"，正在做牙齿矫正——一样只有稳定、可观的工资才能负担得起的东西。

和在其他国家时一样，我问这个男人，他们知不知道自己挖的矿物之后的用途。和全球各地的大部分其他矿工一样，他们不知道。一些人听说过"焊料"一词的葡萄牙语，也就是锡石的主要用途之一，但即便听过这个词，他们也不能确定那到底是什么。他们采掘出来的黏黏的黑色软泥最终变成了他们手机的一部分，这个事实仿佛一个被曝光的秘密，有些人拿出自己的手机，盯着看了许久。"冲突矿物"这个术语让他们颇为困惑，但他们知道，在巴西，有时人们会被奴役于矿场，在农场和制炭营地这种情况尤甚。

那个可能是老板的男人插话道："在这里采矿，我们必须向 IBAMA 承诺，在我们采完之后，我们会填平矿井，整组土地，重新在上面栽种树木。这都没问题，我们为这些都预留了款项了。谁想留一个这么丑的大矿井在河边？我们最大的问题是官僚机构！所有这些杂七杂八的机关部门，它们都有不同的规定和议程，但好像没有一个有权力将这片土地正式转让给我们或者管理这里。IBAMA 保护环境，但他们不能签采矿租约。这很让人沮丧。"

这可能是挺令人沮丧的，但就和种植可可树的农民合作社一样，这个小团队向我们展现了草根经济的发展是如何提供工作岗位，保护人权以及保护环境的。一个大的全球经济体可能需要大公司，但大规模意味着长距离，距离越远，就越难去监控我们购买、使用的商品的源头。塔博卡锡矿的成功运作也适用于加纳的金矿和刚果的钶钽铁矿——如果他们可以得到保护，免受犯罪团伙的侵害，并且接受一些运营矿场的训练的话。这也可能是保护大自然的一种方式。

在塔博卡矿区的边缘是一座巨大的古炮。野草丛生，生锈的巨大炮筒指向道路，仿佛在保卫河堤，这个怪兽，及其铁质底座和四散在其周围的支离破碎的机械结构，是由大矿业公司运营的矿区的"遗迹"——在这些公司因为环境损害而被逐出矿区后，矿区就被彻底破坏、遗弃了。奇怪的是，这堆锈迹斑斑的残骸还让人想起加纳那个被遗弃的巨大采矿设备，周围也是一些小规模的矿场。这是对"大"（bigness）的另一种控诉。尽管那家公司负担得起运作这些相对高效的大机器的费用，但当锡矿的价格下跌，他们就负担不起"坚守"这片矿区或保护矿区周围环境的费用了。我眼前的工队以较小的、适宜的规模运作，当全球市场上锡矿的价格偏低时，他们仍能维持不错的生活，价格升高时，他们则能过上很好的生活。CAPPRU 合作社的农民也是如此。尽管可可在全球市场上的售价始终在浮动，但这些农民栽种的作物范围很广，经营成本相对又低，因此农民的收入还是很有保障的。

何塞的健康可可树，环保锡矿的非正式合作经营，以及在基督山森林中的那栋小房子里生活的创新家庭，这些只是巨大的、常常很混乱的、生机勃勃的边疆中的个别案例。但重要的是，在每个案例中，人们都由脆弱转为稳定，由绝望的贫穷转为健康、体面的安全生活（即便还没有达到完全的舒适），这种生活环境让孩子们茁壮成长，可以不再日夜不休地工作。这些例子向我们展示了，除了刀耕火种的生态破坏，还存在其他的生活方式，也说明这样做并不是做慈善。对边疆发展而言，这确实是一个更为可行的经济模型，因为它保护且扩展了大森林能够提供的潜在利益。跳脱出目光短浅的森林皆伐和对牲畜牧养心存幻想般的投资，看得稍微远一点儿，你就会发现药材，丰富的生物多样性，以及可再生、可持续的产品。你会看到克劳迪奥和玛丽亚曾经在地平线上看见的那种未来。这是一种发展的模式，能让巴西家庭农场数量增长的趋势最大化。这是一种规模较小的、去中心化的、更加环保、反馈更积极的发展，它不会掉入曾经摧毁了巴西可可种植的那种陷阱,也不会面临当今的生物燃料产业遭遇的困境。

这类解决办法看似十分简单,但让我们不要再欺骗自己了:要在农业、环境保护、经济稳定、劳工权益和消费者需求之间找到平衡可能着实困难。有时,通往地狱之路正是由政府、企业和消费者的美好愿望所铺就的。

在卢拉总统统治下的巴西,"农业能源"(agroenergy)成了一个"王牌"项目。看着世界上其他国家在伊拉克战争期间被卷入了对于石油越来越深的不安之中,卢拉总统及其政府发现了一个巨大的良机。卢拉周游世界,讲述生物燃料的理念,与包括美国在内的许多国家签署合作协议,在联合国大力主张生物柴油,使用他的总统权力支持巴西农业的新的"绿色"出口市场。有了来自高层的领导,巴西的发展是爆炸性的,让巴西成为"生物燃料的沙特阿拉伯"的想法迅速萌发。2008年,巴西取代美国成为世界上最大的大豆生产国(大豆是生物柴油的主要原料);到了2010年,巴西已经有超过4500英亩土地——几乎是全国总耕地面积的一半——用于大豆生产。[5]

但除了石油价格,巴西大豆生产的快速发展还有其他的推动力。自2005年起对大豆需求爆发性上涨的另一个原因是,发展中国家肉类消耗量的激增。将栽种植物的农田改为牲畜牧场让小农户的可用土地越来越少,而且随着山谷被改用作大规模单种栽培(如大豆或畜牧),往往只有缓坡或山丘上才有可用耕地。在亚马孙地区,我们已经知道了,如果一个多样性生态系统被破坏并用于畜牧,将会付出什么样的经济和环境代价,但这种在土地用途上的改变似乎是无可避免的。随着像印度和中国这类国家的中产阶级成长起来,肉类的食用量迅速增加,而由于这两个国家加起来有超过20亿居民,他们在餐桌上消耗的各类肉的数量是巨大的。

这里的关键点在于肉类生产的增长也使谷物栽植数量增加，这意味着有越来越多保护森林正面临威胁。生产一磅肉，要用 15 磅左右的谷物或大豆。事实上，美国将其产出大豆（世界上第二大的大豆生产量）的 95% 用作动物饲料，大部分是用作猪饲料。且不提大豆能以更高效的方式喂饱饥饿的人民，这里还有另一个问题：像大豆和玉米这类高投入的一年生作物每年每英亩释放约 1000 磅二氧化碳，也就是说，单这两种作物，每年就能造成美国 1440 亿吨的碳排放。

关于作物和牲畜，还有很多数字，但它们加起来意味着在石油价格涨至每桶 100 美元以上时，对谷物和肉类的需求早已将生态系统推入了危机之中。对生物燃料增加的需求催生出一波新的黄金热，以及对土地和劳动力的疯狂抢夺。在类似巴西这样的地方，这样的抢夺大部分都是由外部投资推动的，投机商号称这就和在价低时买沙特的油井一样。对穷人而言，结果是灾难性的。尽管谷物产量增加了，谷物所制作的食物的价格却也上涨了，因为玉米和大豆都被拿去制造燃料了。对这种现象的一个经典的案例研究发生在 2007 年的墨西哥，彼时适逢美国启动石油与乙醇的混合项目。随着玉米价格的飙升，墨西哥玉米饼（一种当地饮食的主食）的价格上涨了 400%。大豆和大米的价格翻了一番，玉米的价格是原先的四倍，因此许多贫穷国家突然就无力购买进口食物了，它们的人民只得挨饿。当这个现象开始普遍出现在全世界时，一个出乎意料的组织发出了第一声抗议。

正当卢拉总统和布什总统打算签署一个关于促进乙醇生物燃料的协议时，联合国和国际货币基金组织（IMF）同时发出了严厉的警告。国际货币基金组织指出全球穷人会受到的严重影响，而联合国专家更深入地阐释了这个问题。[6] 将食物资源转化为燃料是"一种有违人性的罪行"，联合国食品问题特别报告员让·齐格勒（Jean Ziegler）如是说。他还补充说："必须阻止的是……饥荒造成的屠杀这一在全世界不断恶化的灾难。"他强调，制造 13 加仑乙醇需要 510 磅玉米，是一个赞比亚或墨西哥孩子一年的口粮。齐格勒承认使用生物燃料有积极作用，诸如更干净的环境，对化石燃料更少的依赖，但他仍然主张在开展生物燃料的生产上延期五年，以便研发出"从农业废料中提炼生物燃料和生物柴油"的技术，不用再直接使用可食用的麦子、玉米、甘蔗和其他食用作物。但没有人听取他的建议，更多土地急迫地被投入生物燃料生产中。

及至 2012 年，有 40% 的美国玉米被制成乙醇，越来越多的土地被用于耕种填补乙醇市场的玉米。这种玉米作物使用上的转向在 2005—2012 年这段时间究竟使整体食品成本增加了多少，尚不明确，但不同的独立机构做出的估算的平均数约为 25%。墨西哥有 1/3 的玉米都是进口的，对这样的国家而言，这意味着他们每年要负担 2.5 亿到 5 亿美元的额外支出，比墨西哥政府能投入支持他们本国的小规模玉米农户的资金要多得多。这一切代表了更严重的食品不安全（food insecurity）：墨西哥的基本食品成本上升了 50%，肉类和乳制品的价格因为动物养殖成本的提升而相应升高。到了 2011 年，墨西哥政府估测，有超过半数的人口正面临食物短缺，有 500 万儿童长期营养不良。[7]

为了制造木炭或售卖珍稀木材（如红木）而对森林进行的滥伐已然涉及奴役活动，但生物燃料以新的方式将工人与大豆和其他作物绑在了一起。乡村土地委员会和政府指出，随着生物燃料耕种的增加，奴役情况也在恶化。由于食物价格上涨，没有土地的绝望家庭变得更加绝望。饥饿让他们不惜以身犯险，去相信承诺在森林边缘有高薪好工作的招募者。与此同时，那些过去很少在他们高度机械化的农场中使用奴工的大农场主，如今也需要"集根者"（root collector）——一个俚语，指用来清理森林土地的短工，尤其是上一章里吉尔伯托被奴役时做的工作。受雇的可能性是一股强大的吸引力，招来了这个国家最贫穷地区的工人，其中一些人最终身陷奴役之中。

及至 2011 年，因种植大豆而导致的森林滥伐和畜牧所导致的破坏相当，对亚马孙地区造成了双倍威胁。随着第一批科学研究的介入，证实了大豆和牲畜一样，会使土壤中的水分流失，土壤变得紧实，从而对土地造成严重的危害。大豆耕种地区的社区和生态系统开始遭遇和牧场土地相同的问题。[8] 意料之中的，大部分这类土地退化都发生在官方的环境保护区（Environmental Preservation Area）。

回到欣吉河沿岸，自然保护区和印第安保护区正同时面临着水污染和洪灾问题。大豆种植园就建立在欣吉河的分水岭，即保护区的外侧，占用了河流的缓冲带，将除草剂、杀虫剂、化肥和淤泥排入河流。导致的连锁反应就是鱼类资源和狩猎动物在减少，对饮用水安全的担忧在上升，以及雨水降在种植园时会引发暴洪，洪水不会浸入土壤和森林植被，而是即刻流失。美国历史上也有一段黑暗的时刻，与这样的景象呼应着。

1889年5月31日，到当时为止美国历史上最大的灾难发生了：因为水坝崩溃，一面巨型水墙向前移动倾倒，席卷了宾夕法尼亚州的许多小镇以及约翰斯顿市，导致超过2000人丧生。造成灾难的直接原因可能是大坝崩塌，但更深层的原因是持续的森林滥伐，它使越来越多的水以高速被引注进了大坝后方的湖里。戴维·麦卡洛（David McCullough）在他关于洪水的畅销著作中解释道："森林不仅在土壤中蕴藏了大量的水分（每英亩约800吨），而且尤其在山地国家，森林自己也能保存土壤，冬季它还能储存雪。森林被破坏的地方，春季的融雪和夏季的雷暴会让洪流冲下山坡，洪流的情况每年都在恶化，因为水本身就会从土壤中和仅剩的植被中分离。"[9]

欣吉河的分水岭并没有积雪或春季融雪的问题，但巴西的这部分地区每年的降雨量是宾夕法尼亚州约翰斯顿市的两倍，其后果可能更可怕。矛盾的是，亚马孙河上游繁茂、潮湿的地带尤为肥沃，因为那里有缓慢的季节性潮汛。许多热带河流都有汛期，但很少有和亚马孙盆地的伊卡波（igapo，即沼泽林）和瓦尔泽亚（varzea，泛洪森林）一样的。泛洪时，雨林的大块区域会被淹没，水深可达40英尺，并且持续相当长的时间；水位很高，因此划船就能碰到一些雨林树木的顶部。泛洪的范围很广，因此南美大陆的中心地带因为这额外的重量而下沉了几英尺,当洪水退去,大陆又会重新上升,这是人类能探测到的最大幅度的地表升降。亚马孙河上游的生态也微微调整,以适应洪水的节奏。鱼类经历了进化:在满潮时,它们可以吃果实和种子;在低潮时,当它们在浅水中搁浅,它们也能直接从大气中吸入空气。森林中的一些植物每年要在水下待长达六个月的时间,似乎也进化出了一种能在被浸没时继续进行光合作用的方式。这些环境的极端情况催生了令人惊叹的生物多样性,但这一切都因为生物燃料引发的森林滥伐而面临威胁。

在巴西,另一种重要的生物燃料作物是蔗糖,制造乙醇的关键原料。蔗糖和奴隶制在巴西和西半球的其他地区有一段非常漫长、非常丑陋的历史。在18世纪和19世纪,地中海和巴西的甘蔗种植园中的死亡率之高,是臭名昭著的,因此也需要不断从非洲进口新奴隶来填补空缺。斯图尔特·施瓦茨(Stuart Schwartz)写过大量关于巴西的蔗糖奴隶制的著作,他描述了一个"与现代工业生产线非常相似"的过程,"工人都筋疲力尽……夜晚,沸腾冒泡的大锅、飞快运转的磨坊和汗湿的躯体,让任何看到此情此景的人都无法不联想到地狱"。这里必定是奴隶的地狱,他们常常受罚,"被滚烫的蜡灯伤或烫伤,脸上或胸前被烙下印记,被红热的铁块折磨,被割去鼻子或耳朵,或者受到性虐待……"[10]

各种刑罚和死亡不再徘徊于巴西的甘蔗地上,但有大约30万人是季节性的甘蔗砍收工,移民工人在虐待面前尤其脆弱。《报道巴西》节目(*Repórter Brasil*)的主持人莱昂纳多·萨卡莫托(Leonardo Sakamoto)解释道:"巴西地大物博,有广袤的土地和先进的技术,但它在生物燃料领域的优势其实是来自对工人的剥削——剥削奴工的薪酬。" 2008年,反奴役流动小队解放了约3000名甘蔗工人。他们呈报了艰苦、危险的工作环境——这是意料之中的,因为用砍刀收割甘蔗几乎是最糟糕的工作之一了。

巴西又一次向我们展现了一个等式的两边——什么可能是错的,什么可能是对的。一边是奴工遭受的虐待和在一些情况下的奴役,另一边是 2009 年由 331 家公司代表 80% 的蔗糖生产商签署的《改善甘蔗生产中劳动条件的全国承诺书》。尽管很快就在其中一个签下承诺书的种植园中发现了奴役活动,但整个产业范围内的协议实现了雇用劳工违规案例的逐年递减。支持这项改变的是不可避免的机械化进程。过去,蔗糖和棉花都被认为是需要使用奴工的作物,因为这两种植物的栽培工作非常繁重、艰苦。南北战争前的美国种植园主认为,如果没有奴隶制,因棉花出口而流入美国的庞大财富就会逐渐枯竭,让这个国家陷入萧条和混乱之中。如今,机器以高得多的效率栽培和收获这两种作物。在巴西,似乎只有较小、较偏远的农场还在使用人力收割甘蔗,这就是大多数奴役案例发生的地方。在 2012 年与巴西的反奴役工作者交流时,他们只呈报了很少的甘蔗种植园奴役案件,但他们指出,机械化也意味着更大的种植园,会对环境造成更大的影响。随着国际上对生物燃料需求的增加,甘蔗田也对亚马孙丛林造成了很大的压力,威胁了生物多样性和森林保护区。哪怕是与生物燃料有关的一则谣言也可能造成广泛的环境破坏。2009 年,在巴伊亚州,一个韩国组织宣布他们打算在一个叫作"卡廷加"[①]的自然生态区建造酒精/乙醇处理厂。这个新闻引发了一阵对土地的抢夺。森林被砍伐,小农户被迫离开他们的土地,腐败的政客签发了伪造的土地所有权,不肯出售土地的贫农必须面对毫无意义却让他们难以承受的法律诉讼。还有其他更加来势汹汹的威胁和恫吓被用于驱赶农民。后果是,早在处理厂建好之前,亚马孙河一条支流的分水岭处的森林中就被清理出了一块巨大的区域,这样做完全没有得到州政府的许可,也不符合国家关于土地保护和使用的规范。

---

① 卡廷加(Caatinga),一种沙漠植被,也指巴西东北部内陆地区被这种植被覆盖的生态区。"Caatinga"是一个图皮语词汇,意为"白色森林"或"白色植被"。

我们都想要减少温室气体,我们都想要保护濒危物种,让人们不再被奴役,但成本是什么?计算生物燃料成本的工作是复杂的,对我们大多数人来说,也难以理解。将乙醇混入石油真的可以减少最有害的排放物,这是好事。但如果稍许减少美国的汽车排放物的代价是亚马孙雨林的消失,那么乙醇就毫无意义可言。森林滥伐损害了地球上消除和锁住大气中碳元素的最强力量。必须权衡"地球之肺"面临的任何威胁与乙醇混合汽油带来的益处。也许关于这个问题,最有智慧的回答来自最被忽视的声音——联合国专家让·齐格勒,他主张推迟五年启动从食物中提取生物燃料的项目,当下应该继续完善利用非食物资源生产生物燃料的技术。

美国环境保护署使用"寿命周期分析"(life-cycle analysis)来计算这些成本。这个方法估算了生物燃料这类东西在从农场到你的油缸这个漫长的过程中,可以生产二氧化碳的所有方式——累加了森林滥伐、种植和收割、加工处理、运输及最后消费者对其的使用这些步骤中产生的碳。批评者说,环境保护署的标准不够严谨,不能囊括所有的影响,尤其是耕种之前生态系统的损失。与此同时,在2012年,环境保护署下令宣布,由棕榈油——一种迅速扩张的作物,严重危害了印度尼西亚的雨林——制造的生物柴油的环境代价太高,它作为燃料在美国不被许可。

在这个关于资源保护的演算中,巴西已经走到非常边缘、非常危险的位置了。巴西走的这条路对任何了解美国历史的人而言都不陌生。巴西的政治和经济腐败的程度,以及这种腐败如何催生和支撑了奴隶制与环境破坏,映照出美国在19世纪末和20世纪初的经验。在今日的美国已经很难想象:20世纪初,这个国家剩余的森林都处于危险之中——不是被木材公司收入囊中,就是被皆伐。彼时,阿迪朗达克(Adirondacks),也就是今天的冰川公园(Glacier Park),以及数万平方英里的政府林地都供人竞购。大多数政客都是买来的官职,因此,他们乐得以低价出售政府林地换取高额贿赂也不足为奇。今日的美国仍然拥有广袤的林地得归功于一位年轻正义的总统，他愿意为了保护森林赌上自己的政治生涯。

西奥多·罗斯福（Theodore Roosevelt）于 1900 年 11 月当选美国的副总统。他主张健康与安全法规、大型企业监管和环境保护，因此许多官员和企业家都希望他一直坐在空有其名而无实权的位置上。但在他的就职典礼六个月后，威廉·麦金莱（William McKinley）总统被暗杀，罗斯福成了美国的第 26 任总统。他上任后最先颁布的法案是请求国会对企业加大监控力度，并敦促实行对美国森林和自然区的保存与养护。在他于 1904 年以压倒性的优势连任总统后，关于如何处理国家森林问题的争论爆发了。罗斯福与林务局局长密切合作，开始为美国的未来考虑，将大约 1.5 亿英亩国家所有森林划出来。国会议员，尤其是西部地区的议员，想要卖掉那些森林，因此，为了阻止资源保护计划进一步发展下去，他们往 1907 年《农业法案》（1907 Agriculture Bill）里加了一个条款：总统无权保护森林。罗斯福和林务局局长吉福德·平肖（Gifford Pinchot）不想给一部重要且亟须的法案投否决票，因此他们非常积极地工作，以选出合适的保护区。就在罗斯福签署《农业法案》并失去保护森林的权利之前的几分钟，他将超过 1600 英亩的西部土地指定为国家森林。这些土地以"子夜森林"（midnight forests）之名为人所知，象征着它们被划为保护区时已经很晚了。罗斯福的这个举动是大胆的，但那也确实是合适的行动时机。及至 1900 年，美国一半的原生林被铲平了，1906 年，伐木活动达到顶峰，被砍伐的森林面积达到了 460 亿板英尺①。

一位总统，不惧怕反抗特殊利益，采取了迅速而富有争议的举措，这意味着美国成功保护了其广袤森林中的一部分。今天，即便巴西已经划出了一些森林区域作为保护区，这个国家还是陷入了砍伐、"开发"土地者与保存、护养森林者之间的斗争。这场斗争似乎永远不会终结，还

---

① 板英尺（board feet），美国和加拿大用于木材的专业计量单位。1 板英尺为 1 英尺长（约 0.30 米）、1 英尺宽、1 英寸厚（约 2.54 厘米）的木材体积。

因为边疆地区薄弱的法治而愈演愈烈。有一些环保措施是有效果的，过去 10 年里，合法的木材砍伐和生产在巴西已经迅速衰落了，了解这一点很重要。合法的木材公司裁员数千人，有些甚至倒闭了。根据巴西政府的亚马孙研究所的研究结果，原木消耗从 2450 万立方米减少到了 1420 万立方米。研究所 2010 年的报告强调，这个数字上的减少是由于政府对合法木材公司砍伐和加工树木的监管加强了。如果人人都遵守法规，那么这个体系就能有效运转，但罪犯的眼里没有法规。

对木头的需求仍然存在，罪犯迫不及待地去钻合法伐木减少所留下的空子。合法伐木减少的量，比非法来源的木材的量更多。在我为了写这本书走访的所有国家里，环境方面的法规都能缓解非法伐木的情况，保护一些森林，但踏入巴西原生林的罪犯不只想开采私人土地，他们的野心在于自然保护区、受保护的生态系统、国家公园和原住民的土地。在巴西帕拉州，"幽灵"木材公司的数量不断增加，他们从禁区和保护区砍伐、运走原木。幽灵公司的工人可能会声称有采伐权，他们开着印有公司标志的卡车，伪造类似伐木许可的文件，但这家公司往往是虚假的，没有经过合法的企业注册，肯定也没有伐木许可。在一份 2011 年的报告里，调查小组"社会观测站"（Social Observatory）解释了这种公司的运作模式。[11]

在帕拉州，想要向生铁熔炼出口公司卖木炭的商人必须贿赂州政府环境部门的官员。贪腐的官员会签署一份授权书，许可他们从该区域炼铁厂附近的合法农业用地上移除所谓的"木废料"，或是会重新签署一些已经过期的许可——有些已过期超过 10 年——让他们在这片土地上继续"完成"先前许可过的伐木工作。这些许可接着就会被用作在保护区非法伐木的合法凭证，而事实上这个保护区和许可文件上提到的地点相距甚远。一次成功的突袭式伐木的关键要素是速度——向任何询问的人摇晃手中的许可文件，随着电锯的咆哮声，一棵棵树木如多米诺骨牌一样倒下。如果有人去城里查询许可文件的真实性或是向警方询问伐木的合法性，等到他们回到伐木现场时，工人和树木早就无影无踪了。一旦树木被卡车运到一个隐藏的木炭营地或锯木厂，那就结束了，森林的这一部分基本上就永远消失了。几周之内，被砍下的大树经加工处理，变为供给炼铁厂的木炭，或被切割成出口的木材。

就在社会观测站的调查员跟踪调查将木炭运送到炼铁厂的双挂卡车的牌照数量时，他们发现大多数牌照实际上属于摩托车、被窃轿车、根本不存在的机动车，真正的卡车少之又少。假牌照意味着没办法根据牌照追查到车主、企业或伐木基地。得到了社会观测站的调查消息，一些正直的环保警察开始追究案件。但当警官们开始揭露不法行为时，帕拉州的州长安娜·胡利娅·卡雷帕（Ana Julia Carepa）向环境部警察署的国家总督写信，请他将那些暴露了奸商与州政府勾当的警官停职。州长使用了那些滥伐森林的活跃分子经常挂在嘴边的陈词滥调，他谴责警方"阻挠这个地区的发展"，控诉"警局里的活动家……对我们正努力做的事没出过一分力"。被投诉的那位正直的警官没有被停职，但被调到了另一座城市，那里的情况别无二致，非法森林滥伐和木炭销售依然猖獗。

233　　我在美国大平原上长大。那里从没有森林，但它仍一度拥有复杂多样、充满生机的生态系统。大草原上的草可以长到六英尺高，数以百万计的驼鹿、鹿和美国野牛在这片大地上游荡、进食，使这里水草肥沃。人类也居住于此，过着游牧生活，跟随着兽群，创造出和其他文明一样美丽而丰富，有时又愚蠢而误入歧途的文化。当移居者前来"开发"平原地区，生态系统的完美平衡就被打破了。原生的植物都被犁除了，美洲野牛和其他动物群被猎杀殆尽，成为世界历史上最迅速的物种灭绝。居住在平原上的印第安人为新型疾病的肆虐所苦，接着，尽管有保护条约，他们还是遭到了武装组织的屠杀。我和一个部落的孩子一起长大，在一代人的时间里，即我们祖辈的时代，那个部落的大部分人都因疾病或暴力死去了。在那段死亡的岁月中，每个家庭都伤痕累累。比大量死亡更糟糕的是这个部落被迫离开他们的家园，被驱逐到几百英里之外荒凉的保留地。部落中剩下的成员因为被社会排斥并且遭到严重的种族歧视而沦为酒徒，陷入绝望。

大平原的许多部落族群，他们的文化与生活因为美国军方的入侵而支离破碎，转而去寻求宗教和神秘主义的解答。1890年后，一种叫作"鬼神舞"（Ghost Dance）的特殊仪式迅速在部落之间流传开来。许多人希望，这个耗时五天的净化和统一的仪式能翻新大地，洗去白人带来的邪恶事物。在经历了灭绝之祸后，他们呼唤神性的帮助。这是不可能的。而且联邦政府对鬼神舞的镇压导致了臭名昭著的"伤膝河大屠杀"①，事件中共有153人死亡，大多数是妇女和儿童。

我们都知道这个悲剧，但我们也想要理解奴隶制、森林滥伐和发展的经济压力之间的关系，因此这起事件之后所发生的事才是最重要的。在大平原上，由于白人移居者的出现，不论他们做了多少努力，这片土地都只会愈发迅速、深入地退化堕落。有一段时间，这里种植小麦，收成颇丰。当高平原（high plains）那激烈多变的气候席卷耕地和独栋的农庄，后果就是旱灾、土壤退化和沙尘暴。超过1亿英亩的土地被严重破坏。原本可以在旱季储存水分、固定土壤的本土深根草（deep-rooted grass）品种被除去，使得土地暴露在空气中，风化成沙尘，被风吹走。沙尘暴立刻使50万人无家可归，在5年内，有250万人因为这里的环境灾害而逃离，在整个平原上留下无数废弃的农场和城镇。今天，人们离开高平原地区的脚步仍然没有停止，仅仅在堪萨斯州，就有大约6000座"鬼城"。12

我们回望大平原生态系统的破坏时会摇着头，责怪我们祖先的无知和贪婪，责怪他们不顾及大自然和原住民族。我们可以说，他们不理解

---

① 伤膝河大屠杀（Wounded Knee Massacre），1890年12月29日，由詹姆斯·W. 弗西斯（James W. Forsyth）率领第七骑兵团的500个美国骑兵对印第安人苏族（Sioux）的部族拉科塔（Lakota）进行的屠杀。伤膝河惨案在美国历史上是一个标志性的事件，持续300年的印第安战争画上了句号，这也是美国境内针对印第安人的最后一个屠杀事件。

他们在做什么，他们相信"开发"、文明和他们自己生活的改善是联系在一起的。他们不理解成熟和高度进化的草原有多宝贵。他们没能明白，强制性的"开发"意味着破坏，在大平原的事件中，整个区域释放进大气的二氧化碳比汽车或煤发电的工厂的排放量还要多。

但时至今日，我们能理解了。我们知道，将一片草原的生态系统变成耕地就和将森林变成放牧的草场一样愚蠢，一样具有毁灭性。这好比用厕纸做雨伞，用水泥做鞋子。我们明白，需要几万年的时间，才能进化出一个聚集了各类物种的平衡的生态系统，让动植物、昆虫、气候、土壤、水流都能适应其中，使其繁茂，不断产出自然产品；使其保持稳定，将阳光（我们的主要能源）的转化率最大化，让阳光支持生命万物。一些人认为他们当下对财富的欲望是最重要的，他们最喜欢用来将这种贪婪合理化的借口之一就是"开发"这个已经被用烂了的谎言。

这些话听起来有些空泛，听上去像是拥抱树木的神秘主义呼吁，其实不是的。这不是鬼神舞的呼唤，不是当一切已然消逝时的悲痛挽歌。这是像克劳迪奥和玛丽亚这样的人的活生生的证言，他们的话语和行动证明了与森林持久共生合作的可能性。然而，这是危险的信息，克劳迪奥和玛丽亚，像跳着鬼神舞的苏族人一样，因为阻碍了他人的贪婪而被谋杀，这并非巧合。

对巴西和世界上的许多人而言，亚马孙地区还在被无休止地破坏，而巴西政府没有更好地保护这片丰富的重要资源，这是荒谬绝伦的。但除了奴隶主非法破坏森林的罪行，巴西还遭受着另一个可怕的环境威胁——政治。巴西的政治系统两极分化非常严重。极端的贫富差距也在政治层面将这个国家划分开来，一边是地主与商界人士的强大联盟，他们将亚马孙雨林视为己有，因此不断开发它以积累财富。在我写下这些的时候，一项法案正在巴西政治系统中辗转，一旦通过，亚马孙地区就将开放伐木，对已有的森林保护区的保护也将减少。迪尔玛·罗塞夫（Dilma

Rousseff)总统仍然压着这项法案,因为数以百万计的电子邮件和信息如雪片般从世界各地飞来,请求她投反对票。

很显然,从美国的角度来看,迪尔玛的两难困境是可以理解的,因为美国自己的政治系统中也有极端的分化和敌意,美国自己的森林和自然区也面临着非常严重的威胁。如果要说有什么不同的话,那就是美国关于环境问题的政治讨论比巴西的更混乱。在美国,结束环境保护以及允许对荒野保护区的破坏,在某种程度上以"保守主义"之名被合法化了。一些人利用奇怪的文字游戏谴责资源保护为"自由主义",对我们共有的自然遗产肆意糟蹋则被表述为"保守主义"。为了把水搅得更浑,一些政客建立起平台,将宗教群体看重社会保守主义的主张(比如反对同性恋人群的民事结婚权利)与环境破坏的主张(比如森林保护区内的石油开采)联系在一起。在一些公民的想法中,其后果就是基督教群体被引导到了支持环境破坏的阵营中。事实上,包括基督徒在内的美国公民对环境问题各有不同看法,一场基于信仰的环境保护运动也在兴起。关键问题是,环境已经成了又一个被踢来踢去的政治足球,其重要性只体现在它在下一次党派斗争中的作用。在美国和巴西,环境问题亟须从当前这些政治议题中隔离出来,以长远的目光来考量。环境政策可能在短期内会有卓越的成效,比如产出更多的石油或增加食物费用,但更重要的是它们的后果是长期的,也是不可逆转的。政客往往像争抢玩具的孩子一样,但他们的短视正将整个世界的未来置于险境,我们的子孙后代就要生活在这样的未来中。

要找到正确的方向是有可能的,巴西已经做了很多尝试。可可合作社和不使用奴工、不造成环境破坏的锡石矿场都证明了,在很多情况下,其他的选择不但可行,而且更合适。巴西对于奴役工人、破坏环境的企业设置的"黑名单"也是有效的。环境警察数量还太少,但那些在现场执行任务的警察都倾尽所能阻止犯罪,而且往往能做到更好。巴西还有充满智慧、积极行动的组织和随时准备揭发恶行和不法分子姓名的自由舆论。而最重要的可能是，巴西有许多随时准备牺牲自己的生命以寻求公义的人。

但是，在边疆，法治是脆弱的，甚至不存在，无法保护那些为了正义置身险境的人。政府是保护区土地的守护者，但它并没有雇用足够的守卫——如环境警察——来保护他们的安全。一些边疆小城没有警察局长，也没有衣冠楚楚的律师来确保正义。更糟糕的是，巴西的司法系统无法确定谁有权审判类似奴役活动和环境破坏的罪行，因此他们在法庭和法庭之间来回奔波，罪犯却能逍遥法外。[13] 而政府本身，不论是在美国还是巴西，都投入生物燃料的热潮中，自下而上没有一个声音能清晰地解释为什么生物燃料这个想法还值得商榷。

因此，局势变得很典型——一片混乱，伴随着政治和贪婪，但也仍有一丝希望。想要终结奴隶制、保护环境的人们，以及努力将所有这些似乎不相匹配的碎片拼凑在一起的聪明人，他们一起形成了对抗的力量。最有希望的策略之一是将亚马孙丛林和全球的碳信用额度①市场结合起来。2012年全球碳信用额度市场的价值达到了1500亿美元左右，预计到2020年，每吨二氧化碳的价值约为35美元。这是一个欣欣向荣的市场，部分是因为一些法律的出现，比如2012年在美国加州开始生效的法案对大企业的碳排放总量进行了强制控制。如果企业无法降低排放量，使其低于合法标准，那么他们可以从积极降低大气二氧化碳含量的机构那里购买碳信用额度。这就是常常被提及的"总量管制与排放交易"（cap and trade）政策。

在巴西这块拼图板上有两个风马牛不相及的点：将人民从奴隶制中解救出来，以及降低碳排放，这是两个巨大的挑战，但一旦这两点被连成线，它们就可能创造出一个双赢的局面。我们明白奴隶正在被迫破坏环境、

---

① 碳信用额度（carbon credits），指有权拥有的且可交易的温室气体排放量。为了通过减少温室气体排放的方式延缓气候变化，联合国把温室气体按其对大气的致暖效应进行评级，气体的危害越大，发展中国家的生产商通过减少排放量获得的补偿就越多。

第九章 我们已寻得部分答案

制造大量的二氧化碳。我们也明白，解放这些奴隶的关键性阻碍是雇用反奴役工作者以及在奴隶解放后帮助他们开启新生活的费用。有一件事似乎没人注意到：尽管奴隶可能会被迫砍伐树木，但曾经的奴隶也可以立即被雇用去植树造林。2010年，巴西官方规定的最低工资是每月288美元——每天不到10美元。要创造出1吨价值35美元的二氧化碳额度需要种植6—10棵树，就算你一直休息，可能也只需要一天的时间就能完成。"总量管制与排放交易"基金能否终结奴隶制，同时减少大气中的二氧化碳？是时候一探究竟了。当我们更好地理解环境问题与人权之间的内在联系，我们就会发现，解决一个问题在很多方面都可以帮助我们解决另一个问题。

当我走出森林，已经被蚊虫叮咬满身，阳光刺眼，我知道所有人都必须行动起来攻克这些交错联动的问题，建立起可以为我们指明前路的统一的场论（field theory）。巴西拥有部分答案，刚果、孟加拉国、加纳和其他所有环境破坏和奴役活动成组出现的地方也都有少许答案。我当然无法给出全部的答案，在有些方面甚至可能是完全错误的。但我知道最关键、最亟须的部分是人民——带来希望之光，揭露真相的人民；愿意保护我们所爱的大自然与人类的人民；足够成熟，可以做出承诺，在奴役活动和环境破坏减少并消失之前寸步不让的人民。真正重要的事是花费时间的，有时它们需要整个文化改变他们的思维方式，但我们知道这是有可能的。尽管有许多阻碍，人权和公民权仍在不断普及，过去几十年，有一些地方的变化速度是惊人的。是的，要以十年为单位来衡量我们的工作进度听上去是有些吓人，但其结果是值得的。我们现在就必须开始着手，趁我们还有可能抵达那个值得的结果。

第十章
你不能假装无知

1942年的夏天,一对年轻的夫妇从家里出发,回到贫穷偏远的俄克拉何马州南部探望他们的家人。几年前,他们还只有20岁和19岁,刚结婚不久,他们做出了一个几乎难以想象的跨越:从西部大平原的沙尘区来到了华盛顿特区。邮局墙上张贴的一张政府岗位招聘启事为他们指明了方向,他们的简历飞向了美国联邦调查局(FBI)的人力信息筛选机器。这两个年轻人正是J. 埃德加·胡佛(J. Edgar Hoover)想要招的那种人:坚韧不拔、忠诚、率真,并且真心感激他们得到的机会。他们只知埋头苦干,虽然他们可能曾经是无知的俄克拉何马州农民,但他们和那些党鞭一样聪明,因此他们上升得很快。年轻的丈夫在指纹部门的表现非常出色,因此他得到机会成为探员,真正的联邦调查局探员。在得到普遍好评之后,他帮助他年轻的妻子申请到了检索和分类犯罪档案的工作。不久,他们买了一辆车,打扮得像城市人一样了。他们的家人仍然生活在饥饿和贫困的边缘,就和他们在刚刚过去的大萧条中经历的一样,对他们而言,这对年轻夫妇证明了生活是可以变好的。

他们的家人聚在一起,听夫妻二人讲述他们不可思议的升迁经历和千里之外那闪闪发亮的城市。当夜幕降临,小小的农舍挤满了人,所有的床都满了,地板铺上草席和旧被子,也睡满了人。天气也很热,那天温度计的水银已经超过了38℃的刻度,太阳落山后,闷湿的热气也几乎没有消退。最好的情况是能有一丝微风,能呼吸到一口流动的空气,因此这对年轻的夫妇拿着被子、铺盖来到了房子外面的草地上,打算在那里睡下。他们一起躺在地上,仰望着朦胧的星空,为归乡而兴奋,因潮热而失眠,他们低语嬉笑,谈论着自己看见的变化。

在房子里最后一盏灯也熄灭之后,只有单调的蝉鸣在空中回荡,半梦半醒中,年轻的丈夫开始用低沉缓慢的声音说话。"亲爱的,我想告诉你一些事,但你得保证你永远不会和其他人讨论这件事。"她默默同意,因为她明白在七个月前美国参战后[①],保密就是保命。他继续说道:"有一群科学家在一起研究一种新型炸弹。如果研究成功,这会是有史以来威力最强的炸弹,不仅仅比高爆力巨型炸弹强,它比几百个高爆力炸弹都强。"他顿了一下,理了理思路。"他们打算使用某种原子弹,就和我给你讲过的那些科幻小说里提过的差不多。如果他们的研究成功了,他们可以仅用一颗炸弹就摧毁一整座城市。这是前所未有的力量。"在他的声音中听不出得意,只有一种严肃、沉郁的说明。她的思绪飞得很远,努力地想象这般毁灭景象,想象一整个城市的人瞬间灰飞烟灭。绝不是什么好事,这景象,它的恐怖令她深深拒斥。

"还不只是这样。"他说。她可以感受到他努力压制着自己声音中的恐惧,努力保持着她所熟悉的那个坚强的、可以保护她的男人的样子。"用不了多久他们就会觉得可以试爆这种新型炸弹了。有些科学家认为不会成功,有些觉得可能可以。但有些科学家说,如果炸弹引爆成功,爆炸可能会引发一系列连锁反应,烧光世界上的所有氧气、所有空气。如果真的是这样,那么这就是万物的终结了,这个世界就完了。"她将手放在丈夫的胸前,感受到了他的一阵战栗,她很努力地想弄明白为何会有人愿意冒这种险。

他们陷入了短暂的沉默,看着同一片星空,但眼前的一切似乎都和之前不同了。他们的世界,他们坚固而古老的世界,可能灰飞烟灭。他们前途似锦又快乐的新生活,每个人的生活,都可能在瞬间消失。他们

---

① 指第二次世界大战。

已经在学习去接受死亡的临近了。随着许多朋友和亲人去参加战争，报纸上公布的死伤人数不断增加，他们知道死亡正窥伺着他们这代人。但这不是战争带来的危险，这是《启示录》，是末日，是吞噬一切的火焰。这种意识在他们脑中挥之不去，他们被永远地改变了。

　　改变了，但仍然坚韧不拔且忠诚，仍然足够率真，不会耽于消沉。是勤奋和勇气让他们走到了现在的位置，一颗能毁灭世界的炸弹让他们惊惧，但不会改变他们的工作。那一夜之后，他们的人生就像正常的人生那样展开：孩子、挫折、失去、获得，但他们从未对任何人说过关于原子弹的任何一个字，就连三年后原子弹真的在日本被投放时，就连俄国人试爆了自己制造的原子弹时，他们都保持着缄默。他们死守着这个秘密，但它也影响着他们的生活方式。这个秘密让他们对彼此的爱更珍贵，让他们尊重所有生命并且希望尽己所能，让世界不被恐惧侵蚀。他们没有将他们的秘密告诉任何人，为了荣誉他们不得不这么做，但他们的行动证明了，自那夜之后，他们的立场被永远地改变了。

　　这对年轻的夫妇，经过一段时间之后，成了我的父母。他们尽己所能让我的童年自由无忧，他们以身作则，为我树立了道德意志、自制力、求知欲、勤奋和幽默的榜样。我不知道他们是否和别人说过有关原子弹的事，但就在我母亲91岁生日之前，当我们在讨论一本我们都读过的哈里·杜鲁门（Harry Truman）传记时，她和我说了那个在星空下的夜晚。我震惊不已。我永远不会知道当时我的父亲，一个新晋的FBI初级探员，是如何知道这么多"曼哈顿计划"的信息的——当时连那些在实验室做研究的科学家都被蒙在鼓里。但他的确从某种途径得知了，很难想象这件事压在他和我母亲心头的分量有多重。

　　我的父母知道他们干了什么，并且仍在继续，他们用自己的方式改变了世界。我父亲在调查犯罪案件时会产生的那种兴奋感不知怎么也遗传给了我，尽管对我来说有些事没法亲身经历，但那种原动力是类似的：

我不能不行动，我不可不知道（I can't not go, I can't not know）。20世纪90年代末，在这种原动力的推动下，我走遍全球去调查奴隶制这个规模庞大又隐蔽的犯罪活动。自2007年起，那种笼罩在心头的好奇和疑惑促使我再次环游世界。这一次，追溯一系列犯罪活动的踪迹，我发现了一个秘密，它不仅侵害着人类，也侵害着我们共同拥有的珍贵的大自然。如今我们知道了一些过去不知道的事：

我们知道隐蔽的奴役犯罪活动和环境破坏不仅有密不可分的联系，而且两者相辅相成，在全球范围内发生。

我们知道奴隶被用来摧毁环境，当一个生态系统被破坏，居住其中的人们更容易在不得已之下陷入奴役。

我们知道这种破坏和奴役支撑着全球市场，我们每天都吃、穿、用这桩罪行的赃物。

我们知道奴隶制——我们旧日的敌人——如今也是导致全球气候变暖的重要因素，它已成为我们强大的新敌人。

我们知道环境法和条约终止了许多合法的森林砍伐，于是奴隶主们一拥而上，来填补市场的空缺。

我们知道犯罪的奴隶主直接瞄准了最佳地点——国家森林、野生保护区、联合国教科文组织世界遗产，以及原住民的家园和土地。

我们知道这些奴隶主无视环境法；对他们而言，这个世界就该被掠夺，奴隶是他们用来打砸抢烧的工具。

我们知道在我们购买商品时产生的利润会流回产业链，加深大自然受到的侵害，将更多人逼进奴役的陷阱中，再制造更多商品来满足全球的供应链。

我们知道这些犯罪活动周而复始，恶性循环，组成了一个犯罪的永动机，像癌症细胞一样吞噬着人和自然。

我们知道要想拯救我们的地球，我们必须战胜奴隶制，要想终结奴隶制，我们必须保护环境。

我们还知道，知道上述这些事会改变我们看待世界的方式以及我们的行为。从现在起，我们不能再为无知辩解，无知即冷漠。我们是懂得更多的一代人。这是我们肩上的担子，就像对原子弹的了解是我们父母肩上的担子一样，但这也是一个机会。看待世界的新视角不会经常出现，而它一旦出现，那可能是一次让人清醒的震动，它既是一种责任，也是一项特权。全球气候变暖这个挑战和奴隶制这个古老的挑战，两者看起来似乎都是无法克服的，但现在它们被联系在一起，有一个共同的解决办法。知道了这一点，我们就可能在未来被我们的孩子提问：在你知道了关于奴隶制和环境破坏的真相之后，你做了什么？

了解这件事的真相和感受是很重要的，但如果我们的道德底线太高，我们就很难对我们这颗星球或我们这个物种的未来保持乐观。哪怕实际上很少有人会问我们有没有真的对我们所忧虑之事有所行动。有一些人，比如克劳迪奥和玛丽亚，可能需要牺牲自己的生命来守护真相，但对我们大多数人而言，最大的牺牲不过是一些不便。我们必须操心我们购买的商品的来源，可能需要为一些东西多付一点儿钱。我们必须捐一些钱来支持像克劳迪奥和玛丽亚这样的人，他们正在做要解决这个问题必须做的事。我们都应该思考，用生活中一些不便来换取目标的达成是否值得。至少我们可以确定，接受一些不便的决定拥有极其强大的力量。我们知道这个决定可以将许多家庭从奴役中解救出来，可以抑制森林滥伐和污染，可以减少温室气体，保护濒危物种，减轻贪腐，压制暴力，激发自由工人的创造力和生产力，改善公共健康，帮助消除折磨了我们几个世纪的残酷剥削体制。然而，我们不知道的事情，可能也同样重要。做出这个决定会如何改变我们？

当我们选择不与奴隶制和环境破坏共存时，我们会创造出一个什么样的世界？你不一定要在这个选择上耗费很多精力，但它必须成为我们生活中的一部分，才有可能实现。在正确的时机做出的微小选择可以带来巨大的改变。罗莎·帕克斯选择不在公交车上让出她的座位[①]；芬妮·露·哈默选择去登记投票[②]；昂山素季选择不放弃、不投降[③]；我们也可以选择根据我们所知的事实采取行动。如果我们这样做，让这些举手之劳成为我们生活的一部分，那么我们的孩子就会以我们为榜样，成长为我们希望中的样子。乔纳森·萨福兰·弗尔（Jonathan Safran Foer）[④]曾说过："同情心就像一块肌肉，使用越多就越强大，选择为善而非为恶的日常训练会改变我们。"[1]

随着我们的同情心逐渐变强，必须要有责任感来引导它。我们的父辈与祖辈做了破坏生态平衡之事，却活在天真的无知之中，我们不应该把这些后果归咎于自己。他们做的许多事都是出于好的出发点：为了照料家庭，为了创造更好的生活，为了享受来之不易的劳动成果。很难说如果他们知道自己的孩子将身处险境，他们还会不会继续那些会导致温室效应的举动。也许他们中的一些人会选择在21世纪继续否认自己已

[①] 罗莎·帕克斯（Rosa Parks，1913—2005），美国黑人民权行动主义者。1955年12月1日，时年42岁的帕克斯在一辆公共汽车上就座时，司机要求黑人给白人让座。帕克斯拒绝了司机的要求，因此遭到监禁和罚款。她的被捕引发了蒙哥马利市长达381天的黑人抵制公交车运动，组织者是当时仍名不见经传的浸礼会牧师马丁·路德·金。这场运动的结果是1956年最高法院裁决禁止公车上的"黑白隔离"；1964年出台的民权法案禁止在公共场所实行种族隔离和种族歧视政策。帕克斯从此被尊为美国的"现代民权运动之母"。

[②] 芬妮·露·哈默（Fanny Lou Hamer，1917—1977），美国黑人选举权维权人士、民权运动家。1963年1月10日，哈默通过了文化水平测试并成为密西西比州的一名登记选民。然而她发现她的选民登记并无实权，因为县政府要求选民须持有两张人头税税单才可投票。这类规定和文化水平测试及地方政府的高压政策一样，都是用来排斥黑人和印第安人的。之后，哈默坚持缴纳了人头税并拿到税单，终于成为一名真正的登记选民。此后哈默积极参与了许多黑人民权运动，于1964年以密西西比自由民主党副主席的身份出席了民主党全国代表大会。

[③] 昂山素季（1945— ），缅甸非暴力提倡民主的政治家，现任缅甸国务资政。1988年9月，缅甸全国民主联盟成立，昂山素季担任总书记。1990年她带领全国民盟赢得大选的胜利，但选举结果被军政府作废。其后21年间她被军政府断断续续软禁于其寓所中长达15年，在2010年11月13日终于获释。2013年，昂山素季宣布竞选缅甸总统。2015年11月，她领导的民主联盟再次在缅甸大选中取得压倒性胜利。

[④] 乔纳森·萨福兰·弗尔（Jonathan Safran Foer，1977— ）.美国小说家，代表作有《特别响，非常近》《了了》等。

经犯下的错误,但我不想这样想。我想要去相信他们永远不会希望自己的孩子落入温室效应、奴隶制、物种灭绝、对人和自然界系统性的残酷剥削这些丑恶的问题中。我想要相信,我们也不想将这些问题扔给我们的孩子。

我们必须面对现实:我们没有什么灵丹妙药。如果我们明天就可以终结奴隶制,温室效应也不会被彻底抑制;如果我们可以立刻制止环境破坏,奴役活动也不会全部消失。就算我们可以奇迹般地同时终结奴隶制和环境破坏,也不能解决世界上的所有问题,但有许多问题确实聚集在奴隶制和环境破坏的交汇处。我们似乎不太可能在全球范围内推动改变,但没人会去怀疑美国消费者对世界其他地区造成的重大影响。温德尔·贝瑞[①]说过,每一次我们做出关于食物的决定时,我们都在"通过代理耕作"(farming by proxy)。[2] 我们和所有涉及奴役和环境破坏的商品的关系都是如此。每一次我们购买手机或金首饰时,我们都在通过代理采矿。当我们选择在烧烤架上烤虾时,我们就在通过代理捕捞。当我们购买家具或汽车或厨房水槽时,我们就在通过代理砍伐森林,通过代理将树木烧成木炭,通过代理用木炭炼铁。我们吃什么,或是选择穿什么,我们为我们的家购买的东西,或是选择不去购买的东西,都将我们与身处奴役的人们、国家经济体和森林保护区联系在一起。

避免或忽略深入思考带给我们的麻烦,想必是最简单的决定。谁想被这些烦人的忧虑所扰?为什么我们不能假装和我们的父辈一样无知?我们做出的小小选择肯定不能改变任何事,是不是?是的,每个选择都很微小,像是小小的一滴水。但在我们每天的生活中,这个选择的动作会一直被重复,并且被子子孙孙效仿。数以百万计的小小选择会汇聚成一条大河——经济压力,那是一条强大的河流,若非侵蚀,就将支撑人

---

① 温德尔·贝瑞(Wendell Berry, 1934—),美国诗人、小说家、社会批评家,同时也是一个小农场主。他把农耕、农场和农民当作他创作的重要主题。

第十章 你不能假装无知

们的生活和自然世界。我们知道如果我们无所作为将会发生什么——巴西、刚果、加纳和孟加拉国每天都在发生那样的事。去想象一个我们无所作为的未来很容易，在那样的未来里，森林寥寥无几，奴役活动日益猖獗，儿童在矿场和捕鱼营地奄奄一息，大猩猩灭绝，海平面上升，老虎消失了，农田干涸贫瘠，人们饥肠辘辘。事情不一定要朝着这样的方向发展，因为我们知道未来可能会有多糟糕，所以我们才会去思考更好的未来在哪里。

理性地说，奴隶制在许多方面都很明显是错误的。损害支撑着人类生活的自然环境——支撑我们生存的唯一资源——不仅是错误的，而且很愚蠢。没有什么借口可以为其辩解，那不过是披着理性和正义外衣的万恶的贪婪。奴隶制和环境破坏是非理性的，但另一方面，文化往往也是如此。当一整个文化被一个观念支配，认为他们的错误有正当性，那么我们就遇到问题了。面对奴隶制和我们对待自然界的方式时，我们的文化可以做出许多回应。如果一种文化认为女性地位低于男性，并依照这个规则运作，那么妇女的生活可能会非常糟糕。如果一种文化认为某种长相或拥有某种信仰的人是邪恶的、非人的或是一种威胁，那么要利用他们、奴役他们或除掉他们就会变得比较容易。如果一种文化认为它当下的繁荣比他人的生活更重要，比健康、富有生机的自然环境更重要，那么我们就已经走在通往灾难的道路上了。

停下我们走在那条道路上的脚步，其意义不只是远离奴隶制和环境破坏。我们已经了解关于奴隶制和全球气候变暖的许多真相很长一段时间了。清楚二者之间危险的关联让我们更有理由行动起来，但有时，光有理由还不够。这不只是"理由"可以解释的，这事关我们内心深处的选择。这事关地球，我们源起于此，也就回归于此。这事关人类，尽管我们是懂得思考的理性动物，但人类不只有理性。当思想与欲望相遇，现实与梦想碰撞，人类与自然界对立，我们就发现自己最真实的本质。我们在这些交汇处做出的选择会超越我们的人生，抵达遥远的未来。那些看似微不足道的决定和行动实际上决定了我们内在的人性价值,决定了人类的意义,也决定了后世将会如何评判我们。

奴隶制终会终结,因为那是一种浪费(wastefulness)。它是低效的经济模式,本质上是不可持续的。地球最终会摆脱肆意破坏带来的所有威胁。环境破坏也是低效的经济模式,也是不可持续的。问题是,我们是否也会作为威胁的一部分,被地球摆脱。我们关于自由的感觉能引起强大的共鸣,但我们供养家庭和自身的需求,我们对自然的爱,我们对挚爱之人和拥有之物的保护欲也同样如此。这些共鸣可能和谐悦耳,也可能不太协调,可能充满争议,也可能鼓舞人心,可能来势汹汹,也可能使人安心,但不论如何,它们总是充满意义的。奴隶制的问题很重要,环境问题很重要,奴隶制与环境破坏之间黑暗、暴力的交汇至关紧要。

我们都渴望奴隶制的终结。我们都知道保护我们无比美丽、支撑万物的自然世界是正确无疑的事。达成这些理想的可能性微乎其微,如果要达到,往往也要通过投机和危机的交叉路口。在这种关键时刻我们决定如何做是对我们的考验,考验我们会如何回应最遥远、最无权(powerless)、最无声(voiceless)的人们。没有人逼迫我们去做某个选择。我们不一定非得言行一致,但必然会身涉其中,这是没有选择的事。我们要么行动起来将理想变为现实,要么无所作为,假装对已知的一切一无所知。

还有什么比小孩子穿上各种服装演校园剧更可爱的吗?在巴西阿拉瓜伊纳市(Araguaína)的一所小学里,体育馆被用作剧场,折叠椅上坐满了兴高采烈的父母。体育馆内充斥着叽叽喳喳的闲谈声和笑声,一出关于接种疫苗的重要性的小品即将结束。我们看着一个小女孩穿着医生的白大褂,脖子上挂着听诊器,戴着一个外科手术口罩(免得有人质疑她的专业性),她正在恭喜另一个打扮成学生的女孩。后者拿着一本书和一个文件夹,从她那严肃又喜悦的神情很明显可以看出她已经掌握了关于良好的卫生和疫苗接种的重要知识。父母们微笑着鼓掌,那位小医生

第十章 你不能假装无知

似乎特别骄傲,在她领着自己的"病人"下台之前,她在台上像芭蕾舞演员一样转了一圈。

一位年轻的教师拿起话筒,开始介绍最后一出剧。这是一部关于现代奴隶制的舞台剧,她说,关于它如何困住人们以及我们该如何终结这一切。两个小男孩紧张地走上台。他们鼻子下面戴着相同的卷胡子,下巴上都画了山羊胡须,头戴宽檐帽,因此我们知道他们扮演的是住在农村的成年男子。"我是一个大农场主,"其中一个小男孩对着话筒说,"我需要一些工人!""好的,"另一个男孩说,"我是一个加图,我可以帮你从城里招一些工人来。"在他俩一阵紧张的手忙脚乱之后,"农场主"稍微移动了一点儿,而那位"加图"则飞快跑进后台,意思是去"城里"了。

"城里有人需要工作,"老师的旁白说道,"在加图承诺给他们提供好工作之后,他们就和他一起去了农村。"她的话音刚落,六个"贫穷"的儿童鱼贯而入,四个女孩和两个男孩,他们头戴印花大头巾,肩上扛着软软的橡胶锄头和铲子。他们在舞台中央站成一排,加图对着他们厉声喊道:"给我干活去!"在紧张的笑场之后,他们用锄头和铲子在地上一阵乱打,意思是在"清理土地"。老师解释说他们一整天都在工作。接着一个小女孩上前一步。"我累了,我需要休息。"她恳求道。"不行!"加图命令她,"回去干活!"观众席中传来一声大笑。他们又用工具在地上捣鼓了一阵,另一个小女孩走上前说:"我饿了!我们需要食物!""没有食物给你,"加图吼道,"回去干活!"但现在,老师解释说,一个工人逃走进了城,接着一个小女孩快速穿过舞台,加图没能追上她。没过片刻,她回来了,但这一次她身边有警察——警长是一个小男孩扮演的,他穿着制服,看起来像一个六岁版的奥巴马,他是唯一一个脸上没有画山羊胡的男孩。他身边还有一个女孩和一个男孩,他们是"警官",警长小男孩露出挑衅的神情,似乎怒不可遏。

"举起手来!"警长说。每个人,甚至包括奴工在内,都将手举了起来。"谁是这里的地主?"他以不容置疑的权威问道。所有工人,包括加图在内,都伸手指向那个农场主并叫道:"是他!是他!"另两个"警官"迅速走过去。一个将农场主的双手锁在背后,另一个小女孩警官则逮捕了加图,她非常激动,将他的手屈于身后,他因此弹跳了一下,他的帽子落在了地上。工人们开始嘲笑加图,接着,当警察宣布他们重获自由时,他们欢呼起来。在得到示意之后,他们一起喊道:"Escravo nem pensar!"在他们对着观众一遍遍谢幕的时候,掌声雷动,笑声不断。整个剧目时长两分多钟。

"Escravo nem pensar!"直译过来意思差不多是"奴役,想都别想!"但巴西人告诉我,更好的翻译是"奴役,没门!"阿拉瓜伊纳市上演的舞台剧不是一次性的演出,而是属于"奴役,没门!"(*Slavery, No Way!*)这个全国性运动的一部分。对这些孩子来说,对奴隶制和环境威胁的认识是简单明晰的。他们已经知道自己应该站在哪一边了,我们要做的就是赶上他们的脚步。

附录
在刚果（金）东部工作的机构

潘奇医院
PANZI HOSPITAL

潘奇医院因其对性暴力幸存者和罹患妇科疾病的妇女的治疗而闻名，得到了大量来自全球的关注和宣传。你可以在以下网址为潘奇医院尽自己的一分力：http://www.panzihospital.org/about/support-panzi-hospital。

"解放奴隶"组织
FREE THE SLAVES

"解放奴隶"组织帮助被奴役的人脱离残酷的劳役。它帮助人们不掉入人口贩卖者的陷阱。它协助警察和官员将奴隶主绳之以法。它帮助幸存者重拾尊严，重建生活，重新找到属于他们自己、他们的家人和他们的共同体的未来。"解放奴隶"组织正在通过展示终结奴役的可能性来创建一个没有奴隶制的世界。在刚果，"解放奴隶"组织与当地机构合作，资助教育事业，帮助当地获得入学途径、良好治理和公民倡导，帮助政府建立公信力、执法体系、工会，增加使用刚果矿物的企业的透明度，帮助开放小额信贷，发展采矿以外的生计方式——诸如农耕和畜牧。你可以在以下网址为这个组织的工作提供帮助：http://www.freetheslaves.net/dcnate/。

坦噶尼喀湖浮动健康诊所
LAKE TANGANYIKA FLOATING HEALTH CLINIC

坦噶尼喀湖盆地充满了冲突，但资源十分丰富，这里已经成为地球健康与利益的关键之地。我们现在意识到，这个组织的工作对地球的稳定成长和发展而言也至关重要。坦噶尼喀湖浮动健康诊所（LTFHC）五年多来一直在帮助居住在坦噶尼喀湖盆地的社区。在这个几乎完全被人们忽略的地区，它：

　　提供重要的医疗服务

　　分发必要的医疗用品

　　建立重要的通信中心

　　收集重要的医疗数据

　　与当地人民和政府建立牢固的关系

你可以在以下网址帮助 LTFHC：http://floatingclinic.org/support/。

"足够计划"
ENOUGH

"足够计划"致力于终结种族清洗和反人类犯罪，主要关注世界上最残酷暴行发生的地方。这个组织揭露真相，使用严谨的分析来寻找持续性最强的解决方案，影响了许多政治领袖，让后者采用他们的提案，动员美国大众提出改变的要求。"足够计划"已经成为清除我们电子产品中由奴隶采掘的冲突矿物的先驱者。你可以在以下网站找到帮助他们的方式：https://ssl1.americanprogress.org/o/507/donate_page/support-enough。

"朋友和平小队"的非洲大湖地区倡议
THE AFRICAN GREAT LAKES INITIATIVE OF THE FRIENDS PEACE TEAMS

这个组织在非洲大湖地区（布隆迪、刚果、肯尼亚、卢旺达、坦桑尼亚和乌干达）巩固、支持、推动最基层的和平活动。为此目的，非洲大湖地区倡议（AGLI）回应地方宗教和非政府组织的要求，将重点放在冲突处理、和平建设、创伤平复和调解上。AGLI 资助朋友和平小队，后者由来自地方合作方和国际社区的成员组成。你可以在以下网站帮助他们：http://aglifpt.org/get/donate.htm。

致谢

许多帮助我研究奴隶制和环境破坏的人都是反奴役和环境保护活动家,他们冒着生命危险在一些国家工作。这些勇敢的男男女女面临的威胁既来自奴役他人、侵害自然的罪犯,往往也来自地方和国家政府。我不会在此提及他们的名字,以免给他们带来更多的危险,但我从心底感谢他们。他们是废奴运动和维护人类自由的英雄;他们走在人群中,没人认识,不被注意;他们就是这个时代的弗雷德里克·道格拉斯、哈莉特·塔布曼和索杰纳·特鲁思。我由衷地希望有朝一日,我们可以赋予他们应得的荣誉。其他一些没有面临生命威胁的反奴役和环保活动家我已在正文中提及,他们与我一起完成了这部作品所需的研究工作。

注释

第一章

1. http://www.indianmirror.com/indian-industries/2013/granite-2013.html, 2014 年 4 月 6 日检索。

2. "Real Cost of India's Cheap Stone" BBC, http://news.bbc.co.uk/1/hi/world/south_asia/6233697.stm, 2014 年 4 月 7 日检索。

3. *Slave Labourers in Indian Stone Quarries* (2003), Director/Author: Henno Osberghaus, Frank Domhan. La-vaFilm GMBH, Berlin.

4. 如需关于世界奴隶数量计算方法的完整解释,见"全球奴隶制指数"(Global Slavery Index),网址：www.globalslaveryindex.org。

第二章

1. "Rebels 'eating pygmies' as mass slaughter continues in Congo despite peace agreement," *The Independent*.

2. 这些武装组织最初创立的原因和矿物无关。一些是因为种族冲突,如胡图族的"卢旺达解放民主力量"和图西族的"全国保卫人民大会"(National Congress for the Defense of the People, 简称 CNDP)。其他武装力量,被称为马伊马伊(Mai Mai groups)组织,最初是作为保护村庄的自卫队出现的,但他们现在与更大的组织合作进行矿物开采,也会自己单干。应该致力于清除这些入侵者并维持秩序的政府军队是刚果民族军,但许多军队指挥官和队员也都是恶棍,深入地参与了奴役和采矿活动。为了将水搅得更浑,政府想要通过"吸收"敌方民兵进入民族军——但仍使其保持为完整的连队——来平息局面。这意味着有一个旅的刚果民族军可能只是换了一身制服的图西"全国保卫人民大会",他们对政府几乎没有任何忠诚或服从可言。我们不清楚中央政府是因为力量太弱还是因为接受了太多贿赂(还是两者皆有)才会下此命令。

3. 对美国南北战争后劳力偿债制奴役的精彩介绍,见 Douglas A. Blackmon 获普

利策奖的著作 *Slavery by Another Name: The Re-Enslavement of Black Americans from the Civil War to World War II,* New York: Anchor Books (Random House) 2008。

4. 同上书，p. 397。

5. 同上书，p. 99。

6. 同上书，p. 377。

7. 引自哈佛人道行动和国际施乐会（Harvard Humanitarian Initiative and Oxfam International）于 2010 年 4 月公布的一份报告。"Now the World Is without Me," An Investigation of Sexual Violence in Eastern Democratic Republic of Congo, p. 21.

8. 见，例如 de Fabrique, Nathalie; Romano, Stephen J.; Vecchi, Gregory M.; van Hasselt, Vincent B.（July 2007). "Understanding Stockholm Syndrome," *FBI Law Enforcement Bulletin* (Law Enforcement Communication Unit) 76 (7): 10–15. ISSN 0014-5688。

9. Kirsten Johnson, Jennifer Scott, Bigy Rughita, Michael Kisielewski, Jana Asher, Ricardo Ong, Lynn Lawry (Aug. 4, 2010). "Association of Sexual Violence and Human Rights Violations with Physical and Mental Health in Territories of the Eastern Democratic Republic of the Congo," *Journal of the American Medical Association*, pp.304, 305, 553–562.

10. 国际反奴役组织"解放奴隶"总部位于美国华盛顿特区，他们与刚果东部两个重要机构合作，你可以在以下网址了解他们在那里的工作以及如何帮助他们：www.freetheslaves.net。

11. http://news.national geographic.com/news/2007/08/070816-gorillas-congo_2.html。

12. Stefan Lovgren (Dec. 14, 2005). "Hippos—And Precious Dung—Vanishing From African Lake," *National Geographic News*, accessed at: http://news.nationalgeographic.com/news/2005/12/1214_051214_hippo_dung.html, 2011 年 3 月 17 日检索。

13. M. E., Voysey, B. C., McDonald, K. E., Parnell, R. J., Tutin, C. E. (1998). "Lowland Gorillas and Seed Dispersal: The Importance of Nest Sites," *American Journal of Primatology*, 45 (1): 45–68.

14. 联合国调查员还发现了洛朗·恩昆达与特里贝尔·鲁胡吉罗（Tribert Rujugiro）之间的关系，后者是"三星股份"（Tri-Star Holdings）的董事长以及该企业前任总裁保罗·卡加梅（Paul Kagame）的顾问。"三星股份"是一家投资机构，参与了戈马市和叛军占领的领地的经济活动。联合国专家小组的报告写道："鲁胡吉罗先生位于美国的合法代表否认他曾购买或投资'全国保卫人民大会'治下的'马西西地区'（Masisi district，原文如此）的土地；否认他曾与'全国保卫人民大会'领袖开会，否认 2006 年在自己基洛勒韦（Kilolirwe）的农场中与恩昆达'将军'见面；否认向'全国保卫人民大会'支付过'保护'其农场上牲畜的费用；否认指派一名'全国保卫人民大会'指挥官管理其农场。专家小组以调查结果为准,并在附录 4 提供更多细节。"Letter dated May 12, 2011, from the Group of Experts on the Democratic Republic of the Congo, addressed to the chair of the Security Council Committee established pursuant to resolution 1533 (2004). UN Document S/2011/345.

15. "Mountain Gorillas Eaten by Congolese Rebels,"*National Geographic News*,获取自 http://news.nationalgeographic.com/news/2007 /01/070119-gorillas.html,2011 年 6 月 25 日检索。

16. "Congo's Curse." IRIN. Web. Oct. 5, 2010. http://www.irinnews.org/Report.aspx?ReportId=61006.

17. 同上。

第三章

1. 购买这些焊料的电子产品公司正在生产我们最终会购买的东西,但我们不太可能听过它们的名字。印度尼西亚、马来西亚、中国台湾、中国大陆、菲律宾以及印度、欧洲和北美有许多这类制造、组装电子部件的小公司。其中一些可能生产的是晶体管或电容器,还有一些将几百或几千个部件组装成集成板。它们可能生产的是磁盘驱动器、优盘、耳机、话筒或显示屏。有的可能会生产汽车部件或厨房电器或医用设备。所有这些产品都需要焊料。这些零部件之后会被售往供应链的下一环节,即真正将它们组装成我们所购买的商品的公司。

2. 疥疮还有一个名字叫"七年之痒"(seven-year itch),是由一种微小的寄生虫引起的皮肤感染,这种寄生虫进入宿主的皮肤,引起一种极度瘙痒的过敏反应。疥疮最常见的感染途径是持久的直接皮肤接触。这种虫子在狗或动物身上也可寄生,会引起疥癣。我们可以将疥疮看作人类身上的疥癣。

3. "生态破坏"(ecocide)这个术语似乎最初是在 20 世纪 60 年代末期被用于描述战争——尤指越南战争——对自然环境造成的影响。美国军队将有毒化学物质喷洒在越南的许多地区,导致了生态系统的荒芜以及人们患病和死亡。2011 年,律师、环境保护主义者宝莉·希金斯(Polly Higgins)领导了一场持续的运动,让美国意识到环境破坏是反和平的国际罪行,可以在国际刑事法庭上审判。

4. "Jury Instructions in Criminal Antitrust Cases," p. 27. 也见 US Justice Department (Jan. 1998). "Criminal Resource Manual 2472," a work of the US Federal Government, citing *United States v. Peoni*, 100 F.2d 401, 402 (2d Cir. 1938).

5. "Africa Remains Key to Future Tantalum Supply." *Engineering and Mining Journal*, pp. 68–72. 在以下网址了解卡博特公司的规定: http://www.cabot-corp.com/Tantalum

/GN200809161037AM6983/。世泰科公司的发言人,曼弗雷德·布特费什(Manfred Buetefisch)解释道:"与联合国调查小组一起调查整个过程时我们发现,关于材料来源,不是每个零售商都对我们说了实话——尽管他们向我们保证如此。正是这个时候,我们意识到——看着东非和刚果持续不断的战争——对我们来说他们不是可靠的合作方,我们不能再从他们那里购买任何材料了。世泰科公司与德国联邦地球科学与自然资源研究所合作,使用微型 X 光技术辨别出来自不同矿场的矿石的独特矿物"指纹"。引自 *Deutsche Welle* (Aug. 13, 2010). "Coltan Mines to Be 'Fingerprinted,' German Scientists Say,"检索 http://www.dw-world.de/dw/article/0,,5907446,00.html, June 29, 2011。

6. 下面这张表格显示了2010年在刚果的戈马市购买矿物超过三个月的公司。来源:Internal Briefing Document, "Configuring Policy Approaches toward the Eastern DRC Mineral Sector," prepared for Free the Slaves by Resources Consulting Services in July 2010。

图表 1 刚果戈马市的矿物购买商,2010 年 1 月—3 月(按销售量排序)			
重量(吨)	公司	所属国家及地区	所有者
949.49	马来西亚冶炼公司	马来西亚	海峡贸易有限公司
869.1	亚洲矿物供应公司基加利分公司	卢旺达	戴维·邦苏桑
800.08	矿物贸易公司	比利时	弗雷迪·穆勒
265.77	BEB 熔模制造公司	加拿大	未知
263.7	布鲁塞尔 SDE 公司,比利时	比利时	埃尔温·布拉特内国际集团
177.15	印度矿物贸易公司	印度	笾多集团
163.8	天正金属有限公司	托尔托拉岛(英属)	未知
44.46	刚果俄罗斯生产公司(联合股份有限公司)	俄罗斯	罗斯佩茨普拉乌公司
33.9	星两千服务有限公司	中国香港	未知
22	佛冈佳特金属有限公司	中国	佳远钴业控股有限公司、北京新华联集团、香港金为集团
20	金属处理协会吉塞尼分部	卢旺达	基伍资源有限公司
10.1	非洲第一钨业公司	卢旺达	让·保罗·伊吉
来源:Source: Division de Mines, Goma			

7. 我打电话给 ITRI 办公室,被告知 "ITRI" 曾经是 "国际锡矿研究中心"(International Tin Research Institute)的缩写,但现在它不再是一个缩写单词,就只是 "ITRI" 这个词。他们也解释不了为什么 "iTSCi" 里的字母 "i" 是小写的。我猜测是因为锡焊料被用于 iPhone 和 iPad,他们想要通过这种字母的结合来显得比较前卫。

8. 摘自 ITRI 网站:"iTSCi(ITRI 锡供应链行动)是一个联合行动,旨在协助上游企业(从矿场到熔炼厂)行动起来,确立结构和流程,这对在实用层面上确定经济合作与发展组织尽职调查指导（Due Diligence Guidance，简称 DDG）是必要的，其对象包括小规模和中等规模的企业、合作社和人力矿区。这份尽责指导是为工业用途设计的，但囊括了政府官员疏于职守的情况，明确了他们的职责，与最近公布的经济合作与发展组织对来自冲突影响和高风险地区的矿物责任供应链的指导相一致。它还涵盖了联合国安理会（UNSC）的建议，将尽职调查扩大至犯罪网络以及武装组织，也包括被判刑个人和实体违反资产冻结和旅行禁令的情况。"（UN 2010b: 88）https://www.itri.co.uk/index.php?option=com_zoo&task =item&item_id=2192&Itemid=189, 2014 年 5 月 8 日检索。

9. 见 http://www.passivecomponent magazine.com/ "itsci-is-in-very-real-danger-of-failing" -says-richard -burt-president-of-the-tantalum-niobium-international-study-center/, 2011 年 6 月 25 日检索。

10. Triodos Sustainable Bond Fund (March 2011). Triodos Bank, Newsletter, 见 http:// www.triodos.com/downloads /distribution-partners/sustainable-bond-fund/newsletters/tsbf-news0311 .pdf, 2011 年 6 月 30 日检索。

11. 见 http://www.flextronics.com /partners/supplierinfo/WebPages/Supplier%20Sustainbility%20Report %202011/files/assets/downloads/page0020.pdf, 2011 年 6 月 30 日检索。

12. 摘自富士康全球行为守则规定（Foxconn Global Code of Conduct Policy，http://ser.foxconn.com/Group CocShow.do; 2015 年 5 月 20 日检索）："富士康不接受也不使用产自刚果民主共和国及其邻国或周边地区的冲突矿物。富士康要求供应商追溯所有可能包含冲突矿物的产品的源头，冲突矿物包括金（Au）、钽（Ta）、锡（Sn）和钨（W），并提供相关信息来源给富士康。此外，富士康的下游供应商需要根据相关法律要求配合关于不使用冲突矿物的尽职调查。"

13. Apple, *Supplier Responsibility 2010 Progress Report*, p.23, http://images.apple.com/supplierresponsibility/pdf/L418102A_SR_2010Report_FF.pdf, 2011 年 6 月 30 日检索。

14. 在"足够计划"宣布任天堂的冲突矿物规定只是"一纸废文"之后，全球反奴役组织"自由行走"（Walk Free）持续推动一场运动，为了敦促任天堂公司行动起来。了解"自由行走"组织的"足够任天堂游戏"运动，见 http://www.walkfree.org/enough-games-nintendo/. Full report available at: http://www.raisehopeforcongo.org/content/conflict-minerals-company -rankings,2014 年 5 月 9 日检索。

15. 2011 年 6 月，我在巴西的帕拉州造访了一个锡矿矿场（刚果的比西矿山出产的也是这种矿物）。我一寸一寸地检查了这个矿场，发现工人们对自己的工作很满意，有一个全职厨师为他们准备丰盛的伙食，可以自由进出矿区，收入也相当不错。工作很苦很累，但他们有起重机和挖掘机。他们不知道自己采掘的矿物会被用来制作什么，也不知道他们正在生产"无冲突"（conflict-free）和"公平交易"的矿物。你可以在本书第九章阅读更多关于这个矿场的信息。

16. "Peter Thiel Urges Investing in Human Rights in The Street"：http://www.thestreet.com/story/11154811/1/peter-thiel-urges-investing-in-human-rights.html.

17. "足够计划"的报告和排名结果，见http://www.raisehopeforcongo.org/companyrankings。

18. 要让一个法规通过，需要许多人的努力。参议员山姆·布朗巴克（Sam Brownback，共和党堪萨斯州）、迪克·杜宾（Dick Durbin，民主党伊利诺伊州）和拉斯·芬格尔德（Russ Feingold，民主党威斯康星州），众议员霍华德·伯曼（Howard Berman，民主党加利福尼亚州）和唐纳德·潘恩（Donald Payne，民主党新泽西州），议长克里斯·多德（Chris Dodd，民主党康涅狄格州）和巴尼·弗兰克（Barney Frank，民主党马萨诸塞州），他们帮助这个议案在两院通过，他们值得我们的赞颂。

19. 2011年6月，联合国的刚果专家小组报告："两项高调的调查重新引起了刚果民主共和国对涉及自然资源非法交易的地区和国际网络的关注。2011年2月3日，一架湾流公司（Gulfstream）的喷气式飞机［亿万富翁们最青睐的私人飞机型号］在戈马机场被暂时扣押，其美国、尼日利亚和法国乘客在一起黄金购买案件的调查期间，也均被拘留。刚果民主共和国的国家公诉人弗洛里·卡班吉（Flory Kabange）于2011年3月25日宣布，这些个人缴纳了300万美元罚款，当局还没收了435千克黄金［价值约2100万美元］和600万美元现金，在此之后，被拘留者被转移到金沙萨（Kinshasa），最终被释放。另一个案例是2011年3月3日，应卡比拉总统的要求，一家肯尼亚—刚果合资的投资公司在肯尼亚开始了据称规模巨大的黄金走私。2011年5月11日，肯尼亚警方逮捕了三名与此案有关的刚果嫌疑人。

20. http://congress2014.cibjo.org/index.php?option=com_content&view=article&id=664:precious-metals-commission-debates-impact-of-dodd-frank-act-and-eu-proposals&catid=47&Itemid=290，2015年4月20日检索。

21. World Jewellery Confederation,Special Report, The CIBJO Precious Metals Commission (Feb. 2011). "Legislative Regulations for Heavy Metals in Children's Jewellery Spotlighted in 2011 Special Report of CIBJO Precious Metals Commission,"见http://download.cibjo.org/PM2011REPORT.pdf，2011年7月1日检索。

22. Nicholas Bariyo (May 18, 2011). "Congolese Military Withdraws from Tin Mine," Wall Street Journal (Online)，见http://online.wsj.com/article/SB10001424052748703509104576330580910983012.html，2011年7月4日检索。

23. 这里有阿尔法敏资源公司的公司声明：http://www.alphaminresources.

com/s/Qwik Report.asp?IsPopup=Y&printVersion=now&X1=449813,445677,445676,445675,394291,2011 年 7 月 4 日检索。

24. 见 2014 年 4 月的活动更新：http://www.infomine.com/index/pr/PB434969.PDF, 2014 年 5 月 11 日检索。

25. McNeely, Jeffrey A. (2003). "Biodiversity, War, and Tropical Forests," *Journal of Sustainable Forestry*, Vol. 16, No. 3/4, pp. 1–20.

第四章

1. "US Shrimp Imports Fall 2.5 percent" *Seafood News Supply and Trade*, 见 http://www.seafoodsource.com/newsarticledetail.aspx?id=4294989242, 2010 年 7 月 23 日检索。

2. 我不会公开他们的名字，以防他们遭到报复。

3. 旋风和飓风的性质基本上是一样的，侵袭北美的旋风/飓风是呈逆时针旋转的，而在赤道下方形成的呈顺时针旋转。

4. Duke University (April 21, 2009). "Mangrove Forests Save Lives In Storms, Study of 1999 Super Cyclone Finds," *ScienceDaily*, 见 http://www.sciencedaily.com/-/releases/2009/04/090414172924.htm, 2010 年 7 月 21 日检索。

5. American Institute of Biological Sciences (July 7, 2009). "Mangrove-Dependent Animals Globally Threatened," *ScienceDaily*, 见 http://www.sciencedaily.com/-/releases/2009/07/090701082905.htm, 2010 年 7 月 21 日检索。

6. 见 www.350.org。

7. 一片红树林的生物量比相同生物量的亚马孙丛林可以多消除 50% 的大气中的碳。若需要了解这项针对苏达班群岛碳汇的研究的全部信息，见 Ray, R., et al. (2011). "Carbon sequestration and annual increase of carbon stock in a mangrove forest," *Atmospheric Environment*, Elsevier, doi:10.1011/j.atmosenv.2011.04.074。

8. 见 http://www.gfdl.noaa.gov/global-warming-and-hurricanes; 以及 "Tropical Cyclones and Climate Change," an assessment by a World Meteorological Organization Expert Team on Climate Change Impacts on Tropical Cyclones, 见 http://www.nature.com/ngeo/journal/v3/n3/abs/ngeo779.html。

9. 举个例子，孟加拉国的地势非常平缓，因此手机信号可以覆盖每个角落，我是说真的是所有地方。我有时会去一些地方，离通电的地区数英里远，附近都没有信号塔，但我那价值 20 美元的老旧手机的信号还是满格。如果地势没有太大的起伏，也没有山丘，一座 100 英尺高的信号塔发射的信号基本上一直都会在你头顶上方——除非你离它的距离远到地球的弧度会成为阻碍的地步。

第五章

1. 这里有一张图表,显示随时间的推移,全球气温的变化过程,摘自 Hansen, et al. "The Case for Young People and Nature: A Path to a Healthy, Natural, Prosperous Future"。詹姆斯·汉森(James Hansen)是纽约哥伦比亚大学地球研究所、美国宇航局戈达德太空科学研究所(NASA Goddard Institute of Space Sciences)的研究员,也是气候变化领域的顶尖学者。这篇论文重述了汉森的开创性研究,后者揭示了全球气候变暖的事实,在网上广为流传。我使用的版本:http://www.columbia.edu/~jeh1/mailings/2011/20110505_CaseForYoungPeople.pdf,2011 年 7 月 14 日检索。这篇文章包含了这张显示全球气温变化的图表。

全球气温与全新世气温峰值的对比

图表 2 全球气温与全新世(Holocene)气温峰值的对比(Hansen and Sato, 2011)

2. 见 Karen Harpp (Oct. 4, 2005). "How Do Volcanoes Affect World Climate?" *Scientific American* (online), http://www.scientificamerican.com/article.cfm?id=how-do-volcanoes-affect-w, 2011 年 7 月 14 日检索。

3. 引自 Jessica Marshall (June 27, 2011). "Humans Dwarf Volcanoes for CO_2 Emissions," *Discovery News* (online), http://news.discovery.com/earth/volcanoes-co2-people-emissions-climate-110627.html, 2011 年 7 月 14 日检索。

4. Hansen, et al. "The Case for Young People and Nature: A Path to a Healthy, Natu-

ral, Prosperous Future." p. 2, http://www.columbia.edu/~jeh1/mailings/2011/20110505_CaseForYoungPeople.pdf,2011 年 7 月 14 日检索。

5. Dittmar, Thorsten, et al. (2006). "Mangroves, A Major Source of Dissolved Organic Carbon to the Oceans," *Global Biogeochemical Cycles*, Vol. 20, GB1012, 7 PP., 2006, doi: 10.1029 /2005GB002570.

6. Daniel C. Donato, J. Boone Kauffman, Daniel Murdiyarso, Sofyan Kurnianto, Melanie Stidham, and Markku Kanninen (2011). "Mangroves Among the Most Carbon-Rich Forests in the Tropics," *Nature Geoscience*, DOI: 10.1038/ngeo1123.

7. Kevin Bales (1999). *Disposable People: New Slavery in the Global Economy*, Berkeley: University of California Press, pp. 121–122.

8. 如果你想看看巴西南马托格罗索州的制炭营地是什么样的，你可以用谷歌地球（Google Earth）和它的卫星照片及航空照片。它的全球定位系统（GPS）坐标是南纬 19°52′14.22″，西经 53°03′30.84″。低矮炭窑的蜂窝状穹顶——用来将森林烧制成木炭以供钢铁产业使用——在土路的两边各排一行。浓烟从炭窑中升起，道路附近的地面因木炭溢出而变得焦黑。在营地的东面，你可以看见森林已经被砍伐殆尽。从这些卫星照片中你无法分辨这个营地里的工人是自由的还是被奴役的，但你能知道这个营地究竟在哪里。

9. Douglas A. Blackmon (2008). *Slavery by Another Name: The Re-Enslavement of Black Americans from the Civil War to World War II*, New York: Anchor Books (Random House), pp. 344–345.

10. Yude Pan, et al. (July 15, 2011). "A Large and Persistent Carbon Sink in the World's Forests, 1990–2007." *Science*. Volume 333.

11. 见 http://www.greenpeace.org/raw/content/international/press/reports/carving-up-the-congo-exec.pdf,2011 年 7 月 9 日检索。

12. 这篇绿色和平组织的报告详述了这些数据：http://www.greenpeace.org/usa/en/campaigns /forests/forests-worldwide/illegal-logging/,2011 年 7 月 19 日检索。

13. Intergovernmental Panel on Climate Change, "Summary for Policymakers," Climate Change 2007: The Physical Science Basis—Contribution of Working Group I to the Fourth Assessment Report of the Intergovernmental Panel on Climate Change, p. 3, http://www.ipcc-wg1.unibe.ch/publications/wg1-ar4/wg1-ar4.html. 森林滥伐导致的碳排放量的具体数据非常难以确定，对 20 世纪 90 年代排放量的估测从 18 亿吨 / 年到 99 亿吨 / 年不等。我们应该注意的是，这些数据来源的估测对象是十亿吨级的碳（C），而不是二氧化碳（CO_2）。每吨碳所对应的二氧化碳重量是 3.67 吨。

14. CSIRO Australia (May 11, 2007). "Confirmed: Deforestation Plays Critical Climate Change Role." *ScienceDaily*, Web. Aug. 30, 2012.

15. Greenpeace, *Carving up the Congo* (2007).

16. *An Inconvenient Truth: The Planetary Emergency of Global Warming and What We Can Do about It*, Rodale Books, p. 227.

17. 根据美国能源情报署的数据，2010 年全球来自能源消耗的二氧化碳排放量共计 318 亿吨。据估计，这个总量中的 20%（相当于 63.6 亿吨）是森林滥伐导致的，其中 40%（相当于 25.4 亿吨）是使用奴工的森林滥伐导致的。根据美国能源情报署的报告，中国的排放量约为 83.2 亿吨，美国的排放量约为 56.1 亿吨。如果我们将奴役活动视为一个国家，它排在中国和美国之后的第三位，排在第四位的是印度，其排放量为 16.9 亿吨。相比而言，整个非洲大陆的排放量不过 11.4 亿吨。（各国的估测数据，见 http://www.eia.gov/cfapps/ipdbproject/iedindex3.cfm?tid=90&pid=44&aid=8&cid=regions &syid=2010&eyid=2010&unit=MMTCD, 2012 年 8 月 30 日检索。）

18. Syed Nasir Ahmed Tahir and Muhammed Rafique (2009). "Emission of Greenhouse Gases (GHGs) from Burning of Biomass in Brick Kilns," *Environmental Forensics*, Volume 10, Issue 4, pp. 265–267.

19. Elisabeth Rosenthal (April 15, 2009). "Third-World Soot is Target in Climate Fight," *New York Times*, p. A1.

20. Kirk R. Smith, et al., "Greenhouse Gases from Small-Scale Combustion Devices in Developing Countries—Charcoal Making Kilns in Thailand." Research paper prepared for the US Environmental Protection Agency, Dec. 1999. 这篇论文可在国家环境出版物服务中心的网站上检索查看：http://www.epa.gov/nscep/index.html。

21. 如想了解近来关于生物炭的研究，见 Dominic Woolf, James E. Amonette, F. Alayne Street-Perrott, Johannes Lehmann, Stephen Joseph. "Sustainable biochar to mitigate global climate change." *Nature Communications*, Aug. 10, 2010。

22. 如想了解根除奴隶制的完整计划，见 Kevin Bales (2007). *Ending Slavery: How We Free Today's Slaves*, University of California Press。

23. 英国每个月生产（并消耗）约 20 万吨的鸡饲料。2012 年，英国的鸡饲料售价为每吨 256 英镑，因此每年的销售额差不多是 6.36 亿英镑，或是超过 10 亿英镑。见 The UK Department for Environment, Food & Rural Affairs, Animal Feed Statistics：http://www.defra.gov.uk/statistics /foodfarm/food/animalfeed/, 2011 年 7 月 19 日检索。

24. "森林管理的普遍失败——其特征是非法伐木、官商勾结的非法交易和腐败——逐渐削弱了所有国家对可持续经济发展、社会平衡和环境保护的尝试。以上总结来自报告《加强森林法执行和管理——请求撤回对可持续发展的系统性限制》，世界银行今日在新加坡举办的年度会议中发布。" World Bank: *Weak Forest Governance Costs US$15 Billion a Year*, World Bank News Release No. 2007/86/SDN.

25. 一公顷森林每年可以锁住 1—1.5 吨碳，每一棵被保护的树木都能从大气中吸收二氧化碳。根据联合国粮农组织 2010 年的报告，我们目前每年会失去约 453 万公顷的森林。*Global Forest Resources Assessment Main Report*, FAO Forestry Paper 163, Rome: UN FAO.

26. CSIRO Australia (August 9, 2011). "Forests Absorb One Third of Fossil Fuel Emissions, Study Finds," *ScienceDaily*. http://www.sciencedaily.com/releases/2011/08/110810093835 .htm, 2012 年 8 月 30 日检索。

27. "联合国粮农组织估计，肉类生产导致了近 1/5 的温室气体排放。这些气体在动物饲料的生产中产生，比如动物尤其是奶牛在反刍时会排放甲烷，这种气体造成的温室效应是二氧化碳的 23 倍。粮农组织还警告，到本世纪中叶，肉类消耗就必定翻倍。" 节选自 Juliet Jowitt (Sept. 7, 2008). "UN Says Eat Less Meat to Curb Global Warming," *The Observer*. 也见 Nathan Fiala (Feb. 4, 2009). "How Meat Contributes to Global Warming," *Scientific American* (online), http://www.scientific american.com/article.cfm?id=the-greenhouse-hamburger, 2011 年 7 月 19 日检索。

28. 我不打算公开这个人的名字——他希望可以在没有威胁的情况下进出孟加拉国。我可以说，他的相貌已经由专家验证过，某个和他一起渗透进岛的人也确认了。我希望有朝一日，像这个人一样的废奴运动英雄可以获得他们应得的荣誉和公众关注，而不是时时都要小心翼翼地保护自己，以免受到奴隶主们的腐败帮凶的报复。

29. 引自德巴卡大使的话。后面的文字是捕虾人保罗·威利斯的话，引自一篇 CNN 的专栏文章 "Slave Labor Blamed for Falling Shrimp Prices" by Sean Callebs and Jason Morris, broadcast Dec. 3, 2009, 见 http://am.blogs.cnn.com/2009/12/03/slave-labor-blamed-for-falling-shrimp-prices/, 2011 年 7 月 26 日检索。

第六章

1. John Maynard Keynes (1924). *A Tract on Monetary Reform*, London: Macmillan, p. 172.

2. Marcus Webb, "Dubai: Ten Things to Do," #3 The Gold Souk, 见 http://content.time.com/time/travel/cityguide/article/0,31489,1849667_1849594_1849119,00.html, 2014 年 5 月 23 日检索。

3. 见 *From Child Miner to Jewelry Store*, The Enough Project, Oct. 2012, http://www.

enoughproject.org/files/Conflict-Gold.pdf。

4. Abraham Lincoln, Second Inaugural Address, March 4, 1865. 在林肯的就职演说的这一部分中，他讨论了正在持续的美国南北战争的起源和影响。强调的这句话是对《圣经》中一句诗句的复述，他的听众应该对此很熟悉：《创世纪》3：19——"你必流汗满面才得糊口，直到你归了土；因为你是从土而来的：你本是尘土，仍要归于尘土。"林肯的就职演说中的一部分是这样的："我们全国人口的1/8是黑奴，他们并非遍布全国各地，而是局部地分布于南方。这些奴隶构成了一种特殊而重大的权益。大家知道这种权益可说是这场战争的原因。为了加强、保持及扩大这种权益，反叛分子会不惜以战争来分裂联邦，而政府只不过要限制这种权益所在地区的扩张。当初，任何一方都没有想到这场战争会发展到目前这么大的范围，持续这么长的时间。也没人料到冲突的原因会随冲突本身的终止而终止，甚至会在冲突本身终止以前终止。双方都在寻求一个较轻易的胜利，都没怎么期望获得一个根本性的和惊人的结果。双方念诵同一本《圣经》，祈祷于同一个上帝，甚至每一方都求助同一上帝的援助以攻击另一方，人们竟祈求助于上帝，来夺取他人以血汗得来的面包，这看来是很奇怪的。可是我们不要判断人家，免得别人判断我们。我们双方的祈祷都不能够如愿，而且断没全部如愿以偿。"

5. *The Slave Trade: The History of the Atlantic Slave Trade 1440–1870*, New York: Simon & Schuster, p. 226.

6. 同上书，p. 226。

7. Associated Press (Apr. 1, 2008). "Colbert Man Dies from Mercury Poisoning," *Tulsa World*, 见 http://www.tulsaworld.com/news/article.aspx?articleID=20080401_12_8037，2009 年 1 月 7 日检索。

8. 我还记得自己两岁的时候，当我用花园里的水管把我父亲的汽车油缸加满时是多么自豪。汽车需要水管里的东西，我当时这样认为，所以我是在帮忙。我爸可不怎么高兴。

第七章

1. Ehrenberg, Rachel (May 10, 2008). "Eight-Legged Bags of Poison," *Science News*, Vol. 173, No. 16, 见 http://www.sciencenews.org/view/generic/id/31459/title/Eight-legged_bags_of_poison，2009 年 1 月 13 日检索。

2. http://unpan1.un.org/intradoc/groups/public/documents/other/unpan022294.pdf。

3. Ghana Forest Informationand Data, 见 http://rainforests.mongabay.com/deforestation/2000/Ghana.htm，2011 年 8 月 22 日检索。

4. "在加纳，约 35% 的地表因为森林滥伐和土地退化遭遇严重的侵蚀和产量损失，导致 GDP 损失了 4%。据估计，加纳 820 万公顷的不开放原生林已经被破坏了，未被破坏部分仅余 196.2 万公顷。加纳土地的沙漠化是人口增长、森林滥伐、灌木林火灾的高发和土地的不当使用（如刀耕火种）导致的。刀耕火种的农业体系导致稀树草原扩张至落叶林区域和高雨林生态区。"见 http://www.povertyenvironment.net/?q=ghana_in_the_fight_against_desertification_and_drought, 2011 年 8 月 22 日检索。

5. "Forest Holocaust"，http://www.nationalgeographic.com/eye/deforestation/effect.html, 2011 年 8 月 22 日检索。

6. 引自 http://db.jhuccp.org/ics-wpd/exec/icswppro.dll?BU =http://db.jhuccp.org/ics-wpd/exec/icswppro.dll&QF0=DocNo&QI0=075326&TN=Popline&AC=QBE_QUERY&M-R=30%25DL=1&&RL=1 &&RF=LongRecordDisplay&DF=LongRecordDisplay, 2010 年 7 月 12 日检索。

7. "US economy recovery hurts Ghana's gold sales—Dr Wampah" 若需了解更多，见 http://www.ghanabusinessnews .com/2013/07/25/us-economy-recovery-hurts-ghanas-gold-sales-dr -wampah/#sthash.RIWXOD0g.dpuf, 2013 年 9 月 13 日检索。

8. 没人能够确定，因为 2006 年一项新的律法——《703 法案》——保留了企业不透露其特许权是如何、在哪里以及何时被授予的权利。

9. World Gold Council, Market Intelligence, 见 http://www.marketintelligence.gold.org/news /2008/12/11/story/10889/ghana_2007_gold_exports_total_173bn, 2009 年 2 月 11 日检索。

10. 黄金的出口额占了加纳总出口额的 35%，在 2012 年大约是 420 万盎司。

11. Helen Vesperini (June 17, 2008). "Illegal Gold Mining on the Rise," *The Australian Business*, 见 http://www.theaustralian.news.com.au/story/0,25197,23878342-23850 ,00.html, 2009 年 2 月 22 日检索。

12. *The State of Human Rights in Mining Communities in Ghana*, Commission on Human Right and Administrative Justice of Ghana, 2008.

13. 他在匿名的前提下与我交谈。

14. 比如见 Akyeampong, Emmanuel (2001). "History, Memory, Slave-Trade and Slavery in Anlo (Ghana)," *Slavery and Abolition*, pp. 221–224。也见 Martin Klein (1989). "Studying the History of Those Who Would Rather Forget: Oral History and the Experience of Slavery," *History in Africa*, pp. 16, 209–217。我要感谢劳拉·墨菲（Laura Murphy）博士帮助我理解这些以及关于加纳的许多其他事。

15. "Ghana: Favouring Gold Over Miners," February 23, 2009, IRIN, the humanitarian

news and analysis service of the UN Office for the Coordination of Humanitarian Affairs; 见 http://www.irinnews.org/Report.aspx?ReportId=82624, 2009 年 2 月 24 日检索。

16. 更详尽、更好的解释，见 *Certification and Artisanal and Small-scale Mining: An Emerging Opportunity for Sustainable Development*, a report by Communities and Small-Mining (CASM), June 2008。

17. "IDEX Online Research: Jewelry sales hit record," *National Jeweler*, Feb. 4, 2013, retrieved Sept. 12, 2013. 也见 http://www.jckonline.com/2013/12/24/report-us-jewelry-and-watch-sales-expected-to-reach-79-billion-in-2013, 2014 年 5 月 25 日检索。

18. 关于加纳非法采矿以外生计的发展可能性的更深入的讨论，见 Hilsen, Gavin, and Banchirigah, Sadia Mohammed (Feb. 2009). "Are Alternative Livelihood Projects Alleviating Poverty in Mining Communities? Experiences from Ghana," *Journal of Development Studies*, Vol. 45, Issue 2, pp. 172–196.

第八章

1. "Lula Blames Slavery for Brazil's 'Social Abyss,'" *Brazzil Magazine*.

2. 这个话题可能又能写一本书了，但我们应该记住，大部分国家并没有经历过内战（比如美国和海地的内战）就废止了合法奴隶制。与此同时，大多数国家也对奴隶解放弄虚作假，创建了类似于奴隶制的体制，能让奴役在非法的情况下继续存在。今天，国家政府努力地在国境内应对奴役问题，其处理方式是本能反应、权宜之计以及对这个问题的彻底忽略，始终将可笑的少量资源的分配鼓吹为自由的巨大胜利。巴西的当代奴役记录还远远称不上完美，但至少他们是严肃地对待这个问题的。

3. http://old.antislavery.org/archive/submission/submission2005-brazil.htm.

4. 我常常好奇，为什么我们很少听闻这些英雄的事迹和消息。在他们冒着生命危险救出奴隶、保护环境的时候，我们却在看庆祝二线电视演员成功戒毒的报道。

5. 1534 年，葡萄牙国王将国土划分为 15 个世袭"管辖区"（captaincy），将每一区分配给一个贵族世家。他们的工作是"改造"或清除当地的原住民，虽然有一些家族失败了，但也有一些栽种甘蔗，欣欣向荣。

6. Tatyana Soubbotini and Katherine Sheram (2000). *Economic Growth: Meeting the Challenge of Global Development*, Chapter 5—Inequality, 见 http://www.worldbank.org/depweb/beyond/beyondco/beg_05.pdf, 2011 年 9 月 6 日检索。

7. Walt Whitman (1982). "Specimen Days," *Walt Whitman. Poetry and Prose*, Justin Kaplan (ed.), New York: Library of America, p. 864.

8. S. C. Gwynne (2010). *Empire of the Summer Moon: Quanah Parker and the Rise*

and Fall of the Comanches, the Most Powerful Indian Tribe in American History, New York: Scribner, p. 5.

9. 在葡萄牙语中写作"Centro de Defesa da Vida e dos Direitos Humanos de Açailândia"（简称 CDVDH，阿赛兰迪亚生命与人权捍卫中心）。阿赛兰迪亚生命与人权捍卫中心坐落在位于马拉尼昂州西部的阿赛兰迪亚镇上，与耶稣圣心金邦尼传教会（Comboni lay Catholic）社区有密切来往，它推动和捍卫马拉尼昂州西部人民的人权。这个机构致力于减少奴隶劳动，它采取的行动包括向已经被解放的奴工提供社会服务推荐，资助就业项目以帮助减少奴隶劳动在"高危"人群中的诱惑力，协助那些想要针对奴工企业做出正式投诉的人，在当地人中普及对奴隶劳动的概念意识，推动反奴隶劳动的运动。我对他们与当地年轻人的合作尤其印象深刻，在这里，稳定的工作岗位少之又少，受更高教育的机会也很匮乏。我见过一些项目，使用人工管理和栽培的树木生产不涉及奴役的木炭和家具，也见过一家广播电台用英语和西班牙语播放教授生产技术的课程。

10. 你可以在美国宇航局地球观测站的网站上看到这张照片，见 http://earthobservatory.nasa.gov/IOTD/view.php?id=71256，2014 年 5 月 25 日检索。

11. 我想要特别提及一个奥地利的救济与发展组织——MIVA（www.miva.at）。他们以一种非常有针对性的方式对抗贫穷，推动社会正义：他们向正在做重要工作的人提供交通工具——自行车、摩托车、轿车和卡车。他们支持在超过 60 个国家内移动——将我（连同其他人和食物、药品、书籍，还有一次有一只号叫着的小猪）载往亚马孙地区的皮卡就是 MIVA 提供的。谢谢你们，MIVA。

12. 在下面这个网址了解美国交响乐团联盟（League of American Orchestras）为伯南布哥木所做的努力：http://americanorchestras.org/advocacy-government/travel-with-instruments/endangered-species-material/pernambuco-exemption-and-conservation.html（2014 年 5 月 25 日检索）。了解国际伯南布哥木保护倡议：http://www.ipci-usa.org（2014 年 5 月 25 日检索）。

13. 想想这种长寿对固碳意味着什么。虽然亚马孙丛林的大多数树木会在几十年内死去，在腐败时将它们储存的碳释放出来，但一些巴西坚果树时至今日仍然储存着它们在《大宪章》颁布的 1215 年所吸收的碳元素。巴西坚果树的保护和繁殖是抑制全球气候变暖的一个微小却重要的步骤。

14. 我不想在这里公开他们好友的姓名。这个人对抗奴隶主和破坏环境的人。在巴西，这份工作很危险，常常危及生命。我希望让他们的朋友保持匿名，这样可以让她安全一点儿。

15. 见 https://www.fidh.org/IMG/pdf/report_brazil_2012_english.pdf。

16. 选择亚马孙TEDx大会——一个"独立组织的TED项目",可以在以下网址收看:https://www.youtube.com/watch?v=OSS2ALiU1ss,视频为葡萄牙语,有英文字幕。

17. John Collins Rudolf (May 28, 2011). "Murder of Activists Raises Questions of Justice in Amazon," *New York Times*, 见 http://green.blogs.nytimes.com/2011/05/28/murder-of-amazon-activists-raises-justice-questions/#more-103425, 2012年1月30日检索。

第九章

1. 美国就是一个有趣的例子。尽管美国是一个大国,拥有许多农田,但我们在食品上的收支只是差不多平衡。在2010年,美国出口食品、动物饲料和饮料的价值总计1465亿美元。与此同时我们进口的食品、动物饲料和饮料的总价值为1323亿美元。因此似乎美国有141亿美元的顺差,但其实从收入的税金中还要抽出152亿用作农产品补贴。值得注意的是,得到补贴的前10%——农业综合企业——获得的补贴数额平均超过3万美元;剩余的80%(比如小型家庭农场)平均获得的补贴数额为587美元。见 "US International Trade in Goods and Services, November 2011" US Census Bureau, US Bureau of Economic Analysis, Dept. of Commerce, Press Release Jan. 13, 2012, http://www.census.gov/foreign-trade/Press-Release/current_press_release/ft900.pdf, 2012年2月检索; Farm Subsidy Database, Environmental Working Group, 见 http://farm.ewg.org/region?fips=00000&regname=UnitedStatesFarmSubsidySummary, 2012年2月7日检索。

2. 如果你习惯了美国东北地区的森林,在高大的橡树和其他大树下,你会发现下层林包含了许多物种,如紫荆、棶木、木瓜和鹅耳枥。

3. 对巴西可可种植业中的势力的详细解释,见 Leiter, Jeffrey, and Harding, Sandra (2004). "Trinidad, Brazil, and Ghana: Three Melting Moments in the History of Cocoa," *Journal of Rural Studies*, 20, pp. 113–130。

4. Joanne Silberner (June 14, 2008). "A Not-So-Sweet Lesson from Brazil's Cocoa Farms," National Public Radio, 见 http://www.npr.org/templates/story/story.php?storyId=91479835, 2012年2月8日检索。

5. "报道巴西",一个获过奖的人权调查研究组织,帮助我厘清巴西农业和政府政策的复杂情况。有两部出版物尤为有用: *Brazil of Biofuels: Impacts of Crops on Land, Environment and Society* (2008) 和 *Sugarcane 2009* (2010), 两本书都来自"报道巴西"的生物燃料观察中心 (www.reporterbrasil.org.br)。

6. Edith M. Lederer (Oct. 27, 2007). "UN Expert Calls BioFuel 'Crime Against Humanity,'" *LiveScience*, 见 http://www.livescience.com/4692-expert-calls-biofuel-crime-humanity.html, 2012年5月9日检索。

7. 这段中的信息来自一些研究论文，包括：1. Timothy A. Wise (May 2012). "The Cost to Mexico of U.S. Corn Ethanol Expansion," Global Development and Environment Institute Working Paper No. 12-01, Tufts University; 2. Action Aid (May 2012). *Biofueling Hunger: How US Corn Ethanol Policy Drives Up Food Prices in Mexico*, Washington DC: Action Aid; 3. Marco Lagi, Alexander S. Gard-Murray, and Yaneer Bar-Yam (May 2012). "Impact of Ethanol Conversion and Speculation on Mexico Corn Imports," New England Complex Systems Institute, http://necsi.edu/research/social/foodprices/mexico/; 4. Institute for Agriculture and Trade Policy and Global Development and Environment Institute (Jan. 2012). *Resolving the Food Crisis: Assessing Global Policy Reforms since 2007*, Tufts University。

8. J. Hayhoe, Christopher Neill, Stephen Porder, Richard McHorney, Paul Lefebvre, Michael T. Coe, Helmut Elsenbeer, Alex V. Krusche (May 2011). "Conversion to Soy on the Amazonian Agricultural Frontier Increases Streamflow without Affecting Stormflow Dynamics," *Journal of Global Change Biology*, Vol. 17, No. 5, pp. 1821–1833.

9. McCullough, David (1987). *The Johnstown Flood*, Simon & Schuster, New York.

10. Schwartz, S. (1985). *Sugar Plantations in the Formation of Brazilian Society: Bahia, 1550–1835*, Cambridge University Press, UK, pp. 133–134, 257.

11. "社会观测站"创立于1997，创建方为中央工人联盟（Central Workers Union，简称CUT），协助创建方有当代文化研究中心（Cedec）、工会间社会经济统计研究所（Dieese）和大学间工作研究所（Unitrabalho）。社会观测站的成立缘于对国际贸易协定中社会和环境条款的忧虑。了解更多：http://www.observatoriosocial.org.br/portal/。

12. 见 Fitzgerald, Daniel C. (1994). *Faded Dreams: More Ghost Towns of Kansas*, Lawrence: University Press of Kansas。

13. 高等法院针对奴役活动的管辖权做过一个决定（2006年12月），但这项裁定被认为不是绝对的，在任何时候都可能被推翻。在实际操作上，自2007年起，更多是由联邦法院来审判这个罪行。

第十章

1. Jonathan Safran Foer (2009). *Eating Animals*, New York: Hamish Hamilton, pp. 258.

2. Wendell Berry (2003). *The Art of the Commonplace: The Agrarian Essays of Wendell Berry*, edited by Norman Wirzba, Berkeley: CA: Counterpoint.

索引

Açailândia 阿赛兰迪亚, 183, 185, 186, 188, 274n
açai trees 阿赛森林, 183
Adário, Paulo 保罗·阿达里奥, 206
Adirondacks 阿迪朗达克, 230
Africa 非洲, 39, 55, 103, 106, 107, 111, 113, 114, 157, 164, 174, 175, 181, 187, 227, 268n
    Gold Coast of 非洲黄金海岸, 132–134, 153
    Great Lakes region of 非洲大湖地区, 253
African Great Lakes 非洲大湖, 18
African Great Lakes Initiative (AGLI) 非洲大湖区倡议, 253
agouti 小刺豚鼠, 196–197
agribusinesses 农业综合企业, 213
Agriculture Bill (1907) 1907 年《农业法案》, 230
agroenergy 农业能源, 222
Aila, Cyclone 艾拉旋风, 76, 94
Alabama 亚拉巴马州, 24–26, 28, 29
Alphamin Resources Corp. 阿尔法敏资源公司, 65–66
Alternative Cooperative of Small Rural and Urban Producers 小型乡村与城市制造商另类合作社, 见 CAPPRU
Amazon basin 亚马孙盆地, 95, 104, 175, 226
Amazon forest 亚马孙丛林, 96, 102, 103, 114, 158, 179, 180, 182, 187, 188–217, 222–223, 225, 228, 229, 231–232, 235, 237, 265n, 275n
    seasonal flooding in 亚马孙丛林的汛期, 226
Amazon Institute 亚马孙研究所, 231
American Great Plains 美国大平原, 182, 233–234

American South 美国南部, 24, 25, 26, 28–29

Amrita (day laborer; pseudonym) 安丽塔（钟点工；化名）, 86–89, 90

AngloGold Ashanti 阿散蒂安格鲁黄金公司, 161

Apple 苹果公司, 58, 59–60, 62, 63

Araguaína 阿拉瓜伊纳市, 247, 249

Arkansas River 阿肯色河, 182, 183

Ashanti 阿散蒂, 128, 132–133

Ashanti Goldfields Corporation (AGC) 阿散蒂金矿公司, 133–134

Asia 亚洲, 9, 56, 58, 70, 94, 103, 107, 111, 113, 174

Asustek 华硕公司, 58

Atlanta, Ga. 亚特兰大, 108, 109

atomic bomb 原子弹, 240–241, 243

Aung San Suu Kyi 昂山素季, 244

Australasia 澳大利西亚, 55

Australia 澳大利亚, 94, 127

Awasthi, Supriya 苏普利亚·阿瓦斯蒂, 5

Bahia, 巴伊亚州 214–215, 228

Bangalore 班加罗尔, 5

Bangladesh 孟加拉国, 70, 71, 75, 76, 77, 84, 87, 91, 93, 96–97, 98, 114, 118–120, 121, 238, 246, 265n, 269n

Baraka 巴拉卡镇, 66

Barros, Jose 何塞·巴罗斯, 216–217, 221

Batwa pygmies 巴特瓦矮人, 21

Bay of Bengal 孟加拉湾, 74, 93, 96

Belo Monte 贝卢蒙蒂, 189

Bengal tigers 孟加拉虎, 70, 80–81, 98

Berman, Howard 霍华德·伯曼, 263n

Berry, Wendell 温德尔·贝瑞, 245

Best Buy 百思买公司, 61–62

Bible《圣经》, 108, 270n

Biddle, Francis 弗朗西斯·比德尔, 30

biochar 生物炭, 116

索引

biofuels 生物燃料, 222, 223–224, 227, 228, 237
    "life-cycle analysis" of 生物燃料的寿命周期分析, 229
    real cost of 生物燃料的真正成本, 229
    slavery and 奴役活动与生物燃料, 225
biomagnification 生物放大作用, 157
Bisie mine 比西矿山, 28, 47–52, 56, 65–66, 263n
Bisie River 比西河, 48
black markets 黑市, 19, 67
Blackmon, Douglas 道格拉斯·布莱克蒙, 28–29, 108
Black Mountain 黑山, 48
Blacksmiths 铁匠, 142–143, 147
black soot 黑煤烟, 115
Bolivia 玻利维亚, 114, 180, 196
bonobo chimpanzees 倭黑猩猩, 15
Borneo 婆罗洲, 66
Botha, Johan 约翰·博塔, 161
"bouche trou" (open mouths) 大嘴巴, 38
brainwashing 洗脑, 32
Brasília 巴西利亚, 173–174, 179, 180
Brazil 巴西, 9, 103, 104–106, 107–108, 158, 173–182, 183–225, 226, 231–232, 236–238, 246, 247–49, 263n, 266n–267n, 273n, 275n, 276n
    cocoa farming in 可可树种植, 214–215
    corruption in 腐败, 229
    deforestation in 森林滥伐, 188–89, 196, 205, 206, 215
    "dirty list" in "黑名单", 178, 236
    expropriation of slaveholder land in 对奴隶主土地的征用, 177–178
    family farms in 家庭农场, 213
    High Court of 高等法院, 277n
    hydroelectric dam in 水电站, 189
    inequality in 不平等现象, 181, 190, 235
    judiciary in 司法体系, 237
    landed oligarchy in 土地寡头, 180–181
    land-use laws in 土地使用相关法律, 212

  mining in 采矿, 218–221, 236, 263n

  mining sector in 矿业, 202–203

  Ministry of Labor and Employment in 劳动与就业部, 175, 184

  murders for land theft in 为窃取土地而进行的谋杀, 198, 200–207

  National Plan for the Eradication of Slavery in 根除奴役国家计划, 176–177, 178–179, 180, 181

  official minimum wage in 官方规定的最低工资, 238

  polarized political system in 两极分化的政治体系, 235

  ranchers of 农场主, 197

  short-term slavery in 短期奴役, 191–195

  slavery in 奴役活动, 174–182, 192–193, 213

  sugar slavery in 甘蔗奴役, 227–228

  violence against anti-slavery advocates in 对反奴役倡导者的暴力, 179–180

Brazilian Institute of Environmental and Renewable Natural Resources (IBAMA) 巴西环境与可再生资源协会, 203, 207, 218, 220

Brazil nuts 巴西坚果, 217

Brazil nut trees 巴西坚果树, 196–197, 200, 201, 205, 275n

bribery 贿赂, 89–90

brick making 制砖, 108–111, 115, 117

Brígida (human rights specialist) 布里吉达（人权专家）, 185–186

British Empire 大英帝国, 133, 134

Brownback, Sam 山姆·布朗巴克, 263n

Buetefisch, Manfred 曼弗雷德·布特费什, 260n

Buffalo 美国野牛, 40, 183, 233

Bukavu 布卡武市, 68

bullion banks 黄金银行, 126–127

Burkina Faso 布基纳法索, 128

Burma 缅甸, 75, 94, 106, 114

Burundi 布隆迪, 54, 253

Bush, George W. 乔治·W. 布什, 150–51, 224

Butterflies 蝴蝶, 64, 210–11

Caatinga 卡廷加, 228

Cabot Corporation 卡博特公司, 55

Cachoeira River 卡乔拉河, 215

cadmium 镉, 110

Calasans, Neylor 内勒·卡拉桑斯, 215

California 加利福尼亚州, 6, 237
    gold rush in 加州的淘金热, 133, 140

Cambodia 柬埔寨, 120

Cameroon 喀麦隆, 114

Canada 加拿大, 65, 95, 127

"cap and trade" 总量管制与排放交易, 237–238

CAPPRU (Alternative Cooperative of Small Rural and Urban Producers) 小型乡村与城市制造商另类合作社, 215–216, 221

Carajas 卡拉加斯, 188

carbon, atmospheric 大气中的碳, 95–96, 101, 111–112

carbon credits 碳信用额度, 237–238

carbon sequestration 碳封存, 96, 269n, 275n

carbon sink 碳汇, 95, 102

Carepa, Ana Julia 安娜·胡利娅·卡雷帕, 232

Caribbean 加勒比, 227

Cascades Volcano Observatory 喀斯喀特山脉火山观测站, 100

Casey, James T. 詹姆斯·T.凯西, 108

Casio 卡西欧公司, 57

Cassiterite 锡矿, 10, 23, 26, 31, 48–49, 217–218, 219–220, 236, 263n

cattle ranching 畜牧, 201–202, 221, 222–223, 225

Cellphones 手机, 7, 10, 13–14, 37, 45, 46, 48, 52, 64, 220, 245

Center for Defense of Life and Human Rights of Açilândia 阿赛兰迪亚生命与人权捍卫中心, 185–186, 187, 274n

Central America 中美洲, 106, 214

Central Workers Union (CUT) 中央工人联盟, 277n

Centre for Contemporary Cultural Studies (Cedec) 当代文化研究中心, 277n

Centro de Defesa da Vida e dos Direitos Humanos de Açilâdia (CDVDH) 阿赛兰迪亚生命与人权捍卫中心, 274n

Chamber of Commerce, U.S. 美国商会, 60

Chamber of Deputies 众议院, 177

Charcoal 木炭, 43–45, 100, 104, 106, 107–108, 115–116, 117, 176, 179–180, 202–203, 204, 207–208, 224–225, 231, 232, 245, 266n–267n

Chicago, Ill. 大芝加哥地区, 36

chicken feed 鸡饲料, 116, 268n

child labor 童工, 89

Children 儿童, 75
    enslavement of 儿童奴役, 32

child slaves 儿童奴隶, 75–76

child soldiers 童子军, 30, 32, 35, 43, 49

China 中国, 6, 8, 10, 107, 108, 115, 127, 168, 223, 259n, 268n
    greenhouse gas emissions in 中国的温室气体排放, 111–112

Chocolate 巧克力, 214, 217

"choice" "选择", 153

Cholera 霍乱, 20, 50

Christ Apostolic Church International 国际基督使徒教会, 141

Christianity 基督教, 236

circuit boards 电路板, 47–48

Civil War, U.S. 美国南北战争, 26, 108, 177, 270n

clear-cutting 皆伐, 103, 107

CNDP (National Congress for the Defense of the People) 全国保卫人民大会（武装组织）, 257n, 258n, 259n

Coal 煤, 202

Cocoa 可可, 220, 221, 236

cocoa trees 可可树, 214

Colombia 哥伦比亚, 106, 114

coltan 钶钽铁矿, 14, 16–17, 18, 21, 23, 47, 55, 56, 218, 220

Comboni missionaries 耶稣圣心金邦尼传教会, 274n

Comissā Pastoral da Terra (CPT; Pastoral Land Commission) 乡村土地委员会, 189–190, 194, 203, 206, 207, 208, 225

Commission on Human Rights, Ghana 加纳人权委员会, 162, 165

compassion 同情心, 244

comptoirs 柜台, 54–55

computer companies 电脑公司, 59

conflict minerals 冲突矿物, 69, 220, 262n–63n

    supply chain in 供应链, 52–64

Conflict Minerals Trade Act (proposed; 2009)《冲突矿物交易法》(提案;2009), 63

Congo, Democratic Republic of 刚果（金）民主共和国, 14–18, 21–25, 26–28, 29, 30–46, 47–54, 55, 58, 59, 60, 61, 63, 64–70, 91, 103, 113–114, 154, 218, 220, 238, 246, 251–252, 253, 259n, 260n, 261n, 262n, 263n

    Belgian control of 比利时的控制, 15–16

    gorilla tourism in 大猩猩旅游业, 42–43

    homegrown activists in 土生土长的活动家, 37–39

    NGOs in 非政府组织, 19–20

    organizations working in 在刚果的组织, 251–53

    per capita income in 人均收入, 42

    as slave-catching machine 作为奴隶捕捉机器, 24–25

    slave population in 奴隶人口, 35–36

Congolese National Army (FADRC) 刚果民族军, 34, 51, 65, 258n

Congress, U.S. 美国议会, 63, 230

Connecticut 康涅狄格州, 69

conservation 资源保护, 230, 236

consumerism 消费主义, 8, 18, 52, 245

Consumers 消费者, 61–62

cooking fires 炊火, 44

Corn 玉米, 223–224

"corporate social responsibility" policies "企业的社会责任"规定, 57

corruption 腐败, 9, 18, 89–90, 91, 120

    in Brazil 巴西的腐败, 229

Costco 好事多公司, 62

Côte d'Ivoire 科特迪瓦, 157

Cotton 棉花, 26, 228

Crabs 螃蟹, 84

Currys 卡瑞丝公司, 62

Cyclone Aila 艾拉旋风, 76, 94

Cyclones 旋风, 93–94, 96, 264n

Danilo, Father 丹尼洛神父, 189, 190, 195, 208, 213, 217

Danish traders 丹麦商人, 133

da Silva, José Cláudio Ribeiro "Zé Cláudio" 何塞·克劳迪奥·里贝罗·达席尔瓦（泽·克劳迪奥）, 173, 200–201, 203–206, 207, 208, 211, 212, 222, 235, 243, 244

Dayton, Ohio 代顿, 俄亥俄州, 179

deBaca, Luis C. 路易斯·C. 德巴卡, 120–122

debt bondage slavery 债务奴役, 4–5, 30, 31, 32, 35, 49, 107, 130–131, 145–146, 164

Deep South 美国南部诸州, 24–26, 28–29

Deepwater Horizon oil spill (2010) "深水地平线" 石油泄漏（2010）, 121

Deforestation 森林滥伐、森林破坏, 9–10, 15, 43–45, 66–67, 94, 98–99, 100, 101, 111–112, 117, 178, 215, 224–225, 229, 232, 234, 242

    in Brazil 巴西的森林滥伐, 188–189, 196, 205, 206, 215

    carbon emissions from 碳排放, 114–15, 268n

    in Ghana 加纳的碳排放, 157–158, 271n

    slavery and 奴役活动与碳排放, 103–104, 113–114

    for soybeans 因大豆而产生的碳排放, 225

    in U.S. 美国的碳排放, 226

Dell 戴尔公司, 59, 62

de Merode, Emmanuel 埃曼努埃尔·德·梅罗德, 41, 44–45

Democratic Forces for the Liberation of Rwanda (FDLR) 卢旺达解放民主力量, 15, 257n

dental gold 牙科用金, 126

Department for Labor Inspections, Brazilian 巴西的劳动监管部门, 177

Depression, Great 大萧条, 139, 190, 239

Desertification 沙漠化, 271n

development 发展、开发, 234–235

Diamonds 钻石, 15, 21, 23

Dixons 迪克森公司, 62

Dodd, Chris 克里斯·多德, 263n

Dodd-Frank Wall Street Reform and Consumer Protection Act (2010)《多德—弗兰克华尔街改革和消费者保护法案》（2010）, 63, 64, 65, 66, 263n

domestic slaves 家奴, 67

dos Santos, Eremilton Pereira 埃雷弥尔顿·圣多斯佩雷拉, 206

Douglass, Frederick 弗雷德里克·道格拉斯, 37
dowry money 彩礼, 89
Drugs 毒品, 49
Dubai 迪拜, 126–127
Dublar Char 杜布拉恰岛, 71–74, 76, 84, 120, 122–124
"due diligence declarations" 尽职声明, 58
Duke University 杜克大学, 93
Durbin, Dick 迪克·杜宾, 263n
Dust Bowl 沙尘暴, 234, 239
Dutch traders 荷兰商人, 133

East Africa 东非, 20, 260n
Eastern Congo 刚果（金）东部, 11, 12–13, 14–15, 17–18, 19, 20, 21–25, 30–46, 54, 56, 64–70, 106, 217
 types of slavery in 奴役的种类, 30–35
Ecocide 环境破坏, 53, 57, 118, 180, 247, 260n
 and slavery 环境破坏与奴役活动, 54, 67, 68, 70, 211, 238
Egypt, Ancient 古埃及, 108
Eighty-fifth Brigade 第八十五旅, 51
El Chichon (volcano) 埃尔奇琼（火山）, 100
electronic gold 电子产品用金, 126
Electronics 电子产品, 47–48, 259n–260n
 supply chain in 电子产品的供应链, 52–64
Electronics Industry Code of Conduct 电子产业规范, 59
elephants 大象, 15, 40
Emirates Gold 阿联酋黄金集团, 127
energy balance 能量平衡, 99, 102, 112
energy consumption 能量消耗, 99
Energy Information Administration, U.S. 美国能源情报署, 268n
English, James W. 詹姆斯·W. 英格利希, 108
English traders 英国商人, 133
Enough Project 足够计划, 60, 62–63, 252, 262n
environmental destruction 环境破坏, 8–11, 53, 97, 245

　　　　resource extraction and 资源汲取与环境破坏, 8
　　　　slavery and 奴役活动与环境破坏, 8–11, 19, 41–42, 70, 97, 113, 182, 211, 238, 242–47
Environmental Preservation Areas 环境保护区, 225
Environmental Protection Agency, U.S. (EPA) 美国环境保护局, 110, 203, 229
Environmental Support Group 环境支援小组, 5
Equatorial Guinea 赤道几内亚, 114
Eringeti 伊林盖提, 22
Espírito Santo, Maria do 玛丽亚·圣多埃斯皮里托, 200–201, 203–204, 205–206, 207, 208, 211, 212, 222, 235, 243, 244
Estella, Ambaya 安巴雅·埃斯特利亚, 22
Ethanol 乙醇, 223–224, 229
　　　　from sugar 糖制乙醇, 227
Europe 欧洲, 4, 6, 8, 10, 15, 16, 55, 75, 85, 100, 126, 132, 133, 134, 157, 164, 165, 213, 214, 259n
Executive Group for the Suppression of Forced Labor (Brazilian Ministry of Labor unit) 制止强迫劳动执行组（巴西劳工部）, 175
export depots 出口仓库, 55
Extractives Workgroup 消耗资源工作群组, 59–60

factory farms 工厂化农场, 81
family farms 家庭农场, 213
farm subsidies 农场补贴, 275n
Faulkner, William 威廉·福克纳, 69
Federal Bureau of Investigation (FBI) 美国联邦调查局, 239, 242
Feingold, Russ 拉斯·芬格尔德, 263n
Filho, José Sarney 何塞·小萨尔内, 206
First Congo War 第一次刚果大战, 21, 48
Fish and Wildlife Service 美国渔业与野生动物管理局, U.S., 40
fishing industry 渔业, 75–76, 121, 122–124
fish stock cubes 鱼类资源数据, 76
Flextronics 伟创力公司, 58
Floribert, Tetyabo-Tebabo 特塔波-特巴博·弗洛里贝尔, 22
Foer, Jonathan Safran 乔纳森·萨福兰·弗尔, 244

food insecurity 食品不安全, 224

forced labor 强制劳动、强迫劳动, 30–31, 32, 35

forced marriages 强制婚姻, 30, 34–35

Ford, Henry 亨利·福特, 15

Forests 森林, 94–95, 99, 100
    protected 受保护的, 112–113

Forest Service, U.S. 美国林务局, 230

Fossey, Dian 戴安·福西, 42

fossil fuels 化石燃料, 99, 100

Foxconn 富士康公司, 58–59
    Global Code of Conduct Policy of 富士康全球行为守则规定, 262n

France 法国, 4, 152, 154, 263n

Frank, Barney 巴尼·弗兰克, 263n

Franklin, Benjamin 本杰明·富兰克林, 100

Free the Slaves "解放奴隶"组织, 251–252

freezer ships 低温冷藏船, 75

French Guiana 法属圭亚那, 106

Friends Peace Teams 朋友和平小队, 253

frozen fish 冷冻鱼, 75

Fry 鱼苗、虾秧, 82

Funerals 葬礼, 3

Gabon 加蓬共和国, 114

Galvã, Regivaldo 雷吉瓦尔多·加尔瓦奥, 179

Ganges River 恒河, 77

Garmin 佳明公司, 57

gato (recruiter) 加图（招募人）, 184–185, 186, 248–249

genetically modified crops 转基因作物, 213

Genocide 大屠杀、种族清洗, 70
    in Congo 刚果大屠杀, 16
    Rwandan 卢旺达大屠杀, 20–21

Georgia 佐治亚州, 26, 106

Gerlach, Terrence 特伦斯·格赫拉, 100

German Federal Institute for Geosciences and Natural Resources 德国联邦地球科学与自然资源研究所, 260n–261n

Germany 德国, 6

 tombstone shortage in 德国的墓碑短缺, 3–4

Ghana 加纳, 114, 126, 127–130, 131–149, 154, 155–165, 168–172, 218, 220, 221, 238, 246, 272n

 anti-slavery movement in 加纳的反奴役运动, 169

 Commission on Human Rights in 加纳人权委员会, 162, 165

 deforestation in 加纳森林滥伐, 157–58, 271n

 illegal miners in 加纳的非法矿工, 159, 161–62

Ghost Dance 鬼神舞, 233, 235

"ghost" timber companies "幽灵"木材公司, 231–32

Gilberto (ex-slave) 吉尔伯托（曾经的奴隶）, 183–87, 225

Glacier Park 冰川公园, 230

Global e-Sustainability Initiative (GeSI) 全球电子永续倡议, 59

global population 全球人口, 99

global warming 全球气候变暖、温室效应, 8, 10, 43, 77, 95–96, 97, 100–101, 102–3, 107, 113, 115, 118, 157, 175, 242, 243, 245, 246

 human contribution to 人类影响, 101

 slavery and 奴隶制与温室效应, 98–99, 116, 118

gold 黄金, 9, 15, 21, 23, 64, 220, 262n, 263n–64n

 illegal mining of 非法采掘黄金, 134–35, 159–60, 163, 164–65, 168

 open-pit mining of 露天黄金矿井, 155–56

 processing of 黄金的处理加工, 137–38, 142

 recycling of 黄金回收, 126

 slavery and 奴隶制与黄金, 125–149

 smuggling of 走私, 126–127, 160

 supply chain in 供应链, 165–166

 symbolism of 象征含义, 165–166

 washing of 黄金的清洗, 140–141

gold buyers 黄金买家, 144–45, 147, 160

Gold Coast 黄金海岸, 132–34, 153

golden monkeys 金丝猴, 42

Gold Fields Ghana 加纳黄金田野公司, 161
gold industry 黄金产业, 125–149
 Ghana's sales in 加纳的黄金销售额, 159
 labor inspectors in 劳动监察员, 163–164
 police raids in 警察突袭, 162–163, 169–170
 steam-powered mines in 蒸汽动力矿场, 151–152
 stopping slavery in 终止黄金产业中的奴隶制, 168–169
Gold Souk 黄金市场, 126–127
Goma 戈马市, 19–21, 38, 44, 51, 54, 259n, 261n, 263n
Google Earth 谷歌地球, 266n
Google Maps 谷歌地图, 107, 266n
Gorillas 大猩猩, 15, 39, 45, 67
 mountain 山地大猩猩, 40–43
 tourism and 旅游业与大猩猩, 42–43
Gorillas in the Mist (Fossey)《迷雾中的大猩猩》(戴安·福西著), 42
Grain 谷物, 223, 234
Granite 花岗岩, 3–4
Great Britain 英国, 55, 76, 113, 116, 268n
Great Depression 大萧条, 139, 190, 239
Great Plains 大平原, 182, 233–234
greenhouse gases 温室气体, 10, 99–101, 103, 111–112, 113, 115, 269n
Greenpeace 绿色和平组织, 206
Gulf of Mexico 墨西哥湾, 75, 93
Guyana 圭亚那, 106
Gwynne, S. C. S. C. 格温, 183

Haiti 海地, 273n
Hamer, Fanny Lou 芬妮·露·哈默, 244
Hansen, James 詹姆斯·汉森, 101–102, 265n
Harvard University 哈佛大学, 35, 36
Harz Mountains 哈茨山脉, 3
Hashish 大麻, 49
Hawk's Nest (West Virginia) 鹰巢隧道(西弗吉尼亚州), 239

H.C. Starck 世泰科公司, 55, 61, 260n–261n
Higgins, Polly 宝莉·希金斯, 260n
High Court (Brazil) 高等法院（巴西）, 277n
Himalayas 喜马拉雅山脉, 106
Hippos 河马, 15, 39–40, 42
HIV/AIDS 艾滋病, 33
Honey 蜂蜜, 90
Hoover, J. Edgar J. 埃德加·胡佛, 239
HP 惠普公司, 60
Hurricane Katrina 卡崔娜飓风, 76, 93, 96, 121
hurricanes 飓风, 264n
Hutus 胡图人, 14, 15, 21, 257n

IBM 公司, 59, 62
Ibrahim (slave) 伊卜拉辛（奴隶）, 127–130, 131–132, 145, 146, 147, 150, 154, 169–172
Iceland 冰岛, 100
ice sheet disintegration 冰原的崩解, 101–102
igapo (swamp forest) 沼泽林, 226
Inaugural Address (Lincoln) 就任演说（林肯）, 270n
Independent《独立报》, 21–22
India 印度, 75, 92, 93, 96, 101, 106–107, 108, 110, 111, 114, 117, 126, 127, 154, 167–168, 223, 259n, 268n
    granite mining in 印度的花岗石采掘, 4–6, 5, 7
"Indian Park" reserve "印第安公园"保留区, 189
Indonesia 印度尼西亚, 66, 75, 106, 114, 229, 259n
industrial revolution 工业革命, 99
Intel 英特尔公司, 60, 63, 262n
International Criminal Court 国际刑事法庭, 260n
international law 国际法, 30, 32
International Monetary Fund (IMF) 国际货币基金组织, 224
International Space Station 国际空间站, 189
international treaties 国际条约, 113
Inter-Union Department of Socioeconomic Studies (Dieese) 工会间社会经济统计研究所,

索引 261

277n
Inter-University Studies and Research on Work (Unit-abalho) 大学间工作研究所, 277n
iPads, 261n
iPhones, 7, 59, 261n
iPods, 59
Iraq war 伊拉克战争, 222
Iron 铁, 202, 245
iron ore 铁矿, 26
Itabuna 伊塔布纳市, 215
Italy 意大利, 208
ITRI 国际锡矿研究中心, 55–56, 261n
ITRI Tin Supply Chain Initiative (iTSCi project) ITRI 锡供应链行动, 55–56, 57, 261, 65, 261n–262n
Ivory 象牙, 16, 40

Jabil 捷普公司, 58
Japan 日本, 8, 30, 241
jewelry 珠宝, 64, 126, 166, 245
    U.S. sales of 美国的珠宝销售, 167–68
Jim Crow laws《吉姆·克劳法》, 25
Jobs, Steve 斯蒂夫·乔布斯, 7, 59
Johnstown, Pa., flood in 宾夕法尼亚州约翰斯顿市的洪灾, 226
Justice Department, U.S. 美国司法部, 29, 30
"just-in-time" slavery "适时"奴役, 194

Kabange, Flory 弗洛里·卡班吉, 263n
Kabila, Joseph 约瑟夫·卡比拉, 65, 263n
Kagame, Paul 保罗·卡加梅, 259n
Kansas 堪萨斯州, 183, 234
Katrina Hurricane 卡崔娜飓风, 76, 93, 96, 121
Kenya 肯尼亚, 54, 253, 263n–264n
Keynes, John Maynard 约翰·梅纳德·凯恩斯, 125
Khulna 库尔纳市, 84–90, 120

Kilolirwe 基洛勒韦, 259n
Kinshasa 金沙萨市, 263n
Krakatoa 喀拉喀托火山, 100
Ku Klux Klan 3K 党, 26
Kumasi 库玛西市, 170

Lake Edward 爱德华湖, 39, 40
Lake Kivu 基伍湖, 18
Lake Ngazi 恩加济火山湖, 42
Lake Tanganyika Basin 坦噶尼喀湖盆地, 252
Lake Tanganyika Floating Health Clinic (LTFHC) 坦噶尼喀湖浮动健康诊所, 252
Laos 老挝, 66, 106
laptops 笔记本电脑, 10, 46, 48, 52
Latin America 拉丁美洲, 181
lead 铅, 48, 259n
Lee, Bruce 李小龙, 199
legal system 合法体系, 24–25
Leopold II, King of Belgium 比利时国王利奥波德二世, 15–16
Leslie, Zorba 佐巴·莱斯利, 17
Liberia 利比里亚, 114
Lincoln, Abraham 艾伯拉罕·林肯, 127, 270n
    Inaugural Address of 林肯的就职演说, 270n
livestock farming 畜牧, 97
local food production 本地食品生产, 213
logging, illegal 非法伐木, 103–104, 114, 117, 202, 203, 204, 206, 207–208, 231–232, 269n
logging, legal 合法伐木, 231
London 伦敦, 126
Louisiana 路易斯安那州, 121
    shrimp industry in 虾产业, 121
Luhembwe, Christian 克里斯蒂安·卢汉伟, 161
Luke volcanoes 喷发的火山, 100
Lula da Silva, Luis Inácio "Lula", 路易斯·伊纳西奥·"卢拉"·达席尔瓦 176–177, 222, 224

McCullough, David 戴维·麦卡洛, 226
McDermott, Jim 吉姆·麦克德莫特, 63
McKinley, William 威廉·麦金莱, 230
McNeely, Jeffrey 杰弗里·麦克尼利, 66
Magna Carta (1215)《大宪章》(1215), 275n
mahogany 红木, 195, 225
Mai Mai groups 马伊马伊组织, 40, 43, 51, 257n
Mai Mai Sheka 马伊马伊谢卡, 65
malaria 疟疾, 171
Malaysia 马来西亚, 106, 120, 259n
Mali 马里共和国, 9, 152
Manaus 玛瑙斯市, 203
mangrove forest 红树林, 71, 74–75, 77–78, 80, 92, 93–94, 97, 101, 102–103, 117, 265n
 as carbon sink 作为碳汇, 95–96, 102
Manhattan Project 曼哈顿计划, 240–241, 242
Mann, Robert D. 罗伯特·D. 曼, 157
Marabá 马拉巴镇, 202, 204
Maranhão 马拉尼昂州, 183, 274n
marijuana 大麻, 49
Mato Grosso do Sul 南马托格罗索州, 104, 105–106, 107, 266n–267n
Matumo, Samy 萨米·玛图莫, 51
Maya 玛雅, 214
meat consumption 肉类消耗, 222–223
meat production 肉类生产, 269n
media 媒体, 60
mercury 水银（汞）, 9, 140–41, 142–143, 151, 156–157, 158
methane 甲烷, 269n
Mexico 墨西哥, 58, 214, 223–24
 food insecurity in 墨西哥的食品不安全, 224
Mexico, Gulf of 墨西哥湾, 75, 93
Middle East 中东, 127
middlemen (négoçants) 中间商（批发商）, 54

Miller, John 约翰·米勒, 119

Minas Gerais 米纳斯吉拉斯州, 179

Mining and Processing Congo (MPC) 刚果采矿处理公司, 50–51

Ministry of Labor and Employment, Brazil 巴西劳动与就业部, 175, 184
    Executive Group for the Suppression of Forced Labor unit of 制止强迫劳动执行组, 175

Mississippi 密西西比州, 69

Mississippi forest 密西西比森林, 95

MIVA, 274n

Mobutu, Joseph 约瑟夫·蒙博托, 21, 44

molybdenum 钼, 23

monoculture 单种栽培, 213, 222–223

Monte Cristo farm 基督山农场, 212–213, 215, 216, 221

Morel, Edmund 埃德蒙·莫雷尔 16

motor oil 机油, 109

Motorola Solutions 摩托罗拉, 60

mountain gorillas 山地大猩猩, 40–43

Mount Pinatubo 皮纳图博火山, 100

Mount St. Helens 圣海伦斯火山, 100, 101

Mount Tambora 坦博拉火山, 100

Muir, John 约翰·缪尔, 199

Murphy, Laura 劳拉·墨菲, 272n

Mutware, Kibibi 基比比·穆托维, 66

Mwenge, Katungu 卡通古·姆温吉, 21–22

National Commission for the Eradication of Slave Labor (Brazil) 根除奴隶劳动全国委员会（巴西）, 176

National Commitment to Improve Labor Conditions in the Sugarcane Activity 改善甘蔗生产中劳动条件的全国承诺书, 227–228

national forests 国家森林, 230

National Geographic《国家地理》, 157

National Oceanic and Atmospheric Administration, U.S. 美国国家海洋和大气管理局, 96

National Plan for the Eradication of Slavery 根除奴役活动的国家计划, 176–177, 178–179,

180, 181
National Public Radio 国家公共广播电台, 215
Native Americans 印第安人, 233
natural gas 天然气, 18
Nepal 尼泊尔, 108, 110, 111
New Orleans, La. 新奥尔良市, 76, 97, 121
New World 新世界, 132
New York Times《纽约时报》, 115, 206
Ngobobo, Paulin 保兰·尼奥波波, 44, 45
Nicaragua 尼加拉瓜, 66
Nigeria 尼日利亚, 157, 263n
Nintendo 任天堂公司, 60, 262n
niobium 铌, 23
Nkunda, Laurent 洛朗·恩昆达, 43, 259n
Nokia 诺基亚公司, 59, 62
non-governmental organizations 非政府组织, 19–20
North America 北美洲, 8, 55, 100, 103, 109, 126, 157, 165, 175, 181, 259n, 264n, 276n
North Kivu 北基伍省, 15, 19, 22, 35, 36, 39, 43, 65, 66, 67
North Kivu Provincial Mining Concessions Authority 北基伍省矿业特许管理局, 65
Nyiragongo (volcano) 尼拉贡戈火山, 20

Obama, Barack 巴拉克·奥巴马, 120, 249
Obuasi 奥布阿西镇, 127, 128, 135
OECD Due Diligence Guidance (DDG) 经济合作与发展组织尽职调查指导, 261n–262n
OECD Due Diligence Guidance for Responsible Supply Chains of Minerals from Conflict-Affected and High-Risk Areas 经济合作与发展组织对来自冲突影响和高风险地区的矿物责任供应链的指导, 262n
oil 石油, 222, 223
Oklahoma 俄克拉何马州, 142, 182–83, 239–40
open-pit gold mines 露天黄金矿井, 218
Orinoco river 奥里诺科, 214

Pakistan 巴基斯坦, 108, 109, 110–11, 115

palm oil 棕榈油, 229

Panasonic 松下公司, 57

Panzi Hospital 潘奇医院, 68, 251

Pará 帕拉州, 179, 231–232, 263n

Paris 巴黎, 152

park rangers 国家公园护林人, 39

Parks, Rosa 罗莎·帕克斯, 244

Pastoral Land Commission (Comissã Pastoral da Terra; CPT) 乡村土地委员会, 189–190, 194, 203, 206, 207, 208, 225

Payne, Donald 唐纳德·潘恩, 263n

PayPal 贝宝公司, 61

Peace Teams 和平小队, 253

Pearl Harbor, Japanese attack on 日本对珍珠港的袭击, 30

"peonage" slavery 劳力偿债制奴役, 24–26, 27–29, 30, 32, 35, 49, 108

pernambuco 伯南布哥木, 195–196

Peru 秘鲁, 106, 114, 127, 196

Philippines 菲律宾, 106, 214, 259n

"pig iron" 生铁, 202, 204, 231

Pinchot, Gifford 吉福德·平肖, 230

plague 瘟疫, 15

Plassat, Xavier 沙维尔·普拉萨特, 208

poaching 偷猎, 15, 40–41, 44

Ponca City, Okla. 庞卡城, 183

Portugal 葡萄牙, 180

Portugal, King of 葡萄牙国王, 273n

Portuguese language 葡萄牙语, 220

Portuguese traders 葡萄牙商人, 132, 133

post-traumatic stress disorder 创伤后遗症, 36, 170

prairie 北美大草原, 182–183, 233–234

Precious Minerals Marketing Company (PMMC) 稀有矿物销售公司, 144, 160–161

Primavera 普里马韦拉, 195, 198–200, 211

Program of Acceleration of Growth《加速发展计划》, 202

prostitution 卖淫, 34

protected forests 森林保护区, 112–113
protected species 保护物种, 8, 9
Prussians 普鲁士人, 133
Punjab region 旁遮普地区, 115

quartzite 石英岩, 134–135
 processing of 处理加工, 138–39
  silicosis and 硅肺, 139–40
Quayson, Richard 理查德·奎森, 165

racism 种族主义, 233
RadioShack 芮尚公司, 61–62
rain forests 雨林, 43, 191, 209–11, 215
Rally for Congolese Democracy (RCD) 刚果民主同盟, 43
Ramos, Adelino 阿德利诺·拉莫斯, 180, 206
rape 强奸, 23, 32, 35, 49, 66
 as weapon of war 作为战争武器, 34, 68–69
raw materials 原材料, 18
Red Mountain 赤山, 48
reenslavement 重新奴役, 177
Repórter Brasil《报道巴西》(电视节目), 227, 276n
"resource curse" "资源诅咒", 18, 26
resource extraction 资源开采, 8, 14
retailers 零售商, 61–62
Rondôia, 朗多尼亚 206, 219
Roosevelt, Franklin 富兰克林·罗斯福, 29–30
Roosevelt, Theodore 西奥多·罗斯福, 230–231
"root collectors" "集根者", 225
Rosenthal, Elisabeth 伊丽莎白·罗森塔尔, 115
Rousseff, Dilma 迪尔玛·罗塞, 235
"rovers" "漫游者", 92–93
rubber 橡胶, 15–16
Ruggiero, Richard 理查德·鲁杰罗, 40

Rujugiro, Tribert 特里贝尔·鲁胡吉罗, 259n
Rupsa River 鲁布萨河, 71
Russia 俄罗斯, 55, 101, 241
Rwanda 卢旺达, 14, 16, 20–21, 42, 44, 45, 54, 55, 70, 253

Sahara 撒哈拉沙漠, 128
Sakamoto, Leonardo 莱昂纳多·萨卡摩托, 227
Saldanha, Leo 列奥·萨尔达尼亚, 5
sandstone 砂岩, 6
Sanmina 新美亚公司, 58
Sanyo 三洋公司, 57
Sã Felix do Xingu 欣吉河畔圣菲利斯, 188–190
scabies 疥疮, 49, 260n
Schwartz, Stuart 斯图尔特·施瓦茨, 227
sea levels 海平面, 77, 96–97
Seba (ex-slave) 塞巴（曾经的奴隶）, 152–53
Second Congo War 第二次刚果大战, 21–22, 26, 48, 50
Securities and Exchange Commission, U.S. (SEC) 美国证券交易委员会, 60, 64
sem terra 无地农民, 190–191
Senga, Anyasi 安雅西·森加, 22
September 11, 2001, terrorist attacks of "9·11" 事件, 21
sequestration, carbon 固碳, 96, 269n, 275n
sexual assault 性侵, 32–33, 68, 73
sexually transmitted diseases 性病, 49
sexual slavery 性奴役, 30, 32–34, 35
Shankar (child laborer) 尚卡尔（童工）, 122–124
sharecropping 分成佃农制奴役, 26, 31
Sharp 夏普公司, 57
short-term slavery 短期奴役, 191–95
shrimp 虾, 75, 76, 120, 245
　　demand for 对虾的需求, 85
　　processing of 虾加工处理, 85–89
shrimp farms 养虾场, 74–75, 76, 78, 81–84, 91–92, 93, 94

索引 269

  environmental costs of 环境成本, 84–85
shrimp industry 虾产业：
  in Louisiana 在路易斯安那州, 121
  slavery in 其中的奴役, 84–85, 86–90
  supply chain in 供应链, 89
Shumir (enslaved boy) 舒密尔（被奴役的男孩）, 71–74, 76, 84, 90, 122
Siberia 塞尔维亚, 95, 101
Silberner, Joanne 乔安妮·希尔伯纳, 215
silicon 硅, 14
Silicon Valley 硅谷, 14
silicosis 硅肺, 49, 137, 139–40, 151, 171
Sioux Indians 印第安苏族人, 235
slave masters 奴隶主, 5–6, 5
Slavery, No Way! campaign "奴役，没门！"运动, 249
slaves, slavery 奴隶；奴役；奴隶制；奴役活动, 9, 57, 68, 224–225, 234, 243, 245, 247
  in Brazil 在巴西, 174–82, 192–193, 213
  Brazil's plan for eradicating 巴西的根除奴役计划, 174–175
  in brick industry 在制砖产业, 108–111
  in Congo 在刚果, 15–46
  cost of ending 终结奴隶制的代价, 116–117
  and deforestation 与森林滥伐, 103–104, 113–114
  electronics supply chain and 与电子产品供应链, 52–64
  and environmental destruction 与环境破坏, 8–11, 19, 41–42, 70, 97, 113, 182, 211, 238, 242–247
  on fishing boats 在渔船上, 121
  global warming and 与温室效应, 98–101, 116, 118
  gold and 与黄金, 125–49
  in granite mining 在花岗岩采掘中, 4–7
  hiding of 奴役活动的隐藏, 52
  irrationality of 奴隶制的不合理, 246–47
  memory as casualty of 对记忆的伤害, 152–53
  mortality in 造成的死亡, 25
  numbers of 奴隶的数量, 9

  paths into 跨入奴役, 24
  "peonage" 劳力偿债制, 24–26, 27–29, 30, 32, 35, 49, 108
  psychological impact of 心理影响, 68
  in seafood industry 在海产品产业, 76
  sexual 性奴役, 30, 32–34, 35
  shame associated with 带来的羞耻感, 169
  short-term 短期奴役, 191–195
  in shrimp industry 在虾产业, 84–85, 86–90
  as status symbol 作为地位的象征, 166
  stopping of 终止奴隶制, 10, 29, 69–70, 168–69, 242–47
  sugar and 与蔗糖, 227–28
  taboos on talking about 谈论奴隶的禁忌, 164
slave trade 奴隶交易, 132–33, 175
smelters 炼铁厂, 63
Social Observatory 社会观测站, 231, 232, 277n
solder 焊料, 48, 55, 56, 217, 220, 259n–60n
Sony 索尼公司, 57
South America 南美洲, 103, 104, 106, 111, 113, 226
South Asia 南亚, 77, 96, 111
South Dakota 南达科他州, 6
Southeast Asia 东南亚, 75, 76, 106, 121
South Kivu 南基伍省, 15, 19, 22, 35, 36, 39, 43, 65, 66, 67
South Korea 韩国, 228
soybeans 大豆, 222–23, 225
  carbon emissions from 大豆导致的碳排放, 223
Special Mobile Inspection Groups 特别流动监察组, 178, 186
Sri Lanka 斯里兰卡, 75
Stang, Dorothy 多萝西·斯唐, 179, 180, 194, 204
State Department, U.S. 美国国务院, 120
  Office to Monitor and Combat Trafficking in Persons at 监督和打击人口贩卖部, 119, 120
"states' rights" 国家权利, 29
steel industry 钢铁产业, 107

Stockholm syndrome 斯德哥尔摩综合征, 34–35
Strengthening Forest Law Enforcement and Governance—Addressing a Systemic Constraint to Sustainable Development (World Bank report)《加强森林法执行和管理——请求撤回对可持续发展的系统性限制》(世界银行报告), 269n
sugar 蔗糖, 227–228
sugar plantations 甘蔗种植园, 175, 227
suicide 自杀, 36
Sundarban islands 苏达班群岛, 71, 74–84, 90–94, 96–97, 98, 102, 106, 122–124, 265n
Superfund 超级基金, 110
Suriname 苏里南共和国, 106
sustainable development 可持续发展, 67
sustainable farming 可持续农耕, 216–217
Swedish traders 瑞典商人, 133

Taboca 塔博卡镇, 217–221
Taiwan 中国台湾, 259n
tantalum 钽, 59, 63, 262n
Tantalum-Niobium Research Center 钽铌研究中心, 56
Tanzania 坦桑尼亚, 253
Target 塔吉特公司, 61–62
TEDx conference TEDx 大会, 203–5
television 电视, 37
Thailand 泰国, 75, 94, 106, 120
Thiel, Peter 彼得·泰尔, 61, 62
tigers 老虎, 70, 80–81, 124
tilapia fish 罗非鱼, 40, 84
Time《时代》杂志, 126
tin 锡, 14, 18, 23, 47, 48–49, 55, 56, 217, 259n, 262n
tires, burning of 焚烧轮胎, 109–110
Tocantins 托坎廷斯江, 179
tombstones 墓碑, 3–7
    importing of 墓碑进口, 4
trading houses 交易商行, 54–55

Triodos Bank 特里多斯银行（荷兰）, 57
Tri-Star Holdings 三星股份, 259n
tropical forests 热带雨林, 43
Truman, Harry 哈里·杜鲁门, 241
Tubman, Harriet 哈莉特·塔布曼, 37
tungsten 钨, 262n
Tutsis 图西族, 14, 20, 21, 257n, 358n
Twain, Mark 马克·吐温, 16
typhoid 伤寒, 15

Uganda 乌干达, 21, 39, 54, 253
UNESCO World Heritage Sites 联合国教科文组织世界遗产, 9, 39, 74, 106, 112, 242–243
UN Food and Agriculture Organization 联合国粮农组织, 269n
UN Group of Experts 联合国专家小组, 259n, 263n
United Nations 联合国, 12, 13, 19, 32, 37, 49, 96, 103, 175, 222, 229, 259n, 260n
 Special Rapporteur on Food 食品问题特别报告员, 224
United Nations Collaborative Programme on Reducing Emissions from Deforestation and Forest Degradation (UN-REDD program) 联合国降低由森林滥伐和森林衰退引起的气体排放合作方案, 112
United States 美国, 10, 15, 29, 30, 55, 75, 76, 85, 94–95, 101, 107, 110, 115, 119, 120, 121, 127, 139, 175, 177, 180, 190, 202, 207, 213, 222, 223, 225, 228, 229–231, 235–236, 237, 259n, 260n, 263n, 268n, 273n, 276n
 balance of payments in 国际收支, 275n
 Deep South in 南部诸州, 24–26, 28–29
 deforestation in 森林滥伐, 226
 granite countertops in 花岗岩台面, 4
 jewelry sales in 珠宝销售, 167–68
 "monuments industry" in 纪念碑产业, 6–7
 national forests in 国家森林, 230
United States Steel Corporation 美国钢铁公司, 26
Universidade Estadual de Santa Cruz 塞阿拉州立大学圣克鲁斯校区, 215
UN Security Council (UNSC) 联合国安全理事会, 262n
U.S. Jewelers Vigilance Committee, Senior Counsel at 美国珠宝警戒委员会, 64

Uttar Pradesh 北方邦（印度），106–107

vaccinations 疫苗，248
Vancouver, Canada 温哥华（加拿大），65
varzea (flooded forest) 瓦尔泽亚（泛洪森林），226
Venezuela 委内瑞拉，106
Victoria, Queen of England 维多利亚女王（英格兰），133
Viet Nam 越南，66, 106
Viet Nam war 越南战争，260n
Virunga National Park 维龙加国家公园，39–46, 106
volcanoes, climate change and 火山（气候变化），100

Walikale 瓦利卡莱，13, 14–18, 19, 26, 31, 36–39, 46, 47, 64, 65
Walk Free "自由行走"组织，262n
Walmart 沃尔玛公司，61–62
War on Terror 反恐战争，21
Washington, D.C. 华盛顿特区，239
water pollution 水污染，225
wedding rings 结婚戒指，167
West Africa 西非，214
Western Europe 西欧，181
West Virginia 西弗吉尼亚州，139
wheat 小麦，234
White House 白宫，150–151
Whitman, Walt 沃尔特·惠特曼，182–183
WildlifeDirect "野生动物信息"组织，41
Williams, George Washington 乔治·华盛顿·威廉姆斯，16
Willis, Paul 保罗·威利斯，121
"witch's broom" "巫婆的扫把"（真菌），214–215, 216, 217
Wolf, Frank 弗兰克·沃尔夫，63
women 妇女，32–33, 49, 66, 67, 68, 246
    in shrimp industry 在虾产业，86–90
World Bank 世界银行，114, 116, 181, 269n

World Jewellery Confederation 世界珠宝联合会, 64

World War II 第二次世界大战, 24, 29

Worldwide Fund for Nature (WWF) 世界自然基金会, 114

Wounded Knee massacre 伤膝河大屠杀, 233

wulfenite 钼铅矿, 23

Xingu River 欣吉河, 189, 190, 195, 196, 215, 217, 225, 226

Zambia 赞比亚, 224

Ziegler, Jean 让·齐格勒, 224, 229